C.H.BECK
STUDIUM

Hartmut Leppin

Einführung in die Alte Geschichte

Verlag C.H.Beck

Die erste Auflage dieses Buches erschien 2005.

Mit 10 Abbildungen und 5 Karten

2., aktualisierte Auflage. 2014

Satz: Janß GmbH, Pfungstadt
Druck und Bindung: Nomos Verlagsgesellschaft, Sinzheim
Umschlagentwurf: Bruno Schachtner, Dachau
Gedruckt auf säurefreiem, alterungsbeständigem Papier
(hergestellt aus chlorfrei gebleichtem Zellstoff)
Printed in Germany
ISBN 978 3 406 66710 7

www.beck.de

Inhalt

I. Einleitung

Noch eine Einführung in die Alte Geschichte? Ein solches Unternehmen bedarf angesichts der vorliegenden, gelungenen Einführungen einer Rechtfertigung. Dieses Buch soll jene meines Frankfurter Kollegen Manfred Clauss ersetzen. Es zielt darauf, den Benutzern, Studierenden aller Semester sowie Interessierten anderer Fächer, ein Orientierungswissen in der Alten Geschichte und zugleich ein Gefühl für ihre methodischen Probleme zu vermitteln – dies alles in einer überschaubaren Form und aus einer Hand.

Das Orientierungswissen beinhaltet eine Reflexion auf das Selbstverständnis des Faches, eine elementare Quellenkunde, einen historischen Überblick, der sich auf die Geschichte der Herrschaft konzentriert, sowie Hinweise zur Studiengestaltung und zur Berufspraxis. Für die Einübung von Arbeitstechniken wie etwa dem Bibliographieren sei hingegen auf die gängigen Einführungen in das Studium der Geschichte verwiesen.

Den Lesern soll nicht zuletzt deutlich werden, dass das Studium nicht im Pauken von Wissen besteht, sondern in der Beschäftigung mit offenen, strittigen Fragen. Daher habe ich versucht, die Quellenkunde möglichst eng mit der Darstellung zu verzahnen, indem ich in einem eigenen Kapitel über die Quellengattungen handele (Kap. III), aber auch in denjenigen Abschnitten, die einen historischen Überblick bieten (Kap. IV und V), die jeweils für die Epochen relevantesten Quellen vorstelle. Von hier sollen Weiterarbeit und Weiterdenken ausgehen. Beides wird zudem durch Quellenkästen und durch die Empfehlung ausgewählter Aufsätze angeregt. Knappe Literaturhinweise werden überall gegeben, aus pragmatischen Gründen vor allem zu Werken in deutscher und englischer Sprache, wobei schon hier darauf hingewiesen sei, dass für ein ernsthaftes Studium die Beherrschung dieser beiden modernen Sprachen nicht ausreicht.

Dass die Auswahl und Gewichtung dessen, was hier gesagt und empfohlen wird, der beschränkten Kompetenz und dem Geschmack des Verfassers folgen, versteht sich; an einer Reihe von Punkten habe ich ausdrücklich persönliche Urteile geäußert. Wenn es gelingt, in einem Universitätssystem, das Gefahr läuft, das Studium auf schlichte Wissensvermittlung zu reduzieren, zum Selberdenken anzuregen, wäre das Ziel des Verfassers erfüllt.

An verschiedenen Stellen werden Internet-Adressen angegeben. Da diese sich häufig ändern, wird auf der Homepage des Verlags unter http://www.chbeck.de/fachbuch/zusatzinfos/leppin_linkliste.pdf in halbjährlichem Abstand eine aktualisierte Version der Adressen mitgeteilt werden.

Zu danken habe ich den mittlerweile nach Hunderten zählenden Studenten, die an verschiedenen Universitäten meine Lehrveranstaltungen besucht haben, sowie zahlreichen Kollegen. Nur wenige einzelne seien genannt: Nadja Schäfer hat den Text durchgelesen, ebenso Daniel Gejic, mit dem ich auch viele Gespräche in der Vorbereitungszeit geführt habe. Hans Beck, Frank Berger, Andrea Jördens, Stefan Rebenich sind einzelne Abschnitte durchgegangen und haben mich vor Fehlern und Versäumnissen bewahrt. Manuela Keßler, René Meininger und Nadine Melzer haben die Erarbeitung des Textes in vielfältiger Weise unterstützt. Sebastian Haude hat die Korrekturen mitgelesen, Sebastian Schmidt-Hofner das Register erstellt. Die kollegiale Atmosphäre unter den Frankfurter Althistorikern hat das Voranschreiten der Arbeit gefördert. Wie stets lag die Betreuung der Einführung bei Stefan von der Lahr in den besten Händen.

Nieder-Erlenbach, im Frühjahr 2005 *Hartmut Leppin*

In die zweite Auflage sind zahlreiche Anregungen von Kollegen und Studierenden eingegangen, teils über E-Mails, teils mündlich mitgeteilt, teils durch Rezensionen, wofür ich herzlich danke. Besonders intensiv hat Maximilian Becker mitgearbeitet, der zahlreiche Verbesserungshinweise inhaltlicher und formeller Art beigesteuert und namentlich die Sicht eines erfahrenen Tutors eingebracht hat.

Frankfurt am Main, im Sommer 2013 *Hartmut Leppin*

II. Gegenstand und Entwicklung der Alten Geschichte

Abgrenzung

Die Alte Geschichte beschäftigt sich in ihrem Schwerpunkt mit der griechischen und der römischen Kultur der Antike, einschließlich der christlich geprägten Spätantike, doch bezieht sie in ihre Arbeit andere Bereiche der Geschichte des Altertums ein, indem sie auch die übrigen Räume und Kulturen der Mittelmeerwelt betrachtet. Sie steht damit neben anderen Altertumswissenschaften wie der Klassischen Philologie und der Klassischen Archäologie, die sich spezifischen Gegenständen zuwenden.

Tradition der Geschichtsschreibung

Bei dieser Bestimmung folgt man einer Tradition, wie sie sich durch die Entwicklung der europäischen Geschichtsschreibung ergeben hat. Weder ist die Verbindung der griechischen und römischen Kultur selbstverständlich – gelegentlich wird angesichts der Unterschiede zwischen Griechenland und Rom von den zwei Alten Geschichten gesprochen –, noch gibt es überzeitlich gültige Kriterien für die Abgrenzung des Faches in Raum und Zeit. Zum einen sind die Grenzen von Kulturen fließend, zum anderen folgt die Einteilung historischer Gegebenheiten in Epochen, Räume und Gegenstandsbereiche dem Selbstverständnis sowie den Forschungsinteressen der jeweiligen Historiker und unterliegt daher fortwährend Verhandlungen. Es ist nicht einmal nötig anzunehmen, dass die Antike in jeder Region zur gleichen Zeit begann und endete. So lässt sich die Auffassung vertreten, dass sie im größten Teil Galliens erst mit den Eroberungen Caesars (58–51 v. Chr.) begonnen oder auf der westgotisch beherrschten, kulturell aber römisch geprägten Iberischen Halbinsel erst mit dem erfolgreichen arabischen Vorstoß 711 n. Chr. geendet habe.

Transepochale Perspektive

Gerade heute wird zunehmend die Forderung laut, Epochengrenzen in der Geschichtsbetrachtung zu überwinden, um etwa die Kontinuitäten im 1. Jahrtausend n. Chr. zu erschließen. Dies hat auf die Forschung sehr anregend gewirkt, aber bislang nicht zu einer breit anerkannten Neudefinition der Epochen geführt.

Wie sich in dem Wandel der Auffassungen darüber, als was die Antike zu behandeln sei, der Wandel der Forschung spiegelt, sei durch eine wissenschaftsgeschichtliche Skizze illustriert, die die deutsche Entwicklung in den Vordergrund stellt: Das Interesse an der eigenen Vergangenheit pflegten bereits die Griechen und Römer selbst; es setzte sich im Mittelalter fort und erlebte eine Blüte im Humanismus des 15. Jh., der zahlreiche Schriften und Werke der Antike neu entdeckte. Dabei wurde schon im Altertum, aber auch in den Renaissancen späterer Epochen die Antike, zumal das «klassische» Athen, immer wieder neu als Norm betrachtet, an der man sich zu orientieren habe. In dieser Vorstellung war eine Dreigliederung der Geschichte impliziert, die von der großen Antike über ein düsteres Mittelalter zu einer wieder glänzenden Gegenwart führe. Im 17. Jh. verfestigte sich die Einteilung der abendländischen Geschichte in drei Epochen – Altertum, Mittelalter, Neuzeit –, die bis heute maßgeblich ist, auch wenn damit keine Bewertung der Epochen mehr einhergeht.

Anfänge des Interesses

Winckelmann

Im 18. Jh. erlangte die Auffassung, die griechische Antike sei als Vorbild zu begreifen, dank des Werks J. J. Winckelmanns (1717–1768) wieder breite Anerkennung. Er sah das klassische Griechenland als ein Zeitalter, in dem sich die Freiheit in Verbindung mit ästhetischen Höchstleistungen vollendet habe. Zugleich förderte er eine stilgeschichtliche Analyse und trennte die verschiedenen Epochen der antiken Kunst. Seine Wirkung wird im Neuhumanismus W. von Humboldts (1767–1835) sichtbar, der die Reform des preußischen Schulwesens prägte: An den Gymnasien erhielt der Latein- und Griechischunterricht einen herausragenden Stellenwert, an den Universitäten etablierte sich die Klassische Philologie als zentrales Fach der Philosophischen Fakultät. Von ihrer Lehre erwartete man eine angemessene Bildung des Bürgers.

Historismus

Doch mit der Entwicklung historischer Forschung erwuchs eine Bewegung, die den Gedanken der Normativität der Antike untergraben musste, der Historismus. Er verbindet sich mit dem Namen L. von Ranke (1795–1886), dessen Forschungen – wie zu Beginn des 19. Jh. üblich – von der Antike bis nahe an die eigene Zeit reichten. Der Historismus ging davon aus, dass jede Epoche ihre Dignität habe, was konsequent fortgedacht eben die Sonderstellung der Antike gefährdete. Zugleich wurde gefordert, durch ein unbefangenes, methodisch geleitetes und umfassendes Quellenstudium die Grundlagen der historischen Erkenntnis zu erschließen. Die Spannung zwischen einer eher historistischen und einer eher normativen Auffassung blieb den Altertumswissenschaften lange erhalten.

Neuhumanismus

Doch war zunächst der Einfluss des Neuhumanismus sehr stark und begünstigte den Aufstieg der Altertumswissenschaften, der schon zuvor eingesetzt hatte. Die überkommenen Texte wurden einer strengen Analyse unterzogen, wenn etwa F. A. Wolf (1759–1824) die Einheit der homerischen Epen anzweifelte oder B. G. Niebuhr (1776–1831) die Überlieferung des Livius zum frühen Rom in Frage stellte und damit die Möglichkeiten der Quellenkritik aufzeigte.

Entstehung der Alten Geschichte

Das Fach Alte Geschichte löste sich indes nur langsam aus der Klassischen Philologie einerseits, aus der Universalgeschichte andererseits; neben sie trat die Klassische Archäologie. Den Übergang verkörpern etwa A. Boeckh (1785–1867), der darauf ausging, die gesamte Hinterlassenschaft der Antike zu erfassen, sich also nicht auf die Texte zu beschränken, und daher, obwohl nominell ein Klassischer Philologe, grundlegende Beiträge zur Althistorie leistete, ferner E. Curtius (1814–1896), der eine verbreitete Griechische Geschichte schrieb, aber auch als Ausgräber in Olympia tätig wurde, und schließlich J. G. Droysen (1808–1884), der die Epoche des Hellenismus in einer brillant geschriebenen Geschichte erfasste, sich dann aber stärker neuhistorischen Studien zuwandte.

Ausbau der Universitäten

In der zweiten Hälfte des 19. Jh. wurden vielerorts neue Lehrstühle für die Disziplin eingerichtet. Dieses Wachstum ging einher mit dem Ausbau der deutschen Universitäten und der raschen Spezialisierung der Geisteswissenschaften, die unter ungeheurem Einsatz ihr Quellenmaterial zu erschließen suchten.

Mommsen

Eine Blüte der Spezialforschung bildete das Werk Th. Mommsens (1817–1903), der ursprünglich Jurist war, aber seit 1858 einen Lehrstuhl für Römische Geschichte an der Berliner Universität bekleidete. Er konzentrierte sich fast vollständig auf die Geschichte Roms, zumal auf das Staatsrecht und die Verwaltungsstrukturen. Mit seinem Namen ist auch die Entstehung der Großforschung verbunden. Nicht mehr die darstellerische Leistung des einzelnen Forschers – zu der Mommsen, wie seine mit dem Nobelpreis ausgezeichnete *Römische Geschichte* zeigt, durchaus in der Lage war – stand im Vordergrund, sondern die gemeinsame Arbeit an großen Projekten, die bevorzugt bei Akademien angesiedelt waren. Ihr Ziel war es, die griechisch-römische Kultur in all ihren Äußerungen, aber auch in ihrem Wesen zu erfassen. Die Anfänge entsprechender Unternehmungen gehen schon auf Boeckh zurück,

Großforschung

Corpus/Pl.: Corpora

der ein Corpus aller griechischen Inschriften auf der Grundlage vorhandener Ausgaben erstellen wollte. Mommsen formulierte für sein Corpus der lateinischen Inschriften höhere Anforderungen, indem er vom Herausgeber verlangte, dass er die Inschriften selbst in Augenschein genommen und unter den verschiedensten Aspekten wie Fundort, Maße usw. dokumentiert habe. Diese Standards sind verfeinert worden, aber nach wie vor grundsätzlich gültig, denn das Mommsensche Corpus, das als Vorbild weiterer Quellensammlungen diente, wird wie eine Reihe weiterer Projekte dieser Zeit bis heute weitergeführt.

Hilfswissenschaften

Mit der Blüte der Epigraphik verbunden war die Entwicklung der Prosopographie, der personengeschichtlichen Methode. Dabei wurden zunächst die Karrieren möglichst zahlreicher Individuen unter Hinzuziehung aller Quellen erforscht, deren größter Teil eben in Inschriften bestand. Dies ermöglichte die Rekonstruktion der Ereignisgeschichte, darüber hinaus ließen sich aus der vergleichenden Analyse der Lebensläufe bestimmte Schlüsse auf die soziale Zusammensetzung der Eliten, Karrieremuster, Verwaltungsstrukturen usw. gewinnen. Auch diese Methode ist bis heute von erheblicher Bedeutung. Ähnlich intensiv betrieb man die Numismatik und, später beginnend, die Papyrologie, so dass die Zeit um 1900 eine Epoche der Blüte der sogenannten Hilfswissenschaften darstellt.

Meyer

E. Meyer (1855–1930) unternahm den Versuch, eine Geschichte des Altertums unter Einschluss der altorientalischen Kulturen zu schreiben. Dies gelang ihm – auch wenn er nur bis zum 4. Jh. v. Chr. kam – aufgrund seiner ungewöhnlichen Sprachkenntnisse; einen Nachfolger hat er darin nicht gefunden, obgleich niemand ernsthaft bestreiten kann, dass gerade dieser Ansatz weiterführend ist.

Spezialisierung

Vielmehr bestimmte weiterhin die Spezialisierung die Entwicklung: Die Gliederung der Griechischen Geschichte wurde durch das Konzept des Hellenismus und der zunehmenden Beachtung der Archaischen Zeit verfeinert, in der Römischen Geschichte gewann die Spätantike verstärkt Aufmerksamkeit. Für all diese Epochen profilierten sich Spezialisten, die das Quellenmaterial aufbereiteten und deren Forschungen teils bis heute grundlegend sind. Auf der anderen Seite verloren die Altertumswissenschaften, die mit Forschern wie Boeckh und Droysen die Entwicklung von Theorien und Methoden der Geisteswissenschaften entscheidend beeinflusst hatten, ihren Rang auf diesem Gebiet.

Innerhalb der Lebensspanne von Gelehrten wie Curtius oder Mommsen hatte sich die Disziplin entscheidend gewandelt; sie war von einem breit angelegten Fach mit einem allgemein verstandenen Bildungsanspruch zu einer modernen, spezialisierten Wissenschaft geworden. Doch das Unbehagen an der schieren Materialanhäufung wuchs.

Burckhardt

Zu welch intellektueller Verarmung die Spezialisierung führen kann, wurde mit besonderem Nachdruck von J. Burckhardt (1818–1897) herausgestellt, der zugleich ein Bild der griechischen Antike zeichnete, das nicht von Harmonie bestimmt war, sondern von Kämpfertum und von Pessimismus in vielen Ausprägungen. Fr. Nietzsche (1844–1900), ursprünglich Professor für Klassische Philologie, kritisierte die spezialisierte historische Wissenschaft seiner Zeit als lebensfeindlich.

Ästhetisierung der Geschichtsschreibung

Derartige Überlegungen griffen zumal in der Zeit um den Ersten Weltkrieg jüngere Fachgelehrte auf. Das subjektive Moment des Erlebens und Nacherlebens, des geistigen Erfassens von historischer Größe, auch die ästhetische Gestaltung einer Darstellung galt bei einem Teil der Forschung – der andere setzte bewusst die Tradition des 19. Jh. fort – als Kern der Geschichtsbetrachtung; die Geistesgeschichte rückte in den Blick. Was damals geschrieben wurde, wirkt heute zumeist pathetisch und spielt in der Forschung keine Rolle mehr, auch wenn die darin zum Ausdruck gebrachte drohende Gefahr, dass ein Fach durch Spezialisierung intellektuell verarmen kann, weiterbesteht.

Systematische Wissenschaften

Im ausgehenden 19. Jh. entwickelten sich ferner verschiedene systematische Wissenschaften, die auch die Althistorie beeinflussten. M. Weber (1864–1920) verband Erkenntnisse der Alten Geschichte mit der entstehenden Soziologie und gab ihnen damit ein neues Gepräge; der schon erwähnte Meyer versuchte, wirtschaftsgeschichtliche Forschungen aufzunehmen und die ökonomische Entwicklung der Antike in Analogie zu jener der Neuzeit zu setzen. Religionswissenschaftliche Forschungen vermittelten wesentliche Anregungen, indem sie etwa den heidnischen Hintergrund des Christentums darlegten. Andere Forscher arbeiteten mit biologistischen Ansätzen, die rassistischen Interpretationen Vorschub leisteten, wenn etwa O. Seeck (1850–1921) den Niedergang des Römischen Reiches mit der «Ausrottung der Besten» erklärte.

Nationalsozialismus

In der Weimarer Republik, der fast alle Althistoriker distanziert gegenüberstanden, wurden die genannten Traditionen weiterentwickelt und teils noch stärker Anregungen anderer Disziplinen aufgegriffen. Das Aufkommen des Nationalsozialismus hatte einschneidende Folgen für das Fach. Auch wenn es nur wenige gab, die ihre Werke dezidiert von nazistischen Theorien bestimmen ließen (so F. Schachermeyr [1895–1987]), gab es manche – gerade solche, die zu irrationalen Geschichtsdeutungen neigten –, die eine gewisse Wahlverwandtschaft dazu verspürten, z. B. W. Weber (1882–1948), und vorzügliche Forscher, die unter den Bedingungen nationalsozialistischer Herrschaft die Möglichkeit sahen, zu Einfluss zu gelangen, so H. Berve (1896–1979). Die Bereitschaft, dem Regime entgegenzukommen, war an den Universitäten trotz ihrer Verpflichtung auf ein wissenschaftliches Ethos der Wahrhaftigkeit nicht geringer als in der übrigen Gesellschaft und hat ihren Ruf beschädigt.

Emigration

Zahlreiche Studenten und Assistenten, aber auch anerkannte Gelehrte, etwa E. Stein (1891–1945), V. Ehrenberg (1891–1976) oder E. Bickermann (1897–1981), mussten emigrieren. Sie befruchteten die internationale Forschung, zumal die amerikanischen Altertumswissenschaften, nachhaltig. Andere wie F. Münzer (1868–1942), der in Theresienstadt umkam, verloren durch die Terrorherrschaft ihr Leben.

Grundlagenforschung

Trotz der politischen Verwerfungen ging die Grundlagenforschung weiter; in sie konnte sich mancher zurückziehen, der sich politisch nicht exponieren wollte. Zugleich bildeten die Ergebnisse der gediegenen hilfswissenschaftlichen Arbeiten, bisweilen unbeabsichtigt, das notwendige Korrektiv für Ansätze, die dem Zeitgeist verpflichtet waren.

Nachkriegszeit

An diese Forschungstraditionen knüpfte man in der Nachkriegszeit zunächst an. Der öffentliche Stellenwert der Altertumswissenschaften war zeitweise hoch, da man hier eine europäische, abendländische Basis sah; doch geht er seither stetig zurück. In

DDR

der DDR wurde die Universitäts-Forschung immer stärker auf Theoreme des historischen Materialismus verpflichtet, der die Antike als eine Sklavenhaltergesellschaft betrachtete und sich auf K. Marx (1818–1883) berief. Daher wurde den Sklaven erhöhte Aufmerksamkeit gezollt. Manch ein Gelehrter fand aber an der Berliner Akademie Rückzugsmöglichkeiten für Spezialstudien auf höchstem Niveau, doch die Mehrheit passte sich dem Regime an.

Bundesrepublik

Im Westen dominierten nach dem Krieg restaurative Tendenzen, wobei man versuchte, mit Hilfe empirischer Untersuchungen einen sicheren Grund zu gewinnen. Durch den allgemeinen Ausbau der Hochschulen seit Mitte der sechziger Jahre vermehrte sich die Zahl der Lehrstühle rasch. Es entstand eine breite Spezialforschung in allen Teilgebieten der Alten Geschichte. Durch die DDR-Forschung, aber auch durch die Studentenrevolte von 1968 herausgefordert, setzte die Althistorie sich stärker mit den unteren Schichten der antiken Gesellschaften auseinander. Die traditionellen Ansätze wurden und werden weiter produktiv verfolgt, die Erschließung von Quellenneufunden schreitet voran, wobei die Möglichkeiten der Digitalisierung intensiv genutzt werden.

Doch sieht das Fach sich wie die übrigen Geschichtswissenschaften seit den sechziger Jahren wieder zunehmend Anregungen und Herausforderungen durch systematische Wissenschaften gegenüber; eine Orientierung an vor allem sozialwissenschaftlichen Theorien wurde gefordert. Auch die verstärkte internationale Verflechtung brachte wichtige Impulse. Eine Reihe von Arbeiten, die systematische Ansätze ernsthaft und konstruktiv aufnahmen, hat sich seit den sechziger Jahren bewährt, für die wenige Beispiele genannt seien: Politologische Anregungen halfen, die politische Grammatik der Späten Römischen Republik (Ch. Meier) zu erschließen; die Schichtungstheorie gestattete eine breite Analyse der römischen Gesellschaft auf der Grundlage von Inschriften (G. Alföldy); eine gesellschaftliche Praktiken beobachtende Soziologie eröffnete ein neues Bild des römischen Kaisertums (E. Flaig); die Wissenschaftsgeschichte erlaubte eine nuanciertere Selbstreflexion des Faches (K. Christ). Die kulturwissenschaftliche «Wende» der letzten Jahre führte dazu, dass bewusst disziplinübergreifend und auf der Grundlage gemeinsamer theoretischer Reflexionen bestimmte Fragestellungen diskutiert und Begriffe erarbeitet werden, wenn man etwa nach der Bedeutung von Erinnerung oder Identität für Gesellschaften oder nach der Geschlechtergeschichte fragt. Dies hat auch die Alte Geschichte befruchtet und sie teils sogar neu ins Gespräch gebracht. In den Literaturwissenschaften verbreitete Ansätze gewinnen angesichts der Bedeutung literarischer Quellen neuerdings an Einfluss, so vor allem die Diskursanalyse, die die Grenzen des Sagbaren in jeder Epoche auslotet, oder die intertextuelle Untersuchung, die deutlich macht, dass ein Text stets andere Texte voraussetzt und erst vor diesem Hintergrund in seiner Vielfalt verständlich wird. Die stärkere Bedeutung der Glo-

Theoretische Ansätze

Kulturwissenschaften

Literaturwissenschaften

balgeschichte führt dazu, dass auch die Alte Geschichte stärker Verflechtungen zwischen den Kulturen in den Blick nimmt.

Grenzen der Möglichkeiten

Typischerweise haben Historiker ein eklektisches Verhältnis zu Theorien, da die Komplexität historischen Geschehens sich nie durch einen Ansatz allein einfangen lässt. Die Althistorie ist aufgrund ihres beschränkten Quellenmaterials nicht in der Lage, jede systematische Herausforderung anzunehmen. Sie kann indes gerade aufgrund ihrer spezifischen Kompetenz für Kulturen, die der heutigen nahezustehen scheinen und dennoch fremd bleiben, begründet Kritik daran üben, wenn allzu leichthändig Beobachtungen aus der Moderne in universalistische Theorien übersetzt werden.

Aktuelle Lage

Die Alte Geschichte steht, aufs Ganze gesehen, trotz des Bedeutungsverlustes der Altertumswissenschaften in Deutschland institutionell gut da: Sie gilt nach wie vor weithin als unverzichtbarer Bestandteil der allgemeinen Geschichte und ist daher in den schulischen Lehrplänen wie an den Universitäten fest verankert, das öffentliche Interesse bleibt groß. Es besteht ein gewisser Legitimationsdruck, der aber auch Kreativität im Fach freisetzt.

Bedeutung der Alten Geschichte

Niemand wird mehr die Antike zur Norm erheben, doch einer Relativierung dieser Epoche, einer Gleichsetzung mit der Geschichte anderer Regionen stehen in europäischer Sicht wichtige Argumente entgegen. Denn der Rückbezug auf die Antike und die dort gelegten gemeinsamen Grundlagen ist noch immer ein wesentlicher Bestandteil der europäischen Selbstbeschreibung und damit auch europäischer Identität. Angesichts der neuen Bedeutung der Mittelmeerwelt insgesamt und gerade des Islams für Europa kann auch die Alte Geschichte Gehör beanspruchen – als ein für die Mittelmeerwelt zuständiges Fach, das über gemeinsame Traditionen von Ost und West spricht und über entscheidende Phasen in der Geschichte der drei großen monotheistischen Religionen handelt, deren Wirkungsmacht bis heute über den Kreis ihrer Anhänger hinausgeht.

Einführungen in die Alte Geschichte

Eine Reihe weiterer Einführungen in die Alte Geschichte liegt vor: E. Wirbelauer (Hg.), Antike (Oldenbourg Geschichte Lehrbuch), München 2004, ein Werk, an dem zahlreiche Autoren mitgearbeitet haben, legt teils thematisch, teils methodisch ausgerichtete Schneisen in das unübersichtliche Fach. Stärker praktische Aspekte berücksichtigt H. Blum / R. Wolters, Alte Geschichte studieren, Konstanz 2006. Extrem, aber kunstvoll kondensiert ist C. Mann, Antike. Einführung in die Altertumswissenschaften, Berlin 2008. Ein Lernprogramm zur Einführung in die Alte Geschichte bietet *http://elearning.unifr.ch/antiquitas/index.php?lang=de*. Zur Frage der Anwendung theoretischer Modelle N. Morley, Theories, Models and Concepts in Ancient History, London / New York 2004. H. Leppin, Das Erbe der Antike, München 2010 versucht wichtige Züge der Antike in Gestalt eines Essays herauszuarbeiten. Außerordentlich nützlich ist das regelmäßig erneuerte Arbeitsinstrument für althistorische Proseminare des Tutorium Augustanum (*http://www.phil-hist.uni-augsburg.de/lehrstuehle/geschichte/alte/projekte/Tutorium/*), das praktische Hilfen und zahlreiche Literaturhinweise gibt. Verschiedene Möglichkeiten der systematischen Auswertung digitalisierter Quellen ganz unterschiedlicher Art erprobt in kreativer Weise das Projekt eAQUA (*http://www.eaqua.net/index.php*). *http://www.kirke.hu-berlin.de/ressourc/ressourc.html* vermittelt einen Überblick über altertumswissenschaftliche Internetressourcen.

Einführungen in die Geschichte

Als Einführungen ins Geschichtsstudium vgl. G. Budde / D. Freist / H. Günther-Arndt (Hg.), Geschichte. Studium – Wissenschaft – Beruf, Berlin 2008; C. Cornelißen, Geschichtswissenschaften. Eine Einführung, Frankfurt am Main 2000² (methodisch und konzeptionell orientiert).

Wissenschaftsgeschichte

Einen Überblick vermitteln K. Christ, Römische Geschichte und deutsche Geschichtswissenschaft, München 1982 sowie Ders., Hellas. Griechische Geschichte und deutsche Geschichtswissenschaft, München 1999 (dort finden sich auch Hinweise zu den Werken der im Haupttext genannten Autoren); K. Christ, Klios Wandlungen. Die deutsche Althistorie vom Neuhumanismus bis zur Gegenwart, München 2006. Die Rolle Mommsens wird eindringlich von S. Rebenich, Theodor Mommsen. Eine Biographie, München 2002, gewürdigt. Zur Entwicklung im Nationalsozialismus s. insbes. V. Losemann, Nationalsozialismus und Antike, Hamburg 1977; exemplarisch s. S. Rebenich, Alte Geschichte in Demokratie und Diktatur. Der Fall Helmut Berve, Chiron 31 (2001), 457–496. Die Klassiker des Faches aus der Feder von Mommsen, Droysen oder Burckhardt sind zugleich Meisterwerke deutscher Kunstprosa, die auch vom Anfänger mit Genuss gelesen werden können.

Nachschlagewerke

H. Cancik u. a. (Hg.), Der Neue Pauly, 16 Bde., Stuttgart 1996 ff. ist gegenwärtig das wichtigste Nachschlagewerk, das auch den Alten Orient und die Rezeptionsgeschichte mit einschließt; knapper ist S. Hornblower / A. Spawforth (Hg.), Oxford Classical Dictionary, Oxford 2003³; Grundlage aller Nachschlagewerke ist jedoch nach wie vor Paulys Realencyclopädie der classischen Altertumswissenschaft (RE), die von 1893–1990 in 66 Halbbänden und 15 Supplementbänden erschien.

Referenzwerke und Überblicke

Das Handbuch der Altertumswissenschaft (HdA), dessen Anfänge ins 19. Jh. zurückreichen, will eine Übersicht über alle Teilgebiete der Altertumswissenschaft vermitteln und tut dies auch in ungewöhnlicher Breite, allerdings überwiegend mit älteren Bänden. Die Erneuerung kommt nur schleppend voran. Relativ neu und durchweg als Handbücher empfehlenswert sind die Bände der Cambridge Ancient History, die in zweiter Auflage in 14 Bänden (Cambridge 1970 ff.), oft verbunden mit Tafelbänden, erscheinen. Zum Einlesen in die Antike insgesamt geeignet ist H. J. Gehrke, Kleine Geschichte der Antike, München 1999, das in der festgebundenen Ausgabe zahlreiche Abbildungen aufweist, aber auch in einer Taschenbuchausgabe (ohne Abbildungen) erschienen ist, sowie ausführlicher H. J. Gehrke / H. Schneider (Hg.), Geschichte der Antike. Ein Studienbuch, Stuttgart / Weimar 2000; unter europäischer Perspektive W. Schuller, Das Erste Europa 1000 v. Chr. – 500 n. Chr., Stuttgart 2004.

III. Grundwissenschaften

1. Die Quellen

Historische Forschung basiert auf den Quellen, die man auffinden und angemessen deuten muss, und auf der Einordnung aller Informationen in Raum und Zeit. Dies wird durch die Formulierung angemessener Fragestellungen möglich. Für eine sinnvolle Behandlung der Quellen ist man auf den Ertrag der Forschung der Grundwissenschaften angewiesen.

Hilfs- oder Grundwissenschaften

Grundwissenschaften heißt ein Teil der auf bestimmte Quellengattungen spezialisierten Fächer wie Epigraphik oder Papyrologie, die oft auch, bisweilen mit abschätzigem Unterton, als Hilfswissenschaften bezeichnet werden. In Beziehung zur Alten Geschichte haben auch Klassische Philologie und die Archäologien den Status von Grundwissenschaften, da sie Quellen aufbereiten, wie umgekehrt die Alte Geschichte für diese Fächer als Grundwissenschaft dienen kann. Eine Hierarchie zwischen den Fächern entsteht dadurch nicht.

Kombinatorische Quelleninterpretation

Die Alte Geschichte leidet unter Quellenarmut. Die Forschung ist daher darauf angewiesen, jedwedes Zeugnis der Antike genauestens zu prüfen; ein ausgefeiltes Gedicht kann ebenso von wesentlicher Bedeutung für das Verständnis eines antiken Sachverhalts sein wie Alltagsgeschirr. Erst eine kombinatorische Analyse ganz unterschiedlicher Quellen erlaubt die adäquate Behandlung eines historischen Problems. Dabei ist es für die Quellenkritik wichtig, um die spezifischen Eigenarten und Aussagemöglichkeiten einer jeden Quelle zu wissen. Die bedeutsamsten Parameter der Quellenkritik sind die Stellung der Quelle in Raum und Zeit, die Prägungen, Interessen und Intentionen der Urheber der Quelle und schließlich ihre Gattung, da etwa in dichterischen Werken andere Dinge sagbar waren als in Rechtstexten oder durch Bauwerke. Demgemäß werden die Quellen hier nach Gattungen behandelt.*

* Vgl. stets auch die Hinweise zu den Quellen für einzelne Epochen.

Literarische Quellen

Die literarischen Quellen, denen sich die Klassische Philologie widmet, bilden zumeist den Ausgangspunkt der althistorischen Forschung, wobei es auch hier wieder nötig ist, zwischen verschiedenen Gattungen zu unterscheiden.

Geschichtsschreibung

Am wichtigsten ist gewöhnlich die Historiographie, die in Griechenland im 5. Jh. v. Chr., in Rom im ausgehenden 3. Jh. v. Chr. einsetzte. Ihr Reiz liegt darin, dass sie, anders als dokumentarische Quellen, über längere Epochen Überblicke bietet. Allerdings ist jede Geschichtsschreibung eine Konstruktion der Vergangenheit. Die antiken Historiker verstanden sich überdies nicht als Forscher im modernen Sinne, sondern sahen sich in einer literarischen Tradition. Ihre Werke müssen daher als Literatur gelesen werden, die Gattungskonventionen folgt, rhetorische Mittel anwendet und auch Stilisierungen vornimmt. Zwar erhoben die Autoren durchweg den Anspruch, die Wahrheit zu sagen, einige (vor allem Thukydides und Polybios) betonten auch die Notwendigkeit, Informationen persönlich zu prüfen, doch war keiner von ihnen gezwungen, seine Äußerungen konsequent zu belegen, zudem verfolgten auch diese Autoren literarische Strategien.

Quellenforschung

Zumal wenn es um die Darstellung weiter zurückliegender Epochen ging, griffen die antiken Historiker auf andere Geschichtsschreiber zurück. Dies macht es heute nötig, die Quellen der vorhandenen Quellen zu suchen, was man als Quellenforschung bezeichnet. Nachdem derartige Diskussionen lange als veraltet geschmäht worden waren, erleben sie derzeit eine Renaissance.

Reden

Ein festes Element der antiken Geschichtsschreibung sind Reden der Akteure. Sie bilden keine Protokolle des tatsächlich Gesagten, sondern haben allenfalls einen ungefähren Bezug dazu; vielmehr bieten sie den Geschichtsschreibern die Möglichkeit, die Handelnden und ihre Motive zu charakterisieren.

Topoi

Charakteristisch für die antike Geschichtsschreibung und Ausdruck der rhetorischen Prägung ist ferner die häufige Verwendung von Topoi, vorgeprägten Motiven, so dass etwa Tyrannen in späteren Darstellungen gewöhnlich als blutrünstige und rücksichtslose Gestalten erscheinen oder Barbarenvölkern regelmäßig absonderliche Sitten zugeschrieben werden. Die Glaubwürdigkeit solcher Überlieferungen ist sehr gering zu veranschlagen, auch wenn Topoi nur dann wirksam sind, wenn die zeitgenössischen Leser irgendeinen Bezug zur Realität erkennen.

Personalisierung

Auffällig ist ferner die Neigung antiker Autoren, historische Entwicklungen zu personalisieren, also die Rolle des einzelnen herauszustellen. Soziale Zusammenhänge und strukturelle Momente gelangen nur selten in ihren Blick; für das Leben der breiten Schichten interessierte man sich kaum. Da die meisten Geschichtsschreiber vor allem für den römischen Bereich ihre Aufgabe darin sahen, das vorbildliche oder abzulehnende Verhalten politischer Akteure, das *exemplum*, vorzuführen, war dieses Vorgehen konsequent. Man spricht daher von exemplarischer Geschichtsschreibung.

Kirchengeschichtsschreibung

Unter Christen entstand mit der Kirchengeschichtsschreibung eine neue historiographische Gattung. Hier fehlten Reden weitestgehend, dafür wurden in einem großen Umfang wörtlich zitierte Dokumente überliefert. Im 4. Jh. entstanden, verschmolz die Gattung seit dem 5. Jh. immer fester mit der säkularen Geschichtsschreibung. Stilisierungen erfolgten in diesen Quellen nach kirchenpolitischen und dogmatischen Gesichtspunkten und erst danach unter politischen; es versteht sich, dass zumal die religionspolitischen Gegner vollständig verzeichnet werden.

Viten

Von der Gattung der Geschichtsschreibung getrennt war in der Antike ursprünglich die Lebensbeschreibung, die Vita. Sie zielte in einem besonderen Maße darauf, das Wesen der politischen Akteure auch ohne genaue Berücksichtigung der Chronologie zu erfassen, und scheute sich nicht, dabei auch alltägliche Verrichtungen und persönliche Eigenheiten bis hin zu sexuellen Vorlieben zu schildern.

Chroniken

Chroniken, jahrweise Berichte über bedeutende Ereignisse, gab es in allen Kulturen der Alten Welt; unter christlichen Vorzeichen erhielten sie eine besondere Bedeutung, da man den Zeitpunkt der Wiederkehr Christi und damit des Endes der Welt zu ermitteln suchte. Vor allem aus der Spätantike sind daher viele Chroniken erhalten. Sie wirken zwar wie die spröde Aufzählung von Informationen, aber schon durch deren Auswahl konstruieren sie die Vergangenheit.

Weitere Gattungen

Keine der anderen literarischen Gattungen ist ohne Interesse für den Althistoriker, mit einigen bekommt er es besonders oft zu tun:

Politische Philosophie

Eine herausragende Bedeutung haben jene Texte, die von politischer Philosophie handeln. Dies geschieht oft in einer Form, die als Verfassung bezeichnet wird. Jedoch stellen sie nie gültige Verfassungstexte im Sinne des Grundgesetzes dar, sondern Überlegungen zur Möglichkeit eines guten Staates.

Panegyriken

Antike Herrscher bekamen auf Festversammlungen (gr. *panegýreis*) regelmäßig Lobreden, Panegyriken, zu hören. Für das Herrscherlob bedienten sich ihre Verfasser einer Vielzahl von Topoi, doch bei einer nuancierten Interpretation können ihren Texten Zwischentöne abgewonnen werden, die beispielsweise abweichende Meinungen deutlich machen.

Briefe

Briefe waren ein herausragendes Medium der Kommunikation, von dem nur wenige Beispiele erhalten sind. Sie erwecken oft den Eindruck einer spontanen Niederschrift, waren aber gewöhnlich literarisch gestaltet und in einer wohlüberlegten Sammlung herausgegeben worden. Diese orientierte sich üblicherweise wieder an literarischen Kriterien, nicht an dem dokumentarischen Wert der Briefe.

Rechtstexte

Zahlreich überliefert sind Rechtstexte, im griechischen Bereich vor allem durch Inschriften und Papyri, aber auch durch Gerichtsreden. Im römischen Bereich sind diese Medien ebenfalls wichtig, zudem sind mehrere spätantike Rechtssammlungen erhalten, ferner im großen Umfang Reste der Kommentare römischer Juristen, von denen viele rechtsverbindlich wurden. Die historische Relevanz der Rechtstexte liegt auf der Hand; allerdings sollte man nicht zu optimistisch (pessimistisch?) sein und glauben, dass das, was rechtlich verfügt worden war, stets auch in die Praxis umgesetzt wurde.

Überlieferung

Die Textausgaben der antiken Autoren, die heute benutzt werden, stehen am Ende einer langen Überlieferungsgeschichte. Nur jene Werke hatten eine Chance zu überdauern, die in der Antike selbst und im Mittelalter individuell abgeschrieben und aufbewahrt wurden, bis der Buchdruck in der Frühen Neuzeit neue Bedingungen schuf. Was überliefert wurde, stellt daher nur einen Bruchteil des einstmals Vorhandenen dar. In die Überlieferung schlichen sich Fehler ein, die die moderne Textkritik zu eliminieren sucht. Dazu wird eine kritische Edition erarbeitet, die indes nie den Anspruch erheben kann, den Text des antiken Autors genau wiederzugeben, sondern ein Forschungsprodukt darstellt, das sich dem Archetyp, dem Text, der am Anfang der Überlieferung stand, anzunähern sucht. Die antiken literarischen Quellen sind überwiegend in hoher Qualität ediert; Lücken bestehen indes bei der spätantiken Literatur.

Editionen

Übersetzungen

Die Mehrzahl der Studierenden ist beim Quellenstudium auf Übersetzungen angewiesen, von denen es eine große Zahl gibt, die aber nie das Original vollständig ersetzen können. Empfehlenswert beim Umgang mit Übersetzungen ist es, zweisprachige Ausgaben zu benutzen, sofern man rudimentäre Kenntnisse der Originalsprache besitzt; ferner ist es sinnvoll, bei Schlüsselstellen zwei Übersetzungen, möglichst in verschiedene Zielsprachen, heranzuziehen. Zu sehr vielen antiken Werken liegen moderne Kommentare vor, die die Erschließung der Texte wesentlich erleichtern. Auch wenn sie sich zumeist auf die Originalsprache beziehen, sind sie für Sprachunkundige an einzelnen Stellen durchaus hilfreich. Antike literarische Werke zitiert man nicht nach Seiten, sondern nach Büchern, Kapiteln und Paragraphen (z. B. Tacitus, Annales 3, 15, 2) oder, bei Dichtung, nach Versen, wie sie seit Jahrhunderten gezählt werden. Das erleichtert die Verständigung der Benutzer verschiedener Editionen und Übersetzungen.

Kommentare

Zitierweise

Einführungen

Zur Einführung in die beiden Teilgebiete der Klassischen Philologie: H. Nesselrath, Einleitung in die griechische Philologie, Stuttgart 1997; F. Graf, Einleitung in die lateinische Philologie, Stuttgart 1997, mit weiterführender Literatur zu den einzelnen Gattungen. S. ferner als kondensierte Einführungen Th. Paulsen, Geschichte der griechischen Literatur, und M. Fuhrmann, Geschichte der römischen Literatur, beide Stuttgart 2005.

Einen Überblick über die antike Geschichtsschreibung vermitteln A. Mehl, Römische Geschichtsschreibung. Grundlagen und Entwicklungen. Eine Einführung, Stuttgart u. a. 2001; O. Lendle, Einführung in die griechische Geschichtsschreibung. Von Hekataios bis Zosimos, Darmstadt 1992; J. Marincola (Hg.), A Companion to Greek and Roman Historiography, 2 Bde., Oxford 2006; für Beispiele der Geschichtsschreibung s. S. 38 und 99 sowie für eine Vita S. 76. Literarische Quellen sind über verschiedene Datenbanken erfasst. Zu nennen sind für die Originalsprachen: vor allem der *Thesaurus linguae Graecae* (nur über Institutionen, die die Datenbank erworben haben, zugänglich) für die griechischen Texte und für die lateinischen *http://www.thelatinlibrary.com*. Für die wissenschaftliche Arbeit bleibt der Blick in die (gedruckten) wissenschaftlichen Texteditionen mit kritischem Apparat unverzichtbar.

Übersetzungen im Netz werden am aktuellsten über die jeweiligen Autorenartikel bei Wikipedia nachgewiesen. Eine umfassende Sammlung von Texten, teils im Original, teils in Übersetzung bietet *http://perseus.mpiwg-berlin.mpg.de/*.

Fragmente

Ein Großteil der antiken Literatur ist lediglich in Fragmenten erhalten. Deren Sammlung bildet eine der anspruchsvollsten editorischen Aufgaben. Die Fragmentsammlung F. Jacoby, Die Fragmente der griechischen Historiker, zahlreiche Bände, erschienen seit 1923 an verschiedenen Erscheinungsorten, entstand über viele Jahrzehnte und wurde vom Herausgeber unter den schwierigen Umständen der Emigration beharrlich weitergeführt. Ihr Aufbau erschließt sich dem Anfänger nur schwer, doch lohnt die Mühe, da sie in Kommentaren zahlreiche Nebeninformationen enthält; hilfreich ist die dazugehörige, in Leiden 2005 erschienene CD-ROM und die entsprechende Datenbank. Vorbildlich auch für den Nicht-Spezialisten erschlossen und übersetzt sind die Fragmente römischer Historiker der Republik bei H. Beck / U. Walter (Hg.), Die frühen römischen Historiker, 2 Bde., Darmstadt 2001/04.

Archäologische Quellen

Unter allen Altertumswissenschaften ist die Archäologie im öffentlichen Bewusstsein am stärksten präsent, allerdings wird sie häufig missverstanden: Ausgrabungen sind keine Abenteuer für geniale Außenseiter, sondern hochorganisierte Unternehmungen mit einem großen Personal- und Sachaufwand. Die Feldforschung steht auch nicht für die gesamte Archäologie, vielmehr geht es dem Fach um die Interpretation der materiellen Kultur der Vergangenheit insgesamt. Im Zentrum der archäologischen Forschung steht nicht mehr der spektakuläre Einzelfund, sondern der Befund einer Grabung, der die Funde in einen Zusammenhang stellt. Ferner besteht in der Öffentlichkeit oft ein positivistisches Missverständnis der Archäologie, als würden die Ergebnisse der Grabungen für sich sprechen und wären aufgrund ihrer Greifbarkeit ungleich verlässlicher als die Ergebnisse aus der Untersuchung anderer Quellengattungen. Dies entspricht nicht dem Reflexionsniveau einer modernen Archäologie.

Öffentliche Wahrnehmung

Es gibt eine Reihe von Archäologien. Der Althistoriker kommt am stärksten mit der Klassischen Archäologie, die sich auf die griechisch-römische Kultur des Mittelmeerraums konzentriert, in Berührung, aber zumal für das Frühe Griechenland und die Spätantike ist auch die Ur- (bzw. Vor-) und Frühgeschichte von Bedeutung. Daneben werden Christliche (bzw. Spätantike) und Vorderasiatische sowie Provinzialrömische Archäologie gelehrt.

Vielfalt der Archäologien

So mannigfaltig wie die literarischen sind auch die archäologischen Quellen. Es kann sich um Werke der Kleinkunst oder Gebäude, um Stadtanlagen oder Gräberfelder, um Statuen oder Vasen handeln – auch hier gilt: Jedes Artefakt und jeder Befund kann prinzipiell als Quelle dienen. Ebenso unerschöpflich ist die Vielfalt der Auswertungsmöglichkeiten: So kann ein Grab aufgrund der darin gefundenen Handelsgüter für die Wirtschaftsgeschichte wichtig sein, aufgrund der Formen der Selbstdarstellung für die Sozialgeschichte, aufgrund von Waffen für die Militärgeschichte, aufgrund von Grabbeigaben für die Geschlechtergeschichte usw. Darüber hinaus besitzen archäologische Quellen deswegen Bedeutung, weil sie aus dem gesamten Raum der antiken Welt stammen, während

Quellenvielfalt

die literarischen Quellen sich im wesentlichen auf Athen und Rom konzentrieren. Nicht zuletzt wächst die Menge der archäologischen Funde fortwährend, während das Corpus der literarischen Quellen sich kaum noch erweitert.

Methodenvielfalt

Der Quellenvielfalt entspricht die Methodenvielfalt der Archäologie. Die Konzentration des Faches auf kunstgeschichtliche Fragen ist längst überwunden. Fragen der politischen Deutung, der Landschaftsarchäologie, statistische Untersuchungen etwa von Gräberfeldern haben ihren festen Platz; für die Ausgrabungen und die Auswertung von Funden werden oft naturwissenschaftliche Methoden angewandt, wobei in der öffentlichen Wahrnehmung (bisweilen auch Selbstdarstellung) deren Bedeutung oft überschätzt wird, da sie lediglich die Grundlage für eine Interpretation liefern können, die nach kulturwissenschaftlichen Methoden vorgenommen werden muss.

Während Althistoriker früher archäologischen Quellen wenig Aufmerksamkeit schenkten, ist die enge Zusammenarbeit zwischen Althistorikern und Archäologen inzwischen etabliert, wobei die Archäologen die Ergebnisse der Althistoriker im allgemeinen nach wie vor intensiver reflektieren als umgekehrt.

Zur Einführung

U. Sinn, Einführung in die Klassische Archäologie, München 2000, vermittelt ein Gefühl für die methodischen Probleme; verschiedene Teilbereiche der Archäologie werden von den jeweiligen Spezialisten vorgestellt bei A. H. Borbein (Hg.), Klassische Archäologie. Eine Einführung, Berlin 2000. T. Hoelscher (Hg.), Klassische Archäologie. Grundwissen, Stuttgart 2002, vermittelt stärker Basiskenntnisse; für die Vor- und Frühgeschichte vgl. die stark methodenorientierte Einführung M. K. H. Eggert, Prähistorische Archäologie, Konzepte und Methoden, Tübingen 2001; für ein Beispiel s. S. 120; zur archäologischen Datierung s. III.2.

Siedlungsforschung

Zur althistorischen Siedlungsforschung, die eine besondere Nähe zur Archäologie hat, s. exemplarisch C. Schuler, Ländliche Siedlungen und Gemeinden im hellenistischen und römischen Kleinasien (Vestigia 50), München 1998. Zu den Grenzen der Aussagekraft archäologischer Materialien aus historischer Sicht J. Cobet / H. J. Gehrke, Warum um Troja immer wieder streiten?, GWU 53 (2002), 290–325, 318 ff., zu den Grenzen der Aussagekraft literarischer Quellen aus archäologischer Sicht U. Sinn, Archäologischer Befund. Literarische Überlieferung. Möglichkeit und Grenzen der Interpretation, in: C. Ulf (Hg.), Der neue Streit um Troia. Eine Bilanz, München 2004², 39–61.

Epigraphik

Die Epigraphik behandelt Inschriften, die vor allem auf Stein, aber auch auf anderen Materialien wie Metall oder Holz angebracht sein können. Da deren Edition und Erschließung gründliche Spezialkenntnisse voraussetzt, bildet sie eine eigene Grundwissenschaft. Die Texte repräsentieren eine Vielzahl von Gattungen, von Abrechnungen bis zu philosophischen Traktaten, von Grabinschriften bis zu Gesetzestexten, von Kritzeleien bis zu Staatsverträgen. Inhaltlich gibt es daher Überschneidungen zu literarischen Texten oder Papyrusdokumenten. Besonders zahlreich vertreten sind Ehren-, Weih- und Grabinschriften.

Definition

Gattungen

Die Epigraphik teilt sich ihrerseits in Griechische und Lateinische Epigraphik. Diese Teilung läßt sich nicht konsequent durchhalten, da griechische und lateinische Inschriften sich im römischen Herrschaftsbereich vielfach einander annähern. Hier bieten sich daher Formulierungen wie ‹römische› oder ‹kaiserzeitliche› Epigraphik an. Was auf einer Inschrift niedergelegt wird, ist von praktischen Bedürfnissen mitbestimmt, aber entscheidend durch den kulturellen Kontext bedingt. Man spricht hier vom *epigraphic habit* der verschiedenen Kulturen und Epochen.

Griechische und Lateinische Epigraphik

epigraphic habit

Daher gibt es auch merkliche Unterschiede in den Schwerpunkten der griechischen und lateinischen Inschriften: Auf griechischen Inschriften werden gerne Beschlüsse politischer Gremien dokumentiert, etwa solche der Athener Volksversammlung, aber auch römische Senatsbeschlüsse, die griechischsprachige Städte betrafen, so dass die meisten Senatsbeschlüsse auf griechisch erhalten sind. Bei den Römern hingegen waren Inschriften, die den *cursus honorum*, die Karriere von Politikern, dokumentieren, beliebt. Ein weiterer äußerlich auffälliger Unterschied besteht darin, dass auf römischen Inschriften besonders viele Abkürzungen verwendet wurden.

Griechenland und Rom

Die Reflexion auf den *epigraphic habit* ist noch unter anderen Gesichtspunkten wichtig: Inschriften werden gewöhnlich als Texte ediert. Dies kann zu Fehleinschätzungen führen, denn die Bedeutung einer Inschrift erschließt sich erst, wenn man den archäologischen Kontext, zumal das Monument, an dem sie angebracht ist, berücksichtigt. Das ist bei Bauinschriften evident, kann aber auch in anderen Zusammenhängen wichtig sein. So gab es in Rom bestimmte, je nach Stand des Geehrten und Aufstellungsort unter-

Inschrift und Monument

Abb. 1: Eine römische Inschrift auf ihrem Monument
Die Inschrift lautet *C(aius) Romanius eq(ues) alae Norico(rum) Claud(ia tribu) Capito Celeia, an(norum) XL stip(endiorum) XIX h(ic) s(itus) e(st), h(eres) ex t(estamento) f(aciendum) c(uravit). Gaius Romanius Capito, Reiter der Reitereinheit der Noricer, aus der Tribus Claudia, aus Celeia (Celje im heutigen Slowenien), 40 Jahre alt, 19 Dienstjahre, liegt hier. Sein Erbe sorgte aufgrund des Testamentes für die Aufstellung* (CIL XIII 7029). Hinweis: Die Klammern werden bei Inschriften-Editionen nach einem festen System gesetzt (Leidener Klammersystem; vgl. S. 27). Am wichtigsten ist die runde Klammer für die Auflösung von Abkürzungen sowie die eckige für die sichere Ergänzung von Textteilen durch den Editor. Der Stein des 1. Jh. n. Chr. wurde in Mainz gefunden, wo der Reiter stationiert war – römische Soldaten taten oft fern der Heimat Dienst. Bemerkenswert ist die Verbindung von Bild und Text: Während der Text vor allem den Bürgerstatus hervorhebt, den der Reiter durch seinen Militärdienst erworben haben dürfte, verweist das Relief auf seine Selbstdarstellung als Soldat: Er tritt dem Betrachter als der überlegene Sieger über die Barbaren entgegen. Dieser Darstellungstypus, der aus dem klassischen Griechenland stammt, war in der Kaiserzeit weit verbreitet.

schiedliche Regeln für die Formulierung und Positionierung von Ehreninschriften, die sich aus dem Material rekonstruieren lassen.

Fundkontext

Die Möglichkeiten, eine Inschrift zu interpretieren, verbessern sich daher, wenn man ihren Fundkontext kennt. Zum einen erleichtert er die Datierung, zum anderen erlaubt er Vermutungen über die Funktion der Inschrift. Es ist etwa ein Unterschied, ob eine Weihinschrift in einem Privatgebäude gefunden wurde oder an einem öffentlichen Ort, zumal wenn sie einem selten vorkommenden Gott gilt. Daher ist die Zusammenarbeit mit der Archäologie für die Epigraphik unverzichtbar.

Beginn eines attischen Volksbeschlusses

Im Jahr, da Mystichides Archon [war. Ein Beschluß] von Rat und Volk; [die Phyle Erechtheis hatte die Pry]tanie [inne, Ch]eilon aus dem Demos Kephisi[a hatte den Vorsitz], Neon aus dem Demos [Ha]l[a]i war Schriftführ[er, Eua]n[dr]os stellte [den Antrag] ....

(IG II[2] 31, Übers. nach HGIÜ 212)

Der Volksbeschluss aus dem Jahre 386/5, der einen verbündeten König ehrte, illustriert das Funktionieren der Demokratie: Rat und Volk wirken zusammen, mehrere Amtsträger überwachen das Zustandekommen des Beschlusses, ein gewöhnlicher Bürger agiert als Antragssteller, das Ganze wird schriftlich festgehalten. So konnte auf vielfältige Weise gesichert werden, dass die Volksversammlung nicht manipuliert wurde.

Der Text ist stark fragmentiert überliefert, was durch die eckigen Klammern angedeutet wird; wegen seiner Formelhaftigkeit lässt er sich leicht ergänzen. Zum Gesamteindruck gehörte auch ein Relief, das aber weitestgehend zerstört ist.

Regionale Unterschiede

Während die literarische Überlieferung sich im wesentlichen auf wenige Zentren konzentriert, sind Inschriften aus fast allen Regionen erhalten, allerdings in sehr unterschiedlicher Dichte. Zum einen war der *epigraphic habit* weder im griechischen noch im römischen Bereich einheitlich, zum anderen spielt der Zufall der Überlieferung eine Rolle, weil an den einen Orten, etwa in Argos und auf Sizilien, Bronze, an den anderen, vor allem in Athen, Stein verwendet wurde: Bronzeinschriften wurden oft eingeschmolzen, da das Material so wertvoll war; Steininschriften blieben eher erhalten, zumal man sie etwa als behauene Steine in neu zu errichtende Häuser verbauen konnte (Spolien).

Fragmente

Sehr viele Inschriften sind lediglich fragmentarisch überliefert. Dank der formelhaften Sprache epigraphischer Texte ist indes oft eine Rekonstruktion des Dokuments möglich, zumal wenn erkennbar ist, wie viele Zeichen fehlen.

Edition

Inschriften werden mit fortlaufenden Nummern in sogenannten Corpora ediert, wobei der Herausgeber sie persönlich in Augenschein genommen (Autopsie) sowie durch Abklatsche und Photos dokumentiert haben sollte. Das einzelne Corpus erhebt den Anspruch auf Vollständigkeit und erfaßt zumeist die Inschriften einer Landschaft, bisweilen auch die Inschriften einer bestimmten Gattung oder zu einem speziellen Thema. Auf jeden Fall gehören zu einer Edition genaue Angaben zum Schriftträger (Größe usw.), zum Fundort und Datierungsmöglichkeiten und zur Forschungsliteratur sowie ein Kommentar; vermehrt werden Übersetzungen geboten. Die Sprache der Editionen ist traditionell Latein, doch verwendet man zunehmend moderne Sprachen. Studierende schrecken leicht vor der Benutzung der Corpora zurück, da sie oft sehr technisch ausgerichtet sind; doch genügt gewöhnlich eine kurze Einarbeitungszeit, um sie sinnvoll zu nutzen.

Handbücher Griechische Epigraphik

Eine kondensierte Einführung vermittelt G. Woodhead, The Study of Greek Inscriptions, Cambridge 1981[2], einen breiten Überblick M. Guarducci, Epigrafia Greca, 4 Bde., Rom 1967–78, doch lohnt es sich nach wie vor, auf W. Larfeld, Handbuch der griechischen Epigraphik, 3 Bde., Leipzig 1902–07 zurückzugreifen. B. H. McLean, An Introduction to Greek Epigraphy of the Hellenistic and Roman Periods from Alexander the Great down to the Reign of Constantine (323 B. C.–A. D. 337), Ann Arbor 2002, behandelt viele Fragen, die von epochenübergreifender Bedeutung sind.

Lateinische Epigraphik

M. Schmidt, Einführung in die lateinische Epigraphik, Darmstadt 2004 bietet eine geraffte Einführung; R. Cagnat, Cours d'épigraphie latine, Paris 1914[4] bleibt als Referenzwerk unersetzt.

Christliche Epigraphik

Die Christliche Epigraphik führt ein Schattendasein; vgl. zur Einführung C. M. Kaufmann, Handbuch der altchristlichen Epigraphik, Freiburg 1917; Christliche Inschriften werden zudem unter *http://www.edb.uniba.it/* erfasst.

Wichtige Editionen

Die Lage bei den Editionen ist sehr unübersichtlich, da eine Vielzahl unterschiedlich ausgerichteter, sich an vielen Stellen überschneidender Corpora vorliegt. Am ehesten vermittelt F. Bérard, Guide de l'épigraphiste. Bibliographie choisie des épigraphies antiques et médiévales, Paris 2010[4] (mit Internet-Supplement: *http://www.antiquite.ens.fr/ressources/publications-aux-p-e-n-s/guide-de-l-epigraphiste/)*, einen Überblick.

Griechische Inschriften

Für die griechischen Inschriften des heutigen Griechenlands sind die von der Berlin-Brandenburgischen Akademie herausgegebenen *Inscriptiones Graecae* (IG) das traditionsreichste Corpus, das in zahlreichen Bänden erschienen ist und gegenwärtig auf sehr hohem Niveau erneuert wird. In schnellerer Folge und mit geringerem Perfektionswillen erscheinen die von der Österreichischen sowie der Nordrhein-Westfälischen Akademie der Wissenschaften herausgegebenen *Inschriften griechischer Städte aus Kleinasien*, die auf Deutsch die Inschriften einzelner Städte, bisweilen auch Regionen, erfassen. Ergänzungen oder Verbesserungen zu bekannten Editionen sowie Neufunde werden im *Supplementum Epigraphicum Graecum* auf Englisch herausgegeben, das durch eine Vielzahl von Registern erschlossen ist. Das SEG ist durch eine kostenpflichtige Datenbank zugänglich. Open access gewährt hingegen eine Datenbank des Packard Instituts: *http://epigraphy.packhum.org/inscriptions/*.

Deutsche Übersetzungen finden sich bei K. Brodersen / W. Günther / H. H. Schmitt, Historische griechische Inschriften in Übersetzung, 3 Bde., Darmstadt 1992–99 (HGIÜ).

Lateinische Inschriften

Die Editionslage ist im lateinischen Bereich übersichtlicher. Hier bildet das *Corpus Inscriptionum Latinarum* (CIL) die zentrale Edition, die alle Regionen des Römischen Reiches erfasst, aber auch einzelne thematische Bände etwa zu Meilensteinen enthält. Ergänzungen oder Verbesserungen zu bekannten Editionen sowie Neufunde erscheinen in der *Année Epigraphique* (AEp) mit französischem Kommentar. Den größten Bestand lateinischer Inschriften im Netz besitzt die *Epigraphische Datenbank* von M. Clauss (*http://www.manfredclauss.de/*); noch einmal neu überprüft ist das Material in der *Epigraphischen Datenbank Heidelberg* (*www.uni-heidelberg.de/institute/sonst/adw/edh*), die sich mit anderen Datenbanken zu EAGLE. Electronic Archive of Greek and Latin Epigraphy (*http://www.eagle-eagle.it/*) zusammengeschlossen hat. Eine zweisprachige, gut kommentierte Auswahl bietet L. Schumacher, Römische Inschriften, Stuttgart 2001[2]; für eine republikanische Inschrift s. S. 103.

Numismatik und Geldgeschichte

Laieninteresse

An vielen antiken Münzen fällt zunächst ihre ästhetische Qualität auf, die sie zu beliebten Sammelobjekten macht. Das Interesse der wissenschaftlichen Numismatik geht indes weit über die Betrachtung, Bestimmung und Datierung von Einzelstücken hinaus, auch wenn dies die Grundlage aller Numismatik bleibt. Heute werden Münzen in einen bestimmten ideengeschichtlichen, politischen und wirtschaftsgeschichtlichen Kontext gestellt, wofür auch die Deutung unscheinbarer Stücke bedeutsam sein kann.

Wissenschaftliche Numismatik

Münzprägung als Medium der Selbstdarstellung

Münzen waren meist mehr als bloße Zahlungsmittel. Da sie in viele Hände kamen, bildeten sie ein wichtiges Medium der Selbstdarstellung politischer Einheiten oder einzelner Herrscher, wenn etwa Diadochen sich ähnlich wie Alexander d. Gr. darstellen lassen oder römische Kaiser durch Umschriften kurzgefasste politische Botschaften verkünden. Überdies können Gebäude oder Alltagsutensilien auf Münzen dargestellt sein und so Eindrücke der antiken Lebenswelt vermitteln. Bei der Interpretation der Münzdarstellungen besteht ein enger Bezug zur Archäologie, die ihrerseits Münzen für die Datierung von Fundhorizonten benötigt.

Anfänge

Die Anfänge der Münzprägung gehen wohl in das 7. Jh. v. Chr. zurück; ihren Ursprung suchte man während der Antike im vorderen Kleinasien, im Lyderreich. Unbestreitbar ist indessen, dass die Münzprägung sich in einem größeren Maßstab erst in Griechenland durchsetzte und von dort aus auf andere Kulturen des Mittelmeerraums ausstrahlte. Anfangs entstanden in einem größeren Umfang Privatprägungen, doch wurde das Recht, Münzen zu schlagen, bald zu einem wesentlichen Symbol politischer Unabhängigkeit.

Griechenland

Im klassischen Griechenland bestanden die Darstellungen zunächst in städtischen Symbolen wie der Athener Eule, die man noch vom griechischen Euro kennt. Mit dem 5. Jh. kamen in den persischen Satrapien Westkleinasiens auch Porträts auf, die in den monarchischen Systemen des Hellenismus dominieren sollten und so das Bild des Herrschers verbreiteten. Die griechischen Münzen enthalten zumeist weniger tagespolitische Andeutungen als die römischen und sind daher schwerer zu datieren. Hier ist man oft auf eine kunstgeschichtliche Analyse angewiesen.

Rom
Republik

Historische Ereignisse wurden vor allem in der Römischen Republik dargestellt; komplexere Bildformen entwickelten sich seit dem 3. Jh. v. Chr. Die Münzprägung oblag bald den sogenannten *tresviri monetales*. Dieses Amt bildete eine erste Sprosse auf der Karriereleiter junger Aristokraten. Seine Inhaber, drei an der Zahl – daher die Amtsbezeichnung –, neigten seit dem 2. Jh. v. Chr. dazu, große Taten der Angehörigen ihrer *gens* darzustellen; so erinnerten die Caecilii Metelli mit einem Elefanten gerne an den 251 v. Chr. bei Panormus errungenen Sieg eines Ahnen über die Karthager, bei dem er sämtliche Kriegselefanten erbeutet hatte. Zu besonderen Anlässen konnten auch andere Magistrate oder Feldherren Münzen ausgeben.

Prinzipat

Im Prinzipat, der seit Augustus die Republik ablöste, zog der Kaiser, auch wenn das Amt der *tresviri monetales* weiter bestand, die Aufsicht über die Prägung an sich und benutzte die Münzen, um bestimmte politische Botschaften über seine Erfolge oder Absichten zu kommunizieren. Dabei sind die unscheinbaren Bronzemünzen besonders aufschlußreich, da sie diejenigen waren, die die Soldaten, eine herausragend wichtige Zielgruppe der Münzprägung, in die Hände bekamen. Im Osten, zumal in Kleinasien und in Alexandria, schlug man weiterhin lokale Münzen in Bronze, die sogenannten Provinzialprägungen. Während der Spätantike sank die Zahl der auf konkrete Ereignisse bezogenen Münzemissionen. Die Darstellungen der Kaiser verloren die individuelle Note und damit ihre Aussagekraft. Die byzantinische Epoche beginnt für die Numismatik (nicht für die sonstige Althistorie) mit Kaiser Anastasius (491–518), da dieser das Münzwesen reformiert hat.

Medaillons

Eine besondere Gattung bilden die großen Medaillons, die komplexe Darstellungen erlaubten. Sie dienten nicht dem Geldumlauf, sondern waren Ehrengaben von erheblichem materiellem Wert. Die Zielgruppe der daraus ersichtlichen Selbstdarstellung bildeten mithin Angehörige der Elite.

Abb. 2: Münze des Münzmeisters Caius Caecilius Metellus, ca. 125/120 v. Chr. Die Vorderseite zeigt Roma, die Rückseite Jupiter, wie er ein Zweigespann von Elefanten steuert und von einer Victoria bekränzt wird. Das Kürzel SC (*senatus consulto*) bezieht sich auf den Senatsbeschluss, auf den die Münzprägung zurückging.

Geldgeschichte

Nicht nur die einzelne Münze mit ihrer Darstellung interessiert die Forschung. Auch das Gewicht und die Zusammensetzung des Metalls sind von Bedeutung, Verbreitung und Umlaufzeit werden diskutiert. Dadurch können Handelsbeziehungen rekonstruiert wie auch Fragen einer eventuellen Geldentwertung analysiert werden. Besonders aufschlussreich ist die Analyse von Münzserien, da sich hier Entwicklungslinien verschiedenster Art nachzeichnen lassen. Für die Rekonstruktion des Münzumlaufs ist die systematische Erfassung von Fundmünzen und Münzschätzen (das heißt größerer Mengen vergrabener Münzen) entscheidend. Die Häufung oder das Fehlen von Fundmünzen können auf bestimmte wirtschaftliche Entwicklungen hindeuten, eine Verdichtung von Münzschätzen, die zu einer bestimmten Zeit versteckt wurden, auf kriegerische Handlungen. Wichtig ist auch hier die Zusammenarbeit mit der archäologischen Forschung, da der Fundkontext präzisierte Aussagen zur Datierung und eventuell auch Herkunft des Schatzes erlaubt.

Fundmünzen

Einführungen

Besonders geeignet als Einführung bleibt K. Christ, Antike Numismatik. Einführung und Bibliographie, Darmstadt 1991[3]; sehr nützlich ist überdies M. R. Alföldi, Antike Numismatik, 2 Bde., Mainz 1978/82; vgl. ferner die stärker an Fragen der Geldgeschichte ausgerichtete Arbeit von C. Howgego, Geld in der antiken Welt. Was Münzen über Geschichte verraten, Darmstadt 2011[2] (zuerst engl. 1995).

Kataloge

Bei der Katalogisierung von Münzen geht es anders als in der Epigraphik nicht um die vollständige Erfassung der unzähligen Einzelstücke, sondern um den Nachweis aller Typen. Angesichts der Vielfalt und Vielzahl antiker Münzen ist die Lage bei den Münzkatalogen dennoch sehr kompliziert. Oft kommt man um die Benutzung mehrerer Kataloge nicht umhin, da viele Werke sich auf einzelne Sammlungen, nicht auf thematische Zusammenhänge beziehen; auch Auktionskataloge können wichtig sein. Besonders unübersichtlich sind die Verhältnisse in der griechischen Numismatik. Der Katalog des Britischen Museums (A Catalogue of the Greek Coins in the British Museum, London 1873 ff. = BMC, Gr) ist grundlegend. Nach wie vor bleibt B. V. Head, Historia numorum. A Manual of Greek Numismatics, Oxford 1911 unverzichtbar, vgl. für praktische Zwecke R. Plant, Greek Coin Types and their Identification, London 1979. Für den Einstieg besonders geeignet ist P. R. Franke / M. Hirmer, Die griechische Münze, München 1972².

Griechische Münzen

Römische Münzen

Weitaus übersichtlicher ist die Lage im römischen Münzwesen, wobei die Kataloge auf die Bedürfnisse von Spezialisten zugeschnitten sind. Zur Republik s. M. Crawford (Hg.), Roman Republican Coinage, 2 Bde., Cambridge 1974 (RRC); für die Kaiserzeit H. Mattingly / E. A. Sydenham u. a. (Hg.), The Roman Imperial Coinage, London 1923 ff. (RIC), für die Spätantike A. R. Bellinger / P. Grierson (Hg.), Catalogue of the Byzantine Coins in the Dumbarton Oaks Collection and in the Whittemore Collection, Washington 1966 ff.; als vorbildlich gilt A. Burnett u. a., Roman Provincial Coinage, 2 Bde., London 1992/9 (RPC). Zum Einstieg besonders geeignet ist J. P. C. Kent / B. Overbeck / A. U. Stylow (Hg.), Die römische Münze, München 1973.

Fundmünzen

Die Fundmünzen der römischen Zeit in Deutschland und in einigen anderen nahen Staaten werden durch ein Akademie-Projekt erfasst (*http://www.adwmainz.de/index.php?id=46*). Methodisch grundlegend für die Behandlung von Münzhorten ist der Katalog von M. H. Crawford, Roman Republican Coin Hoards, London 1969 (RRCH); ein Beispiel für die Bedeutung von Fundmünzen S. 120.

Abbildungen im Internet

Bilddatenbanken erleichtern inzwischen die Recherche nach Münzen, so vor allem aus Eichstätt. Herausragend erschlossen sind die Münzen in der Datenbank des Berliner Münzkabinetts: *http://www.smb.museum/ikmk/*. Manche Kataloge finden sich im Netz. Eine umfassende Datenbank fehlt; vorhandene sollen unter *www-cm.fitzmuseum.cam.ac.uk/coins/* zusammengefasst werden.

Papyrologie

Ägypten

Die Papyrologie beschäftigt sich im wesentlichen mit den griechischen Papyri Ägyptens, die seit der Eroberung durch Alexander den Großen (332 v. Chr.) bis zur Zeit der islamischen Eroberung (641 n. Chr.), teils auch noch später bis hinein ins 8. Jh., entstanden. Mit den älteren sowie den demotischen (das heißt in der einheimischen Sprache und Schrift verfassten) Papyri befasst sich die Ägyptologie als eine herausragend wichtige Nachbarwissenschaft der

Abb. 3: Der Papyrus aus dem 3. Jh. v. Chr., der zu einem größeren Archiv, dem des Zenon (s. S. 93), gehört, überliefert ein Schreiben, das Detailprobleme der Arbeitsorganisation erörtert. Obwohl der Text so wie viele Papyri zerrissen ist, lässt er sich überwiegend rekonstruieren.

Papyrologie. Der Papyrus ist ein Schreibmaterial, das aus der ägyptischen Papyruspflanze gewonnen wurde und das in der Antike über Ägypten hinaus weit verbreitet war. Erst in der Spätantike gewann das aus Tierhaut hergestellte Pergament größere Bedeutung. Einbezogen in die papyrologische Forschung werden gewöhnlich auch Ostraka (Tonscherben mit Inschriften) und ähnliches Material.

Reichweite

Die nicht-literarischen Papyrus-Texte fallen zugleich durch ihre Enge und durch ihre Breite auf. Sie stammen einerseits fast ausschließlich aus einer Region, nämlich aus dem antiken Ägypten, dessen trocken-heißes Klima günstige Erhaltungsbedingungen bot – wobei in letzter Zeit auch im Vorderen Orient etwas häufiger Funde gemacht werden. Andererseits liegen hier ungewöhnlich viele Dokumente des Alltags vor, wie sie aus der Antike nur selten überkommen sind. Man findet Arbeitsverträge, Eingaben, Gerichtsurteile, Steuerlisten, Transportzettel, Privatbriefe, Gebete, Orakeltexte usw. Daneben haben sich öffentliche Urkunden wie Rundschreiben von Königen, Kaisern oder hohen Beamten erhalten, zudem eine Reihe von Gesetzen. Nicht zu vergessen ist schließlich, dass viele literarische Texte auch auf Papyrus überliefert sind; am wichtigsten für den Althistoriker ist darunter die Aristoteles zugeschriebene Schrift vom ‹Staat der Athener›.

Repräsentativität

Die Frage, die sich bei der Deutung der Papyrus-Texte stets erhebt, ist die nach der Repräsentativität der ägyptischen Dokumente. Inwieweit lassen sich die aus Ägypten bekannten Verhältnisse auf die anderen hellenistischen Königreiche oder auf das übrige Römische Reich übertragen? Diese Frage kann man nur im Einzelfall entscheiden. Auf jeden Fall wird aus dem, was für Ägypten bekannt ist, ersichtlich, was unter antiken Verhältnissen im Alltag möglich war.

Einführung

Eine auch für Historiker zugängliche Einführung in die Papyrologie bildet der Band des Rechtshistorikers H. A. Rupprecht, Kleine Einführung in die Papyruskunde, Darmstadt 1994. R. S. Bagnall (Hg.), The Oxford Handbook of Papyrology, Oxford 2009.

Editionen

Angesichts von Tausenden publizierter und einer noch viel größeren Zahl unpublizierter Papyri verbietet sich die Erstellung eines Gesamtcorpus. Gewöhnlich werden Komplexe bestimmter Sammlungen oder bestimmter Fundorte veröffentlicht. *http://www.columbia.edu/cu/lweb/projects/digital/apis/* bietet eine umfassende Übersicht über Onlineressourcen zur Papyrologie und ihren Quellen. Für die Recherche nach Papyri sind ferner besonders hilfreich: *http://www.rzuser.uni-heidelberg.de/~gvo/*, *http://www.trismegistos.org* (Dokumente aus Ägypten von 800 v. bis 800 n. Chr.), *http://scriptorium.lib.duke.edu/papyrus/texts/clist.html* (Checkliste). Mit Recherchemöglichkeit in allen deutschen katalogisierten Papyrussammlungen: *http://www.papyrusportal.de/*.

Eine vorzügliche Papyrusdatenbank, die weltweit Papyrussammlungen durchsucht und verschiedene Recherchemöglichkeiten anbietet, ist *http://papyri.info/*. Oft mit Abbildung, Transkription und manchmal auch Übersetzung.

Eine Übersicht (auch über die Abkürzungen) vermittelt J. F. Oates u. a. (Hg.), A Checklist of Editions of Greek and Latin Papyri, Ostraca, and Tablets (Bull. of the Am. Soc. of Papyrologists. Suppl. 9), Atlanta 2001[5]. Moderne Papyrus-Editionen enthalten gute Kommentare und Übersetzungen; daher sollten auch Anfänger keine Scheu haben, sie zu benutzen. Eine gut durchdachte Auswahl von Übersetzungen mit Kommentar findet sich bei J. Hengstl, Griechische Papyri aus Ägypten als Zeugnisse des öffentlichen und privaten Lebens, München 1978; s. zu einem Papyrus S. 93.

Schlussbemerkung

Gerade bei Anfängern stößt die detailverliebte Beschäftigung mit Grundwissenschaften auf Skepsis, die bisweilen von Fachvertretern geschürt wird, indem sie etwa die Arbeit von Epigraphikern als «Fliegenbeinzählerei» abtun. Umgekehrt neigen viele Grundwissenschaftler dazu, nur ihresgleichen als «harte» Wissenschaftler zu betrachten und sich allein dem Kreise von Spezialisten mitteilen zu wollen. Man sollte sich indes vor Augen halten, dass diese

Grundwissenschaften heutzutage eine enorme Spezialkenntnis fordern, die eine starke Konzentration unvermeidlich machen. Und auch wenn es selbstverständlich ist, dass die Spezialwissenschaften keinen Selbstzweck besitzen, sondern nur im Rahmen einer übergreifenden Fragestellung ihre Rechtfertigung finden, ist die mit dem Anspruch auf Vollständigkeit betriebene Bereitstellung großer Mengen und Daten unverzichtbar für die Forschung insgesamt und bildet die Grundlage für neue Fragestellungen, die sonst allzu rasch und unnötigerweise an der Quellenlage scheitern müssten.

2. Orientierung in Zeit und Raum

Chronologie

Grundbegriffe

Die Chronologie ist die Lehre von der Zeitrechnung. Diese ist in der Alten Welt oft sehr unsicher. Gerade für die schriftarmen Epochen lässt sich nicht selten nur eine relative Chronologie ermitteln, das heißt lediglich die Abfolge der Ereignisse. Um deren Verhältnis zu einem festen Datum zu benennen, benutzt man die Bezeichnungen *terminus ante quem* (Zeitpunkt, vor dem etwas eingetreten sein muss) und *terminus post quem* (Zeitpunkt, nach dem etwas eingetreten sein muss), ggf. ergänzt durch *non* (d. h. Zeitpunkt, vor / nach dem etwas nicht eingetreten sein kann).

Relative Chronologie

Stratigraphie

Die Stratigraphie bildet die wichtigste archäologische Methode für die Erstellung einer relativen Chronologie, nach dem einfachen Prinzip, dass die weiter oben liegende Schicht (Stratum) eines komplexen Fundzusammenhanges regelmäßig jünger sein dürfte als die darunter liegende. Im Einzelfall kann es jedoch Störungen und Verwerfungen geben, die die Dinge komplizierter machen. So bildet aufs Ganze gesehen die Zerstörung der Stadt Olynth 348 v. Chr. einen *terminus ante quem* für die dort gefundenen Bauwerke. Einzelne Objekte indes können auch später dorthin geraten sein. Durch den Vergleich verschiedener Ausgrabungsstätten und der dort gemachten Funde lassen sich auch weiter voneinander entfernt liegende Plätze in ein zeitliches Verhältnis bringen. Eine besondere Bedeutung besitzt bei Datierungsfragen die Keramik, also Objekte aus gebranntem Ton, zumal Gefäßscherben, weil sie in großen Massen erhalten sind und eine bemerkenswerte Vielfalt

Keramik

von Form und Dekor aufweisen, so dass man eine relativ genaue Klassifikation und damit ein Datierungsgerüst schaffen kann.

Datierung von Inschriften

In analoger Weise können Inschriften – allerdings unter Inkaufnahme großer Unsicherheiten – nach der Art der Schrift relativ datiert werden; hinzu kommt die Möglichkeit, sie nach feststehenden Formeln oder Namensformen, die nur in einer bestimmten Epoche gebräuchlich waren, zeitlich einzuordnen.

Absolute Chronologie

Für die Feststellung des genauen Datums, für die absolute Chronologie, bedarf es anderer fester Daten, die zumeist aus der literarischen, epigraphischen, numismatischen oder papyrologischen Überlieferung gewonnen werden; aber auch exakt datierte Naturkatastrophen oder berechenbare Naturereignisse wie Sonnenfinsternisse können dazu beitragen. So mag die Angabe von Consuln eine Inschrift datieren, andererseits die Aufstellung eines Kunstwerks oder die Zerstörung einer Stadt durch einen Vulkanausbruch in einem literarischen Text mit Datum erwähnt werden. Aufgrund des Gerüsts sicherer Daten und festdatierter Denkmäler kann dann die relative Chronologie mit einem einigermaßen verlässlichen Datengerüst versehen werden. Ebenso können aufgrund einer absoluten Chronologie kulturübergreifend Chronologien rekonstruiert werden, indem man gleichzeitige Ereignisse, Synchronismen, feststellt oder Funde der einen Kultur im Kontext der anderen diskutiert. So sind minoische Objekte aus Kreta in Ägypten gefunden worden, wodurch eine bessere Datierung der kretischen Funde möglich wurde, da viele Kunstwerke Ägyptens aufgrund von Inschriften (relativ) genau datierbar sind.

Synchronismen

Antike Datierungsweisen

Eponyme Beamte

In den antiken Kulturen waren verschiedene Datierungsweisen üblich: Die meisten antiken Städte datierten nach den Namen der sogenannten eponymen (= das Jahr benennenden) Beamten, die überall verschieden waren. Die bekanntesten Beispiele bilden der Archon Eponymos in Athen (der sein Amt im Sommer antrat, so dass seine Amtszeit in unserer Zählung mit einem Doppeljahr, z. B. 462/1, angegeben werden muss; s. die Quellen auf S. 27 u. 38) und die beiden römischen Consuln, die auch noch in der Kaiserzeit das Jahr datierten; ebenso konnten Priester und andere Würdenträger eponym sein.

Herrscherdaten

In den Königtümern wurde zumeist nach Herrschern und deren Regierungsjahren datiert. Besonders komplex waren die entsprechenden Angaben bei den römischen Kaisern, da diese verschiedene Funktionen (Consulat, Zensur o. a.) zu unterschiedlichen Zeitpunkten bekleiden konnten und das Amtsjahr mit dem Kalenderjahr nicht übereinstimmen musste. Am geeignetsten für die Zählung der Regierungsjahre von Kaisern ist die *tribunicia potestas*, die Amtsmacht des Volkstribuns, die jedes Jahr neu verliehen wurde. Derartige Daten zu Einzelpersonen werden in Prosopographien erfasst, deren Benutzung zum Alltag des Althistorikers gehört.

Ären

Die Datierungen nach einer Ära zählten von einem bestimmten Jahr an. Am bekanntesten ist die mit dem Namen des Hippias von Elis (um 400) verbundene Zählung nach Olympiaden, deren erste man gewöhnlich 776 v. Chr. beginnen ließ und in Fünfjahresrhythmen zählte; in der Antike war sie vor allem unter Fachschriftstellern verbreitet. Ein anderes Beispiel bildet in Rom die Zählung «ab Gründung der Stadt» (*ab urbe condita* = a. u. c. = üblicherweise ab 753 v. Chr.), die indes im antiken Alltag wenig Bedeutung hatte. Besonders verbreitet war die auf den Hellenismus zurückgehende Seleukidische Ära (312 v. Chr. in der makedonischen und 311 v. Chr. in der babylonischen Version), die im Vorderen Orient bis in das Mittelalter hinein und auch außerhalb des griechischen Sprachraums in Gebrauch blieb.

n. Chr.

Die bis heute übliche Zählung «nach Christus» geht auf die Konstruktionen des Dionysius Exiguus (6. Jh. n. Chr.) zurück und entstand nicht zufällig, als die Datierung nach Consulaten außer Gebrauch geriet. Sie fand rasch im Westen Anerkennung. Erst seit dem 18. Jh. sind auch Datierungen «v. Chr.» üblich. Zu beachten ist dabei, dass die Gestalt des historischen Jesus mit Sicherheit v. Chr. zu datieren ist und dass ein Jahr Null nicht gerechnet wird, dass vielmehr auf das Jahr 1 v. Chr. das Jahr 1 n. Chr. folgt. Bisweilen wird zur Vermeidung religiöser Assoziationen v. Chr. / n. Chr. durch v. u. Z. / u. Z. (vor / unserer Zeit) ersetzt.

Tagesgenaue Datierung

Die zunehmend präzise Datierung von Dokumenten und Ereignissen in den antiken Kulturen erlaubt in vielen Fällen, zumal bei Papyrus-Dokumenten, eine Angabe bis auf den Tag genau. Allerdings wird die Aussagekraft solcher Datierungen dadurch eingeschränkt, dass unsere Zeitrechnung, vor allem jene der Schaltjahre, auf die Kalenderreform des Jahres 1582 von Papst Gregor XIII. zurückgeht, die ihrerseits wieder auf jener Julius Caesars (45 v. Chr.) beruht. Davor wurden ebenfalls Schaltjahre oder Schaltmonate eingeschoben (interkaliert), um das Sonnenjahr, das Mondjahr und das bürgerliche Jahr in Übereinstimmung zu bringen, jedoch nach divergierenden Berechnungsmodi. Daher können

Schwierigkeiten der Chronologie

Als Thukydides den Beginn des Peloponnesischen Krieges datieren will, muss er sich sehr kompliziert ausdrücken:

Vierzehn Jahre … hielt der dreißigjährige Frieden, den man nach der Eroberung Euböas geschlossen hatte. Im 15. Jahr, als Chrysis 48 Jahre Priesterin in Argos war, Ainesias Ephor in Sparta und Pythodoros noch für vier Monate Archon in Athen, im zehnten Monat nach der Schlacht bei Poteidaia und zu Frühlingsbeginn … (brach der Krieg aus). (Thuk. 2,2,1, Übers. nach T. Paulsen)

Dem antiken Historiker stand kein überlokales chronologisches System zur Verfügung, das ihm eine allgemeinverständliche Bestimmung des Kriegsbeginns erlaubte. Daher bediente Thukydides sich hier einerseits zweier historischer Ereignisse, die seine Leser kannten, des sogenannten dreißigjährigen Friedens von 446 v. Chr. sowie der Schlacht bei Poteidaia wohl 432 v. Chr., ferner dreier lokaler Datierungssysteme: der eponymen Beamten in Sparta und Athen sowie der eponymen Priesterin des peloponnesischen Argos. So entsteht eine für ihn hinreichende, wenn auch nicht taggenaue Präzision. Bemerkenswert ist, dass die Textüberlieferung zwei strittige Passagen aufweist: Statt von vier Monaten für Pythodoros ist in ihr von zweien die Rede, statt dem zehnten Monat nach der Schlacht von Poteidaia ist der sechste überliefert – ob die hier vorgenommenen Veränderungen nötig sind, ist strittig, indes sind gerade bei Zahlen die Abschreibfehler häufig, was die Deutung von Zeitangaben weiter erschwert.

die Tagesdaten ganz verschieden dargestellt werden und sind nicht leicht dem Julianischen oder gar Gregorianischen Kalender zuzuordnen.

Naturwissenschaftliche Methoden

Naturwissenschaftliche Methoden erlauben zunehmend genauere Datierungen. Der herkömmliche Weg ist die Datierung über bestimmte astronomische Phänomene, wie etwa Sonnenfinsternisse, für die präzise Angaben leicht zu errechnen sind. Hinzu kommen jüngere Methoden, von denen nur einige Beispiele genannt seien: Die Radiokarbonmethode – d. h. die Bestimmung von Zerfallswerten des radioaktiven Kohlenstoffisotops C 14 in organischen Stoffen – ist für die meisten Bereiche der Antike weniger geeignet als für weiter zurückliegende Epochen, da sie nur zu groben Ergebnissen führt; Untersuchungen von Eisbohrkernen etwa aus Grönland können Naturkatastrophen wie Vulkanausbrüche präzise datieren helfen, weil bestimmte Veränderungen in der jeweiligen Eisschicht feststellbar sind; mit der Analyse der je nach Klima unterschiedlich dicken Jahresringe von Bäumen, der dendrochronologischen Methode, kann auf das Jahr datiert werden, wann ein Baum gefällt worden ist (nicht aber, wann man das Holz verwendet hat). Diese Methoden werden fortwährend verfeinert, es werden immer neue Datierungsansätze entwickelt.

Grundlagen

W. Eder / J. Renger (Hg.), Herrscherchronologien der antiken Welt. Namen, Daten, Dynastien (NP Suppl. 1), Stuttgart 2004, ein Werk, das den gesamten Mittelmeerraum und teils noch andere Regionen berücksichtigt, bildet den geeigneten Ausgangspunkt für weitere Recherchen. Zur Methodik der Chronologie E. J. Bickerman, Chronology of the Ancient World, London 1980 und S. Stern, Calendars in Antiquity. Empires, States, and Societies, Oxford 2012; zu archäologischen Ansätzen B. Bäbler, Archäologie und Chronologie. Eine Einführung, Darmstadt 2012[2].

Prosopographien

Die Menge der Prosopographien ist schwer zu überschauen; mit den folgenden kommt der Studierende wohl am ehesten in Berührung: R. Develin, Athenian Officials 684–321 B. C., Cambridge 1989; T. R. S. Broughton, The Magistrates of the Roman Republic, 3 Bde., New York 1951, 1952, 1986; D. Kienast, Römische Kaisertabelle. Grundzüge einer römischen Kaiserchronologie, Darmstadt 2004[3]; E. Groag u. a. (Hg.), Prosopographia imperii Romani saec. I II III, Berlin 1933 ff.[2] (PIR[2]), die noch nicht vollständig ist, s. *http://www.bbaw.de/forschung/pir/*. J. Martindale u. a. (Hg.), The Prosopography of the Later Roman Empire, 3 Bde., Cambridge 1971, 1980, 1992.

Historische Geographie

Naturräumliche Gegebenheiten

Die Mittelmeerwelt weist eine relativ große klimatische Homogenität von trocken-heißen Sommern und feucht-warmen Wintern auf. Das Klima begünstigt den Anbau der sogenannten mediterranen Trias von Nahrungsprodukten, also Getreide, Öl und Wein, welche die Grundlage der Ernährung bildeten, da viele Menschen nur selten Fleisch und Fisch essen konnten. Ein erheblicher Teil des heute als mediterran geltenden Obstes und Gemüses (z. B. Tomaten), aber auch andere Nahrungsmittel wie die Kartoffel waren in der Antike unbekannt.

Landschaft

Die Landschaft begünstigte wohl bestimmte politische Entwicklungen; so dürfte die Kleinteiligkeit der griechischen Welt auch mit der gebirgigen Struktur zusammenhängen, die eine großräumige Kommunikation erschwerte. Allerdings darf man nicht einfach von naturräumlichen Gegebenheiten auf die Politik schließen, da stets der Mensch als Akteur und wichtigster Faktor historischer Prozesse hinzutritt; so entstanden später auch großräumige Herrschaften in Griechenland. Komplexe Zusammenhänge zwischen

Landschaft und menschlichem Handeln zeigt die Historische Landeskunde auf, die in der Alten Geschichte während der letzten Jahrzehnte eine Blüte erlebt, wobei hier ebenfalls naturwissenschaftliche Methoden – etwa zur Rekonstruktion von antiken Küstenverläufen – zum Tragen kommen. Das Meer hatte große Bedeutung für die Kommunikation, auch wenn man überwiegend Küstenseefahrt betrieb, d. h. die Überfahrt über die offene See, wo nur möglich, mied; von November bis Anfang März, in der Zeit der Winterstürme, galt das Meer gar als unbefahrbar.

Naturkatastrophen

Weite Bereiche der Mittelmeerwelt werden noch heute oft von Erdbeben und Vulkanausbrüchen heimgesucht. In der Antike wurden diese gewöhnlich als göttliche Zeichen aufgefasst und provozierten daher vor allem religiöse Aktivitäten; manche Katastrophen lösten politische Krisen aus.

Wandelbarkeit

Auch wenn die historische Geographie von der Gegenwart ausgehen muss, darf man den Wandel von Klima und Landschaft über so viele Jahrhunderte der Antike hinweg nicht unterschätzen. Der heutige Eindruck von den naturräumlichen Gegebenheiten regt gewiss die Phantasie an, vermittelt aber keinen authentischen Eindruck der antiken Gegebenheiten.

Historische Topographie

Die historische Topographie bemüht sich darum, geographische Bezeichnungen der Antike bestimmten Plätzen zuzuweisen und somit Schauplätze der Geschichte zu identifizieren. Damit hat sie basale Bedeutung für die weitere Forschung. Karten und Pläne, die durch solche Arbeiten entstehen, sind stets das Produkt von Forschungsarbeit und stehen auf derselben Stufe wie ein Aufsatz oder Buch. Obgleich antike Reiche in historischen Atlanten gewöhnlich bunt eingefärbt sind, darf man deren Grenzen nicht mit modernen völkerrechtlichen Grenzen verwechseln: Die antiken Großreiche vermochten einerseits oftmals das Landesinnere eines scheinbar einheitlich beherrschten Territoriums nicht vollständig zu kontrollieren, andererseits erhoben sie den Anspruch, auch außerhalb ihrer Grenzen intervenieren zu dürfen. Aktuelle topographische Karten informieren über die physische Geographie, es muß aber auch hier stets die Frage gestellt werden, in welchem Umfang sie für vergangene Jahrhunderte verbindlich sein können.

Karten

Literatur

Grundlegend: E. Olshausen, Einführung in die historische Geographie der alten Welt, Darmstadt 1991. Die gegenwärtigen geographischen Verhältnisse der Mittelmeerwelt erschließen sich über die entsprechenden Länderkunden. Ein Beispiel für die Bedeutung der historischen Landeskunde ist M. Zimmermann, Untersuchungen zur historischen Landeskunde Zentrallykiens (Antiquitas Reihe 1, Bd. 42), Bonn 1992. Brauchbare Atlanten stehen in größerer Zahl zur Verfügung; am geeignetsten für die allgemeine Orientierung sind H. Bengtson / V. Milojčić, Großer historischer Weltatlas 1, München 1978[6], und A.-M. Wittke / E. Olshausen / R. Szydlak (Hg.), Historischer Atlas der antiken Welt (NP Suppl. 3), Stuttgart / Weimar 2007; für einzelne Orte s. R. Stilwell u. a. (Hg.), The Princeton Encyclopedia of Classical Sites, Princeton, N. J. 1976, die auch in der Perseus Digital Library (*http://www.perseus.tufts.edu/hopper/*) einzusehen ist.

IV. Griechische Geschichte

1. Anfänge der Griechischen Geschichte und Archaisches Griechenland

Alle Daten v. Chr.

ca. 2000 – ca. 1200	Palastzeit auf Kreta
ca. 1550 – 1070	Neues Reich in Ägypten
ca. 1400 – ca. 1200	Zeit der mykenischen Burgen
ca. 1200	«Seevölkersturm»: Zusammenbruch des Hethiterreiches; Bedrängnis Ägyptens
12./11. Jh.	Ausgang der minoisch-mykenischen Zeit
ca. 1050	Entstehung der geometrischen Keramik
1. Hälfte 9. Jh.	Das Neuassyrische Reich dringt bis zur Mittelmeerküste vor.
Um 750	Gründung griechischer Apoikien («Kolonien») zunächst im Westen
ca. 8. Jh.?	Entstehung der homerischen Epen in einer festen Form
ca. 720	Sogenannter 1. Messenischer Krieg zwischen Spartanern und Messenern
ca. 657–580	Kypseliden herrschen als Tyrannen in Korinth; Beginn der älteren Tyrannis
ca. 650–620	Sogenannter 2. Messenischer Krieg
ca. 620	Gesetzgebung Drakons in Athen?
609	Ende des Neuassyrischen Reiches; Aufteilung zwischen Babylon und Medien
1. Drittel 6. Jh.	Wirken Solons in Athen
597 und 587	Eroberungen Jerusalems durch Nebukadnezar II. und Deportation eines Teils der Bevölkerung Judäas
559–530	Kyros der Große
546	Ende des Lyderreiches
546/5–511/0	Ununterbrochene Herrschaft der Peisistratiden in Athen
ca. 520/515	Errichtung des 2. Tempels in Jerusalem
509/8	Abwehr eines spartanischen Vorstoßes durch das Volk von Athen

Kontext des Orients

Griechenland am Rande des Orients

Die Geschichte des Mittelmeerraums beginnt nicht mit Griechenland, vielmehr sind die Zivilisationen des griechischen Raumes zunächst Randkulturen des Alten Orients, und in der Sicht von dessen Kulturen blieben sie das auch, bis Alexander der Große sie ab 334 unterwarf. Die Einflüsse, die Griechenland aus dem Osten empfangen hat, sind an vielen Stellen nachweisbar – etwa in der Entwicklung der Schrift oder im Zusammenhang mit mythologischen Vorstellungen. Und sie endeten nicht mit dem Aufblühen Griechenlands in der archaischen Zeit. Dies bedeutet keine Überlagerung einer ursprünglich rein griechischen Kultur, sondern stellt eine ganz normale Verflechtung von Kulturen dar, wie man ihn allenthalben beobachten kann – selbstverständlich wurde auch der Orient von Griechenland beeinflusst.

«Alter Orient»

Der Begriff «Alter Orient» umfasst als eine Hilfsbezeichnung eine Vielzahl von Kulturen des Altertums, die sich im Vorderen Orient herausgebildet haben. Es bestand aber nie die Uniformität, die der Begriff suggeriert und das deutsche Wort «Orient» mit seinen zahlreichen Assoziationen nahelegt. In sprachlicher, politischer, religiöser und kultureller Hinsicht lassen sich ganz unterschiedliche Entwicklungen greifen.

Entwicklung im 2. Jahrtausend

Die für den griechischen Raum bedeutendste Macht des Alten Orients bildete zunächst Ägypten, das schon zu Beginn des 3. Jt. erstmals geeint worden war. Es erlebte in der Zeit um 2000 eine innere Krise, die möglicherweise den Aufstieg Kretas begünstigte, das indessen auch während der Zeit der Erneuerung Ägyptens im sogenannten Neuen Reich (ca. 1550–1070) nie unter dessen Herrschaft gelangte.

Mächtesystem

In der 2. Hälfte des 2. Jt. erscheint das im 18./17. Jh. entstandene kleinasiatische Hethiterreich als wichtigster Konkurrent Ägyptens. Nach langen Auseinandersetzungen bildete sich Anfang des 13. Jh. ein relativ stabiles Mächtesystem im östlichen Mittelmeerraum heraus. Die Kontakte zu den weiter im Binnenland gelegenen Hochkulturen des Zweistromlandes (Babylonier und Assyrer) blieben lockerer.

«Seevölker»

Um 1200 sind an verschiedenen Stellen Einfälle fremder Völker, die in mehreren Schüben erfolgten, bezeugt: Es ist die Zeit der sogenannten Seevölker, die als Ethnien unbekannter Herkunft und in wechselnder Zusammensetzung durch den östlichen Mittelmeerraum zogen. Sie zerschlugen das hethitische Großreich und bedrohten Ägypten; um dieselbe Zeit erfuhr auch die mykenische Kultur eine Schwächung. Die Verhältnisse im Ostmittelmeerraum wurden destabilisiert.

Ägypten

Ägypten konnte zwar die Angriffe abwehren, erlebte aber seit dem 12. Jh. einen politischen Niedergang; ab 1070 spricht man von der Spätzeit Ägyptens. Mehrfach zerfiel das Reich oder erlag einer Fremdherrschaft. Zumal unter der Saïtendynastie (664–525) pflegten Pharaonen intensive, auch wirtschaftliche Kontakte zu Griechen, die sich in der Gründung von Naukratis – einer griechischen Handelsniederlassung im westlichen Nildelta – niederschlugen.

Kleinasien

In Kleinasien entstand nach dem Zusammenbruch des Hethiterreiches keine stabile Macht; verschiedene Herrschaften unterschiedlicher Kultur wechselten einander ab. Griechen fassten an der Westküste seit dem 11. Jh. Fuß. An der Ostküste des Mittelmeers entfalteten sich die Phönizier mit ihren Stadtherrschaften, die seit dem 9. Jh. unter neuassyrische Vorherrschaft gelangten. In der geistigen Wirkung am bedeutsamsten war das kurzlebige Stammeskönigtum Israels unter David und Salomon (ca. 1000–931), das indes in zwei Teile zerfiel, die beide in wechselnden Abhängigkeiten von größeren Mächten standen und ihnen schließlich erlagen, Israel bereits 722 den Assyrern. Judäa, wo unter dem König Josia (639–609) eine religiöse Erneuerung stattgefunden hatte, wurde 587 von den Babyloniern vollends besiegt. Der Tempel von Jerusalem, das religiöse Zentrum, wurde zerstört, und viele Angehörige des Volkes, zumal der Elite, in die «Babylonische Gefangenschaft» geführt. Der Wille, die Identität in der Gefangenschaft zu bewahren, war in dieser Gruppe besonders ausgeprägt; hinzu kam die zunehmend literarisch gestaltete Erinnerung an eine ruhmreiche Geschichte, aber auch an Sünden und an all das, was man immer stärker als das Wirken des *einen* Gottes – Jahwe – auffasste. Daher war gerade die Gefangenschaft von wesentlicher Bedeutung für die Konstituierung des Judentums und damit indirekt auch für die der beiden anderen großen monotheistischen Religionen Christentum und Islam.

Ostküste des Mittelmeers

Israel

Zweistromland

Im Zweistromland entwickelten sich mehrere Reiche, vor allem die der Babylonier und Assyrer, die für kurze Zeit eindrucksvoll expandierten – teils bis hin nach Ägypten –, die aber nie langlebig waren. Eine stabile Herrschaft entfalteten dort erst die Perser.

Perser

Die Grundlage für deren Machtbildung hatte das medische Königtum mit Kyaxares (ca. 614/612) gelegt, der gemeinsam mit Babylon Assyrien besiegt und die medische Herrschaft tief in den anatolischen Raum vorgeschoben hatte. Innere Kämpfe führten dazu, dass sich mit Kyros II. (559–530) der Fürst eines persischen Stammes zum Herrscher über das Reich aufwarf, womit die Tradition des Geschlechts der Achämeniden begann. Er stellte sich indes bewusst seinerseits in die medische Tradition, so dass die Perser im Griechischen auch als Meder bezeichnet werden. Kyros dehnte seine Macht weit aus: Durch den Sieg über das südwestkleinasiatische Lyderreich 546 gelangte er in direkten Kontakt zu den Griechen, 539 eroberte er Babylon.

Rückkehrerlaubnis für Juden

Nunmehr gab er, was historisch höchst bedeutsam wurde, Juden die Erlaubnis, in ihre alte Heimat zurückzukehren. Das geschah in mehreren Schüben und nicht ohne Konflikte mit den in der Heimat verbliebenen Juden; etwa 520–515 wurde der Tempel von Jerusalem wiederaufgebaut; man spricht von der Phase des Zweiten Tempels (bis 70 n. Chr.).

Satrapien

Die Organisation des Perserreiches war großräumig; es wurde in Provinzen gegliedert, die man als Satrapien bezeichnet. Die Satrapen verfügten über breite Kompetenzen. Bezeichnend ist, dass Kyros, wohl in bewusster Absetzung von der assyrischen Politik, den unterworfenen Völkern eine Pflege ihrer Tradition gestattete, sofern dies nicht den persischen Herrschaftsanspruch verletzte. Auf diese Weise entstand ein trotz seiner enormen Ausdehnung stabiles Reich. Kyros' Sohn Kambyses (529–522) eroberte Ägypten. Seine Herrschaft war umstritten; nach seinem Tode kam es zu Unruhen, aus denen Dareios I. (521–486) als Sieger hervorging. Er sollte dem Ägäisraum eine größere Aufmerksamkeit zollen.

Einführende Werke

Eine adäquate Behandlung des Alten Orients ist hier nicht möglich. Es sei daher besonders nachdrücklich auf einführende Werke verwiesen: D. O. Edzard, Geschichte Mesopotamiens von den Sumerern bis zu Alexander dem Großen, München 2004; A. Kuhrt, The Ancient Near East, c. 3000–330 BC, 2 Bde., London 1995; H. J. Nissen, Geschichte Alt-Vorderasiens (OGG 25), München 2012[2] (problemorientiert); A. Nunn, Der Alte Orient. Geschichte und Archäologie, Darmstadt 2011; J. Wiesehöfer, Das frühe Persien. Geschichte eines antiken Weltreichs, München 1999; I. Shaw, The Oxford History of Ancient Egypt, Oxford 2003; J. Assmann ist es gelungen, aus den Problemstellungen der Ägyptologie Fragestellungen von allgemeiner kulturwissenschaftlicher Bedeutung zu gewinnen; exemplarisch erwähnt sei hier Ägypten. Eine Sinngeschichte, Frankfurt / Main 2003[3]. Zur Rolle der

Phönizier M. Sommer, Europas Ahnen. Ursprünge des Politischen bei den Phönikern, Darmstadt 2000; Die Reihe TUAT (Texte aus der Umwelt des Alten Testaments, hg. von O. Kaiser u. a., Gütersloh seit 1982) bietet eine Vielzahl von gut erschlossenen Übersetzungen. Die Bedeutung des Orients für Griechenland hat W. Burkert stets hervorgehoben, s. Babylon, Memphis, Persepolis. Eastern Contexts of Greek Culture, Cambridge / Mass. 2004.

Beginn der Griechischen Geschichte

Stufen der früh-griechischen Geschichte

Es gibt keinen klar bestimmbaren Beginn der Griechischen Geschichte. Das, was in der Rückschau als Griechische Geschichte begriffen wird, ist die allmähliche Herausbildung einer eigenständigen Zivilisation am Rande der Hochkulturen des Alten Orients. Eine wichtige Etappe bildete die sog. Ägäische Bronzezeit, deren bedeutendste Ausprägungen die Kykladenkultur – benannt nach der betreffenden Inselgruppe –, die minoische Kultur auf Kreta und die mykenische auf dem griechischen Festland darstellten. Unter ihnen finden bei Historikern die minoische Welt und die mykenische am ehesten Aufmerksamkeit. Um den Zusammenhang der verschiedenen Kulturen – die weit in die Ägäis ausstrahlten – zum Ausdruck zu bringen, spricht man zunehmend von einer Ägäischen Koiné (Gemeinschaft).

Bronzezeit

Diese bronzezeitlichen Kulturen stellen gleichsam ein Scharnier zwischen Altem Orient und antikem Griechenland dar; die minoische Kultur hat, auch wenn Kreta für das moderne geographische Bewußtsein fest zu Europa gehört, mehr mit dem Orient gemein als mit dem späteren Griechenland. Die mykenische Kultur war zwar griechischsprachig, unterschied sich aber in Hinblick auf die politischen Strukturen grundlegend von dem, was man mit dem späteren Griechenland assoziiert. Es erscheint dennoch berechtigt, beide Kulturen im Rahmen der Griechischen Geschichte zu streifen, weil sie in der späteren Erinnerung der Griechen, zumal in der Mythologie, Teil der eigenen Vergangenheit waren, auch wenn ein gemeingriechisches Bewusstsein in den frühen Epochen nicht nachweisbar ist.

«Dunkle Zeitalter»

Die sogenannten «Dunklen Zeitalter» (ca. 1200–8. Jh.), oft auch mit dem englischen Terminus *Dark Ages* bezeichnet, sind deswegen dunkel, weil man wenig darüber weiß, nicht weil alles düster gewesen wäre. Vielmehr kam es zu einschneidenden Entwicklungen, die den erstaunlichen Aufstieg Griechenlands ermöglichten. In Anlehnung an die archäologische Terminologie, die auf deutlich erkennbaren Veränderungen der Keramik beruht, wird gelegentlich die Zeit vom 11. – 8. Jh. auch als geometrische Epoche bezeichnet, wodurch die Lösung von der mykenischen Tradition deutlicher wird.

Archaik

Ein deutlich erkennbarer Sonderweg Griechenlands begann in der Zeit der Archaik (8. – 6. Jh.), ein Terminus, der von der Kunstgeschichte übernommen worden ist, sich aber auch bei der historischen Forschung bewährt hat. In dieser Epoche ist der Prozess der Polisentstehung von herausragender Bedeutung, der mit anderen Entwicklungen einhergeht, der neuen Kampftechnik der Hoplitenphalanx (Schlachtreihe der Schwerbewaffneten), der Gründung von Apoikien («Kolonisation»), dem Aufkommen der Tyrannis. Das Ende der Archaischen Zeit wird gemeinhin mit den Perserkriegen angesetzt (490–479); sinnvoller erscheint es, den Epochenwechsel im ausgehenden 6. Jh. zu verorten, da sich in jenen Jahren sowohl in Sparta als auch in Athen die inneren Strukturen entscheidend wandelten.

Quellen minoisch-mykenische Zeit

Die wichtigsten Quellen für die minoisch-mykenische Kultur sind archäologischer Natur – Paläste bzw. Burgen, aber auch andere Siedlungsspuren. Schriftquellen bilden Tontafeln in zwei Schriften: Linear A und B, von denen erstere ausschließlich auf Kreta, die zweite in Knossos, hauptsächlich aber auf dem Festland, verwendet wurde. Die Sprache des Linear B ist ein Protogriechisch, die des Linear A unbekannt. Bei den Tafeln handelt es sich gewöhnlich um administrative Dokumente, die unmittelbar vor den Zerstörungen der Paläste entstanden und durch Feuer hart gebrannt wurden, so dass eine Momentaufnahme der Verwaltung entsteht. Vereinzelt wird in vorderasiatischen und ägyptischen Kontexten auf Kreta Bezug genommen; hethitische Quellen genießen in der Forschung immer größere Aufmerksamkeit, je zuverlässiger man die dort genannten Orte und Ethnien identifizieren kann.

«Dunkle Zeitalter»

Für die «Dunklen Zeitalter» ist man fast ausschließlich auf archäologische Quellen, namentlich Befunde der Siedlungsforschung, angewiesen, da auch die Schriftzeugnisse aus dem kleinasiatisch-syrischen Raum weniger werden. Sehr zweifelhaft sind in ihrer historischen Aussagekraft die Überlieferungen von Mythen, in denen man bisweilen Reflexe einer historischen Erinnerung an jene Zeit sucht.

Archaische Zeit

Für die Archaische Zeit besitzen weiter archäologische Quellen eine herausragende Bedeutung, doch treten verstärkt literarische Quellen hinzu.

Homer

Eine Sonderstellung nehmen die homerischen Epen *Ilias* (wohl Mitte des 8. Jh.) und *Odyssee* (wohl Ende 8. Jh.) ein, da sie aus aristokratischer Perspektive das Bild oder zumindest die Vorstellung einer komplexen Gesellschaft in ungewöhnlicher Dichte vermitteln; allerdings ist ihre genaue regionale und zeitliche Zuordnung strittig. Weitere zeitgenössische Quellen bil-

Hesiod · *Lyrik* · *Gesetze*

den die Werke Hesiods (um 700), vor allem *Werke und Tage*, die sich auf das zeitgenössische bäuerliche Milieu beziehen und dessen Nöte eindringlich schildern. Aufschlussreich ist ferner die archaische Lyrik, deren Deutung besonderen Schwierigkeiten unterliegt, da die einzelnen Werke in bestimmte soziale Kontexte gehören – etwa den der Gastmähler –, die in den Versen vorausgesetzt und nicht erläutert werden. Einen besonderen Rang besitzen die Elegien des Athener Staatsmanns Solon, der in manchen Gedichten seine Politik reflektiert, sowie die Gedichte des Tyrtaios (2. Hälfte 7. Jh.), die das Selbstverständnis von Spartanern erhellen, ferner jene des Alkaios aus Lesbos (um 600), in denen die Atmosphäre aristokratischer Rivalitäten lebendig wird. Aus der Archaischen Zeit stammen erste Inschriften mit Gesetzestexten; ein Beispiel S. 58. Mit der *Großen Rhetra* ist literarisch (bei Plutarch) ein anscheinend altes Dokument erhalten, das von zentraler Bedeutung für die spartanische Verfassungsgeschichte ist.

Späte literarische Quellen

Unter den späteren literarischen Quellen ragen Herodot und Aristoteles hervor. Beide Autoren sind indes mit höchster Vorsicht zu verwenden: Herodot schließt an verschiedene lokale, oft reich ausgeschmückte Traditionen an und ordnet sie in ein Gesamtkonzept ein, das auf die Perserkriege zuführt. Aristoteles – am wichtigsten sind die *Politiká* und der ihm zugeschriebene *Staat der Athener* (*Athenaíon Politeía)* – hat eine Vielzahl unterschiedlich verlässlicher Einzelinformationen gesammelt, die er zu systematisieren sucht und dabei nicht selten verbiegt. Um sich nicht von derartigen Stilisierungen leiten zu lassen, neigt gerade die jüngere Forschung dazu, sich auf diejenigen Quellen zu konzentrieren, die aus der archaischen Zeit selbst stammen.

Minoisches Kreta

Auf Kreta entwickelte sich seit etwa 2000 eine materiell hochstehende Palastkultur, die enge Kontakte zum Vorderen Orient, zumal Ägypten, unterhielt; nach Minos, dem mythischen König von Knossos, wird sie als minoische Kultur bezeichnet. Mit ihren Palästen erinnert sie stark an orientalische Verhältnisse. Knossos, das seit spätestens der Mitte des 2. Jt. eine Vorrangstellung unter den Palästen erlangt zu haben scheint, geriet, wie dort gefundene Linear B-Tafeln zeigen, seinerseits unter die Herrschaft von Mykenern, vielleicht nach der Zerstörung und dem Wiederaufbau ca. 1380. Spätestens 1200 wurde der Palast von Knossos aufgegeben. Die Erinnerung der Griechen blieb jedoch gerade an diesem Ort haften.

Mykenische Kultur

Auf dem Festland entwickelte sich seit der Mitte des 2. Jt. eine Zivilisation von Palastburgen, die kulturell tiefgreifend von Kreta beeinflusst war; nach der berühmtesten Anlage in Mykene wird sie als mykenische Kultur bezeichnet. Ihre Träger, von der Forschung als Achaier bezeichnet, verwendeten nach dem Zeugnis der Linear B-Tafeln eine Frühform des Griechischen.

Untergang

Der Niedergang der mykenischen Kultur begann um 1200 und währte bis ins 11. Jh. Keinesfalls wurden alle Paläste gleichzeitig zerstört; die materielle Kultur wandelte sich nicht schlagartig. Es gab sogar Versuche der Erneuerung, so wurde in Tiryns eine neue Siedlung in unmittelbarer Nachbarschaft der alten Burg gegründet. Welche Gründe zu dem Verfallsprozess führten, ist strittig: Die These, dass die Einwanderung einer geschlossenen Volksgruppe («Dorische Wanderung») verantwortlich sei, ist heute weitgehend aufgegeben. Gleichwohl dürfte neben internen Konflikten und eventuellen Missernten auch das Einsickern fremder Völkerschaften aus dem Norden eine Rolle gespielt haben, die sogenannte «Große Ägäische Wanderung».

Ausgang der Mykenischen Zeit

Die submykenische Phase leitet die «Dunklen Zeitalter» ein: Die Paläste wurden aufgegeben, die materielle Kultur verlor an Reichtum, die Kenntnis der Schrift ging verloren, Kultformen wandelten sich, es bildeten sich lokale Kunststile heraus, die Bevölkerung schrumpfte. Allerdings sind gerade in jüngerer Zeit Kontinuitäten herausgestellt worden, so in Athen, dessen Akropolis bereits in mykenischer Zeit eine Burganlage aufwies, aber auch mancherorts an Kultstätten. Angesichts der Verbindungen überrascht es nicht, dass Knossos und Mykene eine so wichtige Rolle in der kollektiven Erinnerung der Griechen spielten.

Exkurs: Troja

Troja ist durch die homerischen Epen berühmt geworden. Jüngere Ausgrabungen an dem üblicherweise mit dem antiken Troja identifizierten Hügel Hisarlik haben zu einer leidenschaftlich ausgetragenen Debatte darüber geführt, welche Bedeutung dem archäologisch nachweisbaren Troja zugekommen sei. Drei Punkte scheinen besonders wichtig: 1. Die These der Ausgräber, Troja sei zeitweise ein Handelsort von beachtlichem Rang und erheblicher Größe gewesen, setzt voraus, dass dem Handel in der Bronzezeit eine Bedeutung zukam, wie es die wenigsten Althistoriker annehmen. Die tatsächliche Größe der Stadt kann erst bei umfassenderen Ausgrabungen gesichert werden. Ebenso fehlen Belege für einen intensiven Handel in das Schwarzmeergebiet zur fraglichen Zeit, für den Troja eine Schlüsselstellung hätte haben können; ferner ist die Infrastruktur für einen Handel, beginnend vom Hafen bis hin zu verlässlich bestimmten Magazinen, bislang nicht ergraben; auch fehlt der überzeugende Nachweis von schriftlichen Dokumenten wie Warenlisten, die man in einem wirtschaftlichen Zentrum erwarten würde. 2. Der Untergang Trojas, wie er in griechischen Sagen geschildert wird, lässt sich nicht mit bestimmten Befunden identifizieren: Zwar wurden mehrere Zerstörungen dieser Stadt festgestellt, doch ist nach wie vor strittig, wo mit kriegerischen Verwüstungen und wo mit Zerstörungen aufgrund von Naturkatastrophen zu rechnen ist. Ein Krieg zwischen einer Koalition von Festlandsgriechen und dieser Stadt ist archäologisch nicht nachgewiesen und auch kaum nachweisbar. 3. Viel scheint für die These zu sprechen, daß Troja als *Wilusa* in einer Abhängigkeitsbeziehung zum Hethiterreich gestanden habe. Es bleibt unklar, warum Troja, dessen geschichtliche Bedeutung nicht erkennbar ist, für die historische Vorstellungswelt der Griechen eine so große Rolle gespielt hat.

«Dunkle Zeitalter»

Innovationen

Die «Dunklen Zeitalter» würden einseitig beurteilt, sähe man sie allein als Zeit des Niedergangs, denn es erfolgten auch weitreichende Innovationen. Dazu zählt vor allem die Eisenbearbeitung. Der Gebrauch von Eisenartefakten nahm unter dem Einfluss des Orients, nicht zuletzt durch die Vermittlung Zyperns, seit dem 12. Jh. im griechischen Raum allmählich zu und war um 1000 allgemein verbreitet. Hinzu kamen weitere technologische und kulturhistorische Entwicklungen, so die verstärkte Nutzung des Pferdes als Reittier und die Einführung der Töpferscheibe. Im 8. Jh. gelangte, aus der Levante vermittelt, das Alphabet in Gebrauch. Bemerkenswert ist, wie schnell die Schriftlichkeit sich auf dieser Grundlage in Griechenland und darüber hinaus ausbreitete und in wie vielfältiger Weise die Schrift genutzt wurde. Nicht in der Erfindung, sondern in der Handhabung des Alphabets ist die Leistung der Griechen zu sehen.

Lefkandi

In einzelnen, günstig gelegenen Orten herrschte eine beachtliche Prosperität, wie sie zumal in Lefkandi auf der Insel Euböa dokumentiert ist. Dort entstand im 10. Jh. wohl als Grabanlage für einen Fürsten ein Großbau, der sich architektonisch deutlich von mykenischen Anlagen abhob. Außerdem belegen kleinere, aber immer noch mit orientalischen Waren ausgestattete jüngere Gräber, die auf das Herrschergrab ausgerichtet waren, eine gewisse Breite des Wohlstands. Im 8. Jh. verlor Lefkandi wohl aufgrund innereuböischer Auseinandersetzungen seine Bedeutung.

Primitivismus

Zur Deutung der wirtschaftlichen Beziehungen jener Epoche werden gerne sozialanthropologische Modelle herangezogen, unter denen zwei eine herausragende Bedeutung haben, dasjenige des

Gabentausches und das des *port of trade*. Gabentausch meint eine Form der Weitergabe wertvoller Objekte, deren Auswahl dem Bestreben entsprang, entsprechend dem eigenen sozialen Status und dem des Partners Dinge abzugeben oder zu empfangen, ohne einen Preis im modernen Sinn zugrunde zu legen. Mit *port of trade* (im Griechischen am ehesten *empórion)* ist ein durch politische Machthaber kontrollierter Warenumschlagsplatz gemeint, an dem Kulturen mit unterschiedlichen wirtschaftlichen Strukturen aufeinandertrafen und Handel trieben. Seit der Mitte des 8. Jh. hatte Al-Mina an der östlichen Mittelmeerküste diese Funktion. Beide Konzepte entspringen dem sogenannten primitivistischen Modell der griechischen Wirtschaftsgeschichte. Es betrachtet die antike Wirtschaft insofern als primitiv, als sie ganz in politisch-soziale Zusammenhänge eingebettet war und kaum Eigendynamik entfaltet. Ihm gegenüber stehen «modernistische» Vorstellungen, die ein Marktmodell und eine Eigengesetzlichkeit der Wirtschaft voraussetzen. Während die Anwendbarkeit des primitivistischen Modells auf die frühe griechische Geschichte weithin Anerkennung findet, ist sein Nutzen für spätere Epochen strittig.

Gabentausch

port of trade

In den «Dunklen Zeitaltern» muss man weitaus stärker als zuvor mit regionalen Verschiedenheiten rechnen. Offenbar in dieser Zeit bildeten sich, gewöhnlich aufgrund von Wanderungen, die Siedlungsmuster für die verschiedenen Dialektgruppen heraus. Diese pflegten oft auch kultische Gemeinsamkeiten und entwickelten ein daraus abgeleitetes Identitätsgefühl: Die Dorer siedelten schließlich in einem Großteil der Peloponnes und auf Kreta, die Äoler in Thessalien und Böotien, die Ioner in Attika, um nur die wichtigsten Gruppen zu nennen (s. Karte S. 59). Die sogenannte Ionische Wanderung (hauptsächlich 11.–9. Jh.), die in vielen kleinen Schritten erfolgt sein muss, führte zur Ansiedlung von Griechen im westlichen Kleinasien, wobei im Norden der Küste auch äolische Dialekte und im Süden dorische gesprochen wurden. Zunehmend stellt sich die Frage, in welchem Umfang die Einwanderer an mykenische Vorgängersiedlungen anknüpften; archäologische Indizien weisen vielerorts in diese Richtung.

Griechische Dialekte

Archaisches Griechenland

Homer

Eine einzigartige Stellung nimmt die Welt der homerischen Epen ein. Die beiden Werke, die Teile der Mythen um den Trojanischen Krieg behandeln (*Ilias* mit einem Ausschnitt aus der Belagerung von Troja und *Odyssee* mit der Heimkehr des Odysseus), gehen in ihren Teilen auf eine lange orale (mündliche) Tradition zurück; sie stammen vermutlich von mindestens zwei Autoren, die traditionell unter der Bezeichnung Homer zusammengefasst werden, und sind mit einem gewissen zeitlichen Abstand voneinander entstanden: die *Ilias* am ehesten um die Mitte des 8. Jh., die *Odyssee* an dessen Ende. Allerdings wird neuerdings mit guten Argumenten eine Datierung der *Ilias* auf die erste Hälfte des 7. Jh. vertreten, wodurch sich auch die Datierung der später anzusetzenden *Odyssee* verschöbe.

Quellenwert

Beide Werke sind von entscheidender Bedeutung für das Verständnis des frühen Griechenlands. Allerdings müssen sie mit größter Behutsamkeit interpretiert werden, denn es handelt sich um Dichtung, die ihren eigenen Darstellungskonventionen unterworfen ist. Die Epen erwecken den Eindruck, als ob sie von der mykenischen Zeit sprächen; tatsächlich reflektieren sie spätere Verhältnisse, wobei jedoch auch älteres Material verarbeitet wurde. So ist beispielsweise von Streitwagen die Rede, obwohl sie zu Lebzeiten der Dichter ungebräuchlich waren und offenbar Unklarheit über ihre Verwendungsweise bestand. Überdies ist damit zu rechnen, dass die Dichter bestimmte Darstellungsabsichten verfolgten, etwa das Ideal einer Gesellschaft im Auge haben mochten, die für ihn schon im Verfall begriffen war. Am ehesten kann man sich auf jene Dinge verlassen, die den Autoren selbstverständlich sind und die daher nicht überformt sein dürften.

Gesellschaftliche Elite

Von einem Konsens in der historischen Auswertung Homers ist die Althistorie weit entfernt. Die Mehrheit der Forschung neigt dazu, anzunehmen, dass die Schilderung der gesellschaftlichen und wirtschaftlichen Strukturen, die bei Homer reflektiert werden, konsistent sei und auf das 8. Jh. verweise. Dann ergäbe sich folgendes Bild: Das homerische Griechenland kannte nur wenige Ansätze von Staatlichkeit; zentrale Gestalt der lokalen Verbände war der *basileús*, üblicherweise etwas übertreibend mit «König» wiedergegeben. Das Verhältnis der *basileís* untereinander bestand in einer scharfen Konkurrenz darum, wer der Beste sei, andererseits in weiträumigen Beziehungen von Gastfreundschaft und Gabentausch. Die Stellung des *basileús* gegenüber seiner Gefolgschaft war nur in Ansätzen durch ein Erbrecht oder die Vorstellung einer göttlichen Abstammung legitimiert, überwiegend musste er seine Position durch seine Fähigkeit zu militärischer und politischer Führung, aber auch durch Besitz stets neu bestätigen. Der war jedoch so beschränkt, dass Homer sich vorstellen konnte, ein *basileús* verrichte mit eigener Hand körperliche Arbeit.

Unterschichten

Über die unteren Schichten erfährt man wenig. Zu ihnen zählten Bauern, Handwerker (die teils aber auch zur Elite gehörten), Tagelöhner und Unfreie. Als härtestes Schicksal galt dasjenige eines Tagelöhners, da dieser anders als der Unfreie bei keinem Wohlhabenderen verlässlichen Schutz fand.

Mobilität

Unverkennbar war die homerische Gesellschaft eine Gesellschaft in Bewegung. Sozialer Abstieg und Aufstieg konnte durch ökonomische und kriegerische Entwicklungen (Gefangenschaft) rasch erfolgen; das Bestreben, über die Grenzen der eigenen Region zu blicken, ist allenthalben erkennbar.

Polis

Unabhängig von Homer lässt sich in der archaischen Zeit eine zunehmende Prosperität beobachten. Diese ging mit einer Verdichtung von Siedlungszentren einher, in denen sich zunächst einige Häuser um ein größeres Bauwerk, das sogenannte Megaron, gruppierten. Daraus entwickelte sich die Polis. Dies ist ein griechisches Wort, aber ein moderner Begriff: In der althistorischen Forschung gilt die Polis als eine überschaubare politische Einheit, die sich als Bürgergemeinde konstituiert. Üblicherweise gab es einen Zentralort mit administrativen, religiösen und ökonomischen Funktionen, der, anders als im Mittelalter, rechtlich nicht vom Land abgesetzt war, so dass die Bauern prinzipiell gleichberechtigte Bürger waren. Nach modernen Maßstäben waren die Poleis klein; man kann lediglich mit wenigen Hundert Bürgern rechnen. Gedacht wurde die Polis nicht als Staat mit Staatsgebiet, sondern als eine Körperschaft von Bürgern, die durch gemeinsame Kulte verbunden waren. Daher handelte bei Kontakten zwischen Poleis nicht Athen, sondern «die Athener»; daher waren auch Poleis ohne Territorium denkbar. Nicht vergessen darf man, dass nicht alle Griechen sich in Poleis organisierten, vielmehr gab es auch die Organisationsform des Ethnos, das eine gemeinsame Identität besaß, aber großräumiger sowie durch lockerere Strukturen gekennzeichnet war und zunächst kein städtisches Zentrum aufwies.

Phönizischer Einfluss?

Es spricht vieles dafür, die Polisentstehung als eine entscheidende Etappe auf dem griechischen Sonderweg zu interpretieren. Allerdings kann man nicht ausschließen, dass die erfolgreichen phönizischen Städte in manchem vergleichbar waren. Ein wesentlicher Unterschied zwischen ihnen und den griechischen Poleis besteht indes darin, dass in fast allen griechischen Städten das Königtum abgelöst werden sollte und dass dort kein eigener, machtvoller Priesterstand existierte; ferner ist nicht erkennbar, ob die phönizischen Städte Bürgergemeinden darstellten.

Oikos

Die Grundlage der Polis und der Wirtschaftsstruktur bildete die ursprünglich als autark gedachte Einheit des Oikos. Das griechische Wort meint nicht lediglich das Haus als Gebäude, sondern vor allem, und das ist für den fachsprachlichen Gebrauch entscheidend, eine Familie, einschließlich Gefolgsleute und Unfreie, sowie eine wirtschaftliche Einheit als Ort der Produktion und des Verbrauchs. Der Bürger wurde in einem hohen Maße als Repräsentant eines Oikos gedacht. Die einzelnen Oikoi waren über verschiedene, sich neu entwickelnde Verbände (in Attika vor allem Phylen, nach denen das militärische Aufgebot gegliedert wurde, und Phratrien, die religiöse Aufgaben übernahmen) miteinander verknüpft. Im Alltagsleben spielten diese oft eine große Rolle und boten Aristokraten erhebliche Einflussmöglichkeiten. Begünstigt wurde die Vergemeinschaftung in der Polis vermutlich ferner durch nachbarschaftliche Beziehungen innerhalb der Unterschichten, die eine wechselseitige Hilfeleistung in schwierigen Lagen verlangten.

Geschlechterverhältnisse

Die Frauen, deren Stellung im einzelnen je nach Polis differierte, waren den Männern nachgeordnet, allerdings zeigten sie Präsenz in der Öffentlichkeit und galten als befugt, im Hause Männer zurechtzuweisen. Zudem war es ihnen oft möglich, in Abwesenheit der Männer den Besitz zu verwalten.

Agora

Vielerorts über alten Gräbern errichtet, war die Agora der Polis der zentrale öffentliche Raum, aber auch eine Stätte von größter kultischer Bedeutung, an der die mythischen Heroen einer Stadt verehrt wurden. Darüber hinaus besaß sie als Ort des Warenaustausches ökonomische Bedeutung, bildete vor allem aber eben das kommunikative Zentrum der Stadt und entwickelte sich als Versammlungsstätte immer mehr zu einem Ort politischer Willensbildung, an dem zunehmend öffentliche Gebäude errichtet wurden. Einen weiteren Bestandteil der Polis bildete vielerorts die militärisch wichtige – im Falle Athens besonders bekannte – Akropolis, die religiöse und militärische Funktionen hatte. Stadtmauern sind im kleinasiatischen Smyrna seit dem 9. Jh. bezeugt; sie waren militärisch wichtig, besaßen aber weder in rechtlicher noch in symbolischer Hinsicht jenen Rang, der ihnen etwa im Mittelalter zukam, da eben die Trennung von Land und Stadt nicht bestand. Wichtiger für die Konstituierung der Polis-Identität waren Tempel der Polis-Götter, die innerhalb wie außerhalb der Siedlungen entstehen konnten, sowie die Nekropolen (Friedhöfe), die vor der Stadt lagen, die aber teils nur von bestimmten Gruppen benutzt wurden.

Institutionen

Als älteste Institutionen der sich entwickelnden Poleis sind ein König, ein aristokratischer Rat, dessen Mitglieder auf Lebenszeit fungierten, und eine zu bestimmten Gelegenheiten zusammengerufene Volksversammlung zu denken. Die Ablösung des Königtums erfolgte in der archaischen Zeit, und zwar weithin ohne so dramatische Begleitumstände, wie sie für Rom bezeugt sind. Vielfach wurde das Amt des Königs in ein Sakralamt verwandelt. Damit war die Herrschaft weniger an eine Person gebunden, und die Polis gewann Elemente der Staatlichkeit: Der Rat und mit ihm die Aristokratie erlangten eine stärkere Stellung.

Aristokratie

Anders als der Adel der Frühen Neuzeit bildete die griechische Aristokratie keinen klar identifizierbaren, mit bestimmten Privilegien ausgestatteten Geburtsstand; vielmehr war der einzelne Aristokrat, wie schon bei Homer geschildert, genötigt, durch seine Leistung und seinen Reichtum seine Schichtenzugehörigkeit immer wieder neu zu bestätigen. Diese Konkurrenz konnte kriegerisch ausgetragen werden, aber auch über den sportlichen und musischen Leistungsvergleich. Dadurch war die Aristokratie extrem individualisiert und fühlte sich kaum an übergreifende Interessen gebunden. Der Blick der Aristokraten ging über die eigene Polis hinaus, zumal manche über Besitz im gesamten Bereich der Ägäis geboten. Mit Heiraten wurden Verbindungen in Griechenland, aber auch zu anderen Völkern wie den Thrakern geknüpft.

Aristokratie und Polis

Die Einbindung der ehrgeizigen Aristokraten in die Polis erwies sich als äußerst schwierig, zum einen wegen der Auseinandersetzungen zwischen den Vornehmen verschiedener Orte, die in Privatkriege übergehen konnten, zum anderen, weil die sozialen Unterschiede innerhalb der Poleis Konflikte herbeiführten, zumal die

Aristokraten sehr auf ihre eigenen Interessen fixiert waren. Zwei Faktoren trugen wesentlich zur Integration der Aristokratie bei: die Hoplitenphalanx und die Gesetzgebung.

Hopliten

Die Entwicklung der Polis brachte eine Ausweitung der politischen Partizipation mit sich; immer mehr männliche Bürger wirkten bei den Entscheidungsprozessen mit, die wiederum zunehmend Regularien unterworfen wurden. Dies stand in Zusammenhang mit einem militärischen Wandel, nämlich dem Aufkommen der Hoplitentaktik wohl in der 1. Hälfte des 7. Jh. Während in der Frühzeit Einzelkämpfer miteinander stritten und auch bei Homer diese Taktik auf den ersten Blick zu dominieren scheint, bildeten sich, erkennbar schon in der *Ilias*, neue Kampfformen heraus, die auf dem Zusammenhalt verschiedener Kämpfer beruhen. Sie gingen einher mit der Entwicklung einer Bronzerüstung, der Rüstung des Hopliten (Schwerbewaffneten), die aus Helm, Brustpanzer, Beinschienen, Speer und Schild bestand. Dieses Potential ließ sich in der Schlachtreihe (Phalanx) besonders gut nutzen, da der Schild es erlaubte, in der Kampfreihe den jeweiligen Nebenmann zu decken.

Taktik

Das aber erforderte nicht nur eine gewisse Einheitlichkeit der Bewaffnung, sondern auch die Bereitschaft der Kämpfenden, sich einer Ordnung zu fügen. Selbst die aristokratischen Vorkämpfer waren nunmehr auf Mitstreiter niederer Herkunft angewiesen und hatten sich in einem ganz wörtlichen Sinne einzureihen. Zugleich

Wirkung

verlangte die Hoplitentaktik von den Kämpfenden, die in der Schlacht weder alleine vorstoßen noch zurückweichen durften, eine gewaltige Disziplin, die auch auf das sonstige Verhalten abgefärbt haben dürfte. Daher ließen sich formelle Verfahren der Entscheidungsfindung wohl leichter realisieren: Gegenüber den kompetitiven Werten der Aristokratie traten kooperative Werte in den Vordergrund. Es ist verständlich, dass die einfachen Hopliten, die an den Kämpfen ebenso beteiligt waren wie die Vornehmen, zudem verstärkt konkrete Mitspracherechte anstrebten, die sie vielerorts tatsächlich erlangten; der Einfluss der Volksversammlung, an der alle Hopliten teilnehmen durften, wuchs. Diese Entwicklungen müssen sich über viele Jahrzehnte erstreckt und je nach Polis in sehr unterschiedlichen Stufen vollzogen haben. Zwingend waren sie keineswegs, da die Hoplitenbewaffnung auch im Einzelkampf Nutzen brachte und auch noch andere Faktoren sie beeinflussten.

Abb. 4: Die ursprünglich vielleicht an ein größeres Gefäß applizierte Statuette aus dem 6. Jh., die hier in einer Nachzeichnung wiedergegeben ist, zeigt einen Hopliten in voller Rüstung, die Rechte zum Kampf mit dem Speer erhoben.

Geschlechterverhältnisse

Da in Griechenland der Hoplit als Bürger schlechthin gesehen werden konnte, trug dieser Prozess zu einem Wandel in den Geschlechterverhältnissen bei. Frauen wurden aus dem Raum politischer Entscheidungen, der Volksversammlung, vollständig ausgegrenzt; dadurch verschärfte sich die Zuordnung des Mannes zum öffentlichen, die der Frau zum häuslichen Raum.

Gesetzgebung

Neuerungen ergaben sich auch im Rechtswesen. Indem Normen schriftlich festgelegt wurden, gewannen sie an Verbindlichkeit, auch für die Aristokraten, die sich nun denselben Regeln zu fügen hatten wie die Unterschichten. Als Gesetzgeber nennt die antike Überlieferung mit ihrer personalisierenden Tendenz gerne einzelne Männer, die aufgrund ihrer moralischen Haltung und intellektuellen Autorität ein breites Ansehen genossen und die daher als Schiedsrichter (Aisymneten) zwischen den streitenden Gruppen fungieren konnten; doch in vielen Fällen dürften die einzelnen Gesetze aus der Mitte der Gesellschaft entstanden sein. Der innere Ausgleich wurde besonders dann dringlich, wenn die wirtschaft-

Eine Inschrift mit einem frühen Gesetz

Aus der wenig bedeutenden kretischen Stadt Dreros sind inschriftlich mehrere frühe Gesetze erhalten, die einen Eindruck von den Problemen der Institutionalisierung der frühen Polis vermitteln.

Götter! Dies hat die Polis beschlossen: Wenn jemand als Kosmos amtiert hat, dann soll derselbe innerhalb der nächsten zehn Jahre nicht als Kosmos amtieren. Wenn er aber doch wieder als Kosmos amtiert, soll er, wie auch immer er geurteilt hat, das Doppelte schulden und amtsunfähig sein, solange er lebt. Und was er als Kosmos verfügt hat, soll nichtig sein. Eidesleister aber sind der Kosmos, die Damioi und die 20 der Polis.

(R. Koerner, Inschriftliche Gesetzestexte der frühen griechischen Polis, Köln / Weimar / Wien 1993, 333)

Die Übersetzung ist nicht an allen Stellen sicher, unklar sind viele Einzelheiten wie die genauen Befugnisse des Kosmos, der offenbar irgendwelche Gerichtsfunktionen hatte, und die der übrigen Institutionen. Eines ist indes klar: Es handelt sich um ein Iterationsverbot, ein Verbot der Wiederholung eines Amtes. Indem man untersagte, ein Amt zu oft auszuüben, beschränkte man die Macht des einzelnen, eine wesentliche Voraussetzung für die Entwicklung der Polis. Mit der Verschriftlichung sicherte man die Erinnerung, mit der Anbringung an einem Tempel die Unterstützung der Götter.

liche Entwicklung eine Konzentration des Grundbesitzes bewirkte und viele Bürger ihre bäuerliche Existenzgrundlage bedroht sahen oder gar einbüßten; denn damit verlor die Hoplitenphalanx ihre Grundlagen. Die Gesetzgebung strebte nicht danach, alles zu regeln oder die vorhandenen Normen vollständig zu kodifizieren. Vielmehr wurden Normen für das Strittige verschriftlicht; was allgemein anerkannt war, bleibt hingegen für die Forschung oft im Dunkeln, da man es nicht ausdrücklich zu sagen brauchte.

Verfügbarkeit der politischen Ordnung

Eine wichtige Erfahrung der archaischen Zeit, die sich bereits in der Gesetzgebung niederschlug, bildete die Vorstellung, dass man über die politische Ordnung verfügen könne: Sie musste nicht als unabänderlich hingenommen, sondern konnte gestaltet werden. Zu dieser Erfahrung trugen zwei Phänomene bei, die Gründung von Apoikien und die Entstehung wie auch der Sturz der Tyrannis.

Apoikien

Seit dem 8. Jh. begannen die Griechen – darin zweifellos von den Phöniziern beeinflusst, aber auch ältere, bis in die mykenische Zeit zurückreichende Routen verfolgend – an den Küsten des Mittelmeerraums neue Städte zu gründen. Dabei mussten Institutionen bewusst übertragen oder gestaltet, mithin auch reflektiert

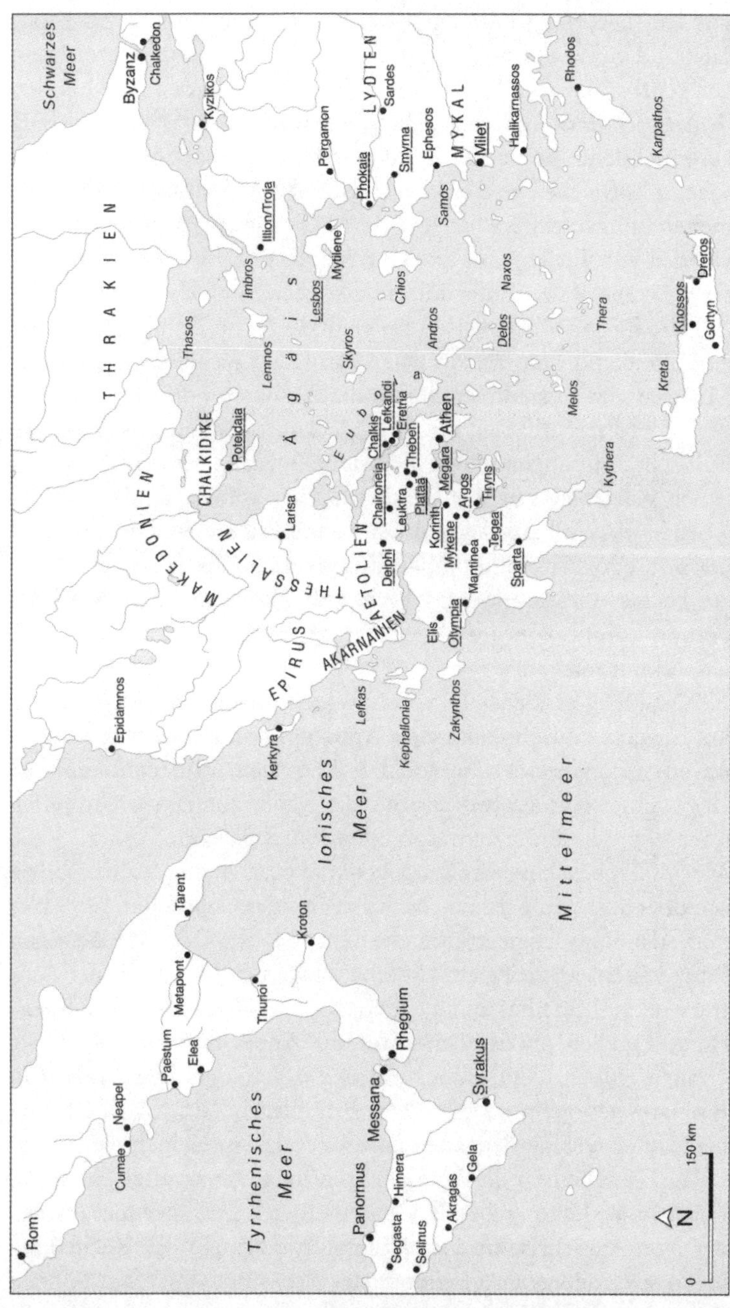

Karte 1: Ägäis, Griechenland und Süditalien

werden. Die Neugründungen werden missverständlich als Kolonien und der Vorgang als «Griechische Kolonisation» bezeichnet; gelegentlich ist von Pflanzstädten die Rede. Der den griechischen Begriff *apoikía* («Wegsiedelung») aufnehmende, noch wenig gebräuchliche Ausdruck Apoikien bzw. Apoikienbewegung erscheint hilfreicher, weil er keine falschen Verbindungen zu Phänomenen jüngerer Epochen evoziert. Die neugegründeten Städte wurden von Siedlern aus der Mutterstadt (*metrópolis*) und mitunter weiteren Poleis unter Führung sogenannter Oikisten gegründet, die für ihr Vorhaben oft im Heiligtum von Delphi Auskünfte einholten und damit auch eine sakrale Legitimation gewannen. Mit wenigen Ausnahmen waren die Apoikien politisch selbständig, allerdings blieben für ihre Identität durchaus bedeutsame kultische Bindungen und gemeinsame Bräuche bestehen. Ökonomisch waren sie von der Landwirtschaft abhängig. Viele Städte wurden planvoll angelegt; oftmals unterstrich man die Gleichheit der Bürger durch eine annähernd einheitliche Verteilung des Besitzes bei der Gründung. Das Verhältnis zur einheimischen Bevölkerung konnte von der Unterwerfung bis zu freundschaftlichen Kontakten reichen.

Geographischer Raum

Wichtige Gründerinnen von Apoikien waren etwa Chalkis, Milet, Megara und Phokaia; viele Apoikien traten ihrerseits wiederum als Gründerinnen hervor. Die Regionen, in denen Apoikien eingerichtet wurden, waren jene, die weder von einem Großreich noch von den Phöniziern dominiert wurden: Süditalien (auch als *Magna Graecia* bzw. Großgriechenland bezeichnet); Sizilien (beide seit dem 8. Jh.); die thrakische Küste mit der Chalkidike (seit etwa 700), der Schwarzmeerraum; die Kyrenaika im Osten des heutigen Libyen (beide in größerem Umfang seit dem 7. Jh.), aber auch Südfrankreich (Massilia) und die Iberische Halbinsel. Oft geben literarische Quellen präzise Daten für die Apoikiengründung an; sie können jedoch nicht immer mit der archäologischen Evidenz in Einklang gebracht werden. Offenbar spiegeln sich in jenen Daten mehr oder weniger legendenhafte Gründungsgeschichten.

Ursachen

Die Ursachen für die Apoikiengründung waren unterschiedlich. Höchste Bedeutung besaß vermutlich der Bevölkerungsanstieg, der eine Agrarkrise auslöste, zumal das Prinzip der Realteilung (der gleichmäßigen Aufteilung) des Erbes zwischen den Söhnen eine stetige Verkleinerung der Grundstücke bewirkte; dies konnte selbst Aristokraten in ihrem Status gefährden. Hinzu kamen Missernten sowie politische Konflikte, aber auch Ehrgeiz und Unternehmungslust einzelner Aristokraten. Der Abzug einer starken Gruppe in die Fremde konnte in solchen Fällen helfen. Nur vereinzelt spielten die Suche nach Rohstoffen und die Förderung von Handelsbeziehungen eine gewisse Rolle, die auch weiterhin über *empória*, kleinere Handelsposten, gepflegt werden konnten. Das Ende der Apoikienbewegung setzt man gerne auf die Zeit um 540, als zwischen Griechen auf der einen, Karthagern und Etruskern auf der anderen Seite die Seeschlacht bei Alalia (auf Korsika) geschlagen wurde; allerdings war die Bewegung schon zuvor abgeebbt.

Ältere Tyrannis

Die Aristokratie bildete den Nährboden für die (ältere) Tyrannis, die seit dem 7. Jh. (auf Sizilien in einem größeren Umfang erst um 500) in einer Reihe von Poleis aufkam. Einzelnen Aristokraten gelang es, teils im Bündnis mit Ranggleichen, teils durch die Mobilisierung breiterer Gruppen, teils ausgehend von der Rolle als Aisymnet Alleinherrscher, Tyrannen, zu werden. Am Beginn stehen die Kypseliden in Korinth. Die spätere Tradition zeichnet die Tyrannen fast durchweg negativ. Demgegenüber ist in der historischen Forschung die Leistung vieler dieser Herrscher betont worden: Einige vermochten den Zusammenhalt in ihrer Polis zu stärken, indem sie die lokale Vorherrschaft einzelner Aristokraten brachen und Kulte förderten, die auf das städtische Zentrum ausgerichtet waren; sie waren ferner in der Lage, die Ressourcen einzelner Poleis zu bündeln, was sich mancherorts in einer bemerkenswerten Macht- und Baupolitik niederschlug. Die meisten Herrschaften von Tyrannen waren dennoch nicht stabil; eine Etablierung über mehr als drei Generationen gelang nicht.

Athen

Die Entwicklung in Athen lässt sich am genauesten fassen. Als oberste Beamte fungierten nach dem Ende des Königtums die sogenannten Archonten, die angeblich seit 683/2 zu neunt tätig waren und nach der Amtszeit, die zumindest später ein Jahr betrug, in den aristokratischen Rat (Areopag) eintraten. Eine Art Volksversammlung dürfte neben dem Areopag gewisse Gerichtsfunktionen wahrgenommen haben, wobei die Zeitgenossen zunehmend zwischen der Volksversammlung und dem aus den Bürgern über 30 zusammengesetzten Gericht (der *heliaía*) unterschieden. In der Tradition werden wichtige Stufen der Entwicklung erkennbar, die in den Quellen mit bestimmten Namen verknüpft werden, auch wenn diese Persönlichkeiten natürlich nicht isoliert und eigenmächtig handelten: Drakon, Solon, Peisistratos und Kleisthenes. Mit dem Namen Drakons (um 620) verbindet sich eine erste Verschriftlichung von Rechtsformen, die vor allem im Falle von Tötungsdelikten anzuwenden waren. Dadurch konnten die oft blutig ausgetragenen Fehden zwischen Aristokraten innerhalb der Polis und durch sie reguliert werden. Die Beurteilung der Strafen als «drakonisch» entspringt einer späteren Sicht.

Solon

Solon (das traditionelle Archontatsdatum 594/3 ist strittig, oft wird sein Wirken auf die Zeit um 570 datiert) antwortete auf eine schwere innere Krise Athens, die durch die zunehmende Schuldknechtschaft der Bauern und durch Rivalitäten von Aristokraten ausgelöst worden sein kann. Hier nahm Solon offenbar die Rolle eines Aisymneten ein.

Reformen

Mit Solon verknüpft die spätere Überlieferung eine Vielzahl von Reformen, deren Historizität indes höchst strittig ist. Seine eigenen Gedichte, die einzigen sicher zeitgenössischen Quellen, zeigen ihn in der Funktion eines Friedensstifters, der Lasten, die auf dem Lande ruhten, neu zu ordnen versuchte. Konventionell nimmt man an, dass er die Schuldknechtschaft abgeschafft habe, nach anderen Deutungen hat er Abgaben, die Bauern im allgemeinen oblagen, beseitigt. Im Justizwesen steht Solons Name für die Einführung der Popularklage, die es bei bestimmten Vergehen jedem Bürger erlaubte, ein Gericht anzurufen; einen Staatsanwalt gab es nicht. Ferner zählte man zu Solons Reformen eine timokratische, am Einkommen orientierte Neukonstituierung der Bürgerschaft. Dabei richtete man vier Klassen (neu?) ein, und zwar auf der Grundlage des Ernteertrags, der in *médimnoi* (Scheffel, ungefähr 50 Liter) gemessen wurde: Pentakosiomedimnoi (Fünfhundertscheffler); Hippeis (Ritter mit 300 Scheffeln); Zeugiten (mit 200 Scheffeln) und Theten. Bis hinab zu den Zeugiten waren die Bürger in der Lage, als Hopliten zu kämpfen. Die politischen Rechte wurden nach der Zugehörigkeit zu den Klassen gestaffelt, allein die Pentakosiomedimnoi konnten zunächst Archonten und Schatzmeister werden. In den Elegien Solons spiegelt sich eine Einstellung, die durch seine Reformen gefördert und für die Demokratie grundlegend wurde: Der Dienst an der Polis rückte in den Vordergrund und sollte Vorrang gegenüber dem persönlichen Ehrgeiz haben.

Peisistratos

Solon vermochte mit seinen Gesetzen die Probleme nur partiell zu lösen, der Prozess der Desintegration drohte sich fortzusetzen. In den nachfolgenden Kämpfen setzte sich Peisistratos durch, der sich nach mehreren Anläufen 546/5 als Tyrann an der Spitze Athens etablierte. Seine Macht ging 528/7 auf seine beiden Söhne über, bis sie 511/10 gestürzt wurden.

Innere Verhältnisse

Peisistratos stützte sich auf – oft prekäre – Bündnisse mit anderen Aristokraten außer- und innerhalb Athens. Manche Konkurrenten vermochte er durch Vertreibung auszuschalten. Dadurch, dass er die solonische Verfassung formal unangetastet ließ, vermied er es, seine Tyrannis als gesetzesfern erscheinen zu lassen, obwohl er vor Gewaltakten nicht zurückschreckte. Über eine Förderung bestimmter Kulte und Kultformen sowie durch den Einsatz von sogenannten Demenrichtern, die aus Athen ins Land zogen, vermochte er die lokalen Machthaber, die vielerorts privat Gericht hielten und Kulte kontrollierten, zu schwächen. Von großer Wirkung war die Ausgestaltung der Panathenäen, eines Festes, in dessen Mittelpunkt ein Zug der verschiedenen Gruppen der Bürgerschaft auf die Akropolis stand, bei dem aber auch Wettspiele mit überregionaler Ausstrahlung stattfanden. Zumal unter Peisistratos' Söhnen erlebte Athen eine kulturelle Blüte, die aus dem Repräsentationsbedürfnis der Machthaber erwuchs. Dichter kamen nach Athen, die bildende Kunst brachte großartige Werke hervor, wichtige Bauten entstanden etwa auf der Akropolis. Die Anfänge der Tragödie verband man ebenfalls mit der Zeit der Tyrannis. Von nachhaltiger Wirkung war ferner die Einführung der Münzprägung, die mit dem Symbol der Stadt, der Eule, versehen war.

Tyrannenmord

Einen Einschnitt bildete der sogenannte Tyrannenmord 514. Aus persönlichen Rivalitäten heraus verübten die beiden Aristokraten Harmodios und Aristogeiton ein Attentat auf Hipparchos, einen der Peisistratos-Söhne. Danach verschärfte sich die Herrschaft von dessen Bruder Hippias. Wichtiger noch ist, dass dieses Ereignis später im demokratischen Athen als entscheidender Schlag gegen die Tyrannis gefeiert und durch ein Denkmal in Erinnerung gehalten wurde.

Sturz der Tyrannis

Die Tyrannis wurde indes nicht von den Athenern allein gestürzt, sondern 510 mit Hilfe der Spartaner. Diesen gelang es allerdings nicht, ihren Athener Verbündeten Isagoras durchzusetzen. Vielmehr gewann Kleisthenes, der dem mit Peisistratos zeitweise verfeindeten Geschlecht der Alkmeoniden entstammte, aber unter den Peisistratiden mindestens Archont gewesen war, die Oberhand. Dazu trug bei, dass er im Rahmen der Konkurrenz der Aristokraten das Volk als Verbündeten gewann, indem er ihm Zugeständnisse machte. Das Selbstbewusstsein des Volks war so weit entwickelt, dass es im Zusammenhang dieser Auseinandersetzung 509/8 anscheinend ohne aristokratische Führung einen von Sparta unterstützten Vorstoß des Isagoras abzuwehren wusste. Dies bedeutete einen wichtigen mentalen Ausgangspunkt für die Entwicklung zur Demokratie.

Sparta

Sparta, das durch die Verbindung mehrerer Dörfer während der «Dunklen Zeitalter» entstand, etablierte sich im 8. Jh. als stärkste Polis Griechenlands. Anders als in den meisten übrigen Poleis bildete sich kein Siedlungszentrum von Belang heraus. Bemerkenswert ist ferner, dass hier ein Doppelkönigtum bestand und erhalten blieb. Von einer vollkommenen Sonderstellung ist dennoch anfangs wenig erkennbar: Auch Spartiaten nahmen an der gemeingriechischen aristokratischen Kultur teil und entwickelten einen verfeinerten Lebensstil.

Äußere Politik

In der archaischen Zeit gewann Sparta ein Territorium, das den größeren Teil der Peloponnes umfasste und damit erheblich größer war als das einer gewöhnlichen Polis, das aber zum großen Teil von einer abhängigen, potentiell feindseligen Bevölkerung besiedelt wurde. Die größte unterworfene Landschaft bildete Messenien. Während im 1. Messenischen Krieg wohl um 720 möglicherweise noch Gruppen von Aristokraten agierten, stieß der 2. Messenische Krieg (wohl 650–620), ein Aufstand der unterdrückten Bevölkerung, Sparta als Ganzes in eine Existenzkrise. Derartige Erfahrungen trugen dazu bei, dass die Polis ein ausgeprägtes Sicherheitsgefühl entwickelte. Man strebte daher nach Bündnissen mit Nachbarstädten, aus denen sich seit der Mitte des 6. Jh. der Peloponnesische Bund entwickelte, zu dem unter anderem aufgrund von Einzelverträgen mit Sparta Korinth, Tegea oder Arkadien gehörten, nicht aber das seit jeher mit Sparta verfeindete Argos.

Gesetzgebung

Auch für Sparta ist eine frühe Gesetzgebung belegt, die man auf den legendenumwobenen Lykurg zurückführte. Die wenigen Textdokumente, die mit der frühen Gesetzgebung zu tun haben, sind aber in Hinblick auf Inhalt und Datierung schwer einzuordnen.

Disziplinierung

Immerhin ist einiges zur inneren Entwicklung zu erkennen. Die äußerste Anspannung der Kräfte durch die Kriege führte offenbar zu einer hohen Disziplinierung der Spartiaten. Die Unterschiede zwischen den Aristokraten und den gewöhnlichen Hopliten verschliffen sich, jedenfalls auf der symbolischen Ebene: Man betonte, dass die Spartiaten eine Gesellschaft der Gleichen (*hómoioi*) bildeten; hier liegen die Anfänge des spartanischen Lebens, wie es für die klassische Zeit sicher dokumentiert ist, dessen genauer Beginn allerdings strittig bleibt.

Gemeingriechische Orientierung

Die Polisbildung verwies die Griechen auf ihre eigene Stadt, doch bildete sich zugleich eine gemeingriechische Identität heraus, wie sie auch in den Apoikien gepflegt wurde. Manifest wurde die Identität in bestimmten Heiligtümern, etwa in Olympia (776 galt als Jahr der ersten Wettkämpfe) oder in Delphi. An den Spielen durften Griechen von überallher teilnehmen – aber eben nur Griechen; hier konnten Griechen aus den Apoikien mit jenen des Mutterlandes kommunizieren. Die Griechen insgesamt, die sich trotz der Dialekte über ihre gemeinsame Sprache zu verständigen vermochten, grenzten sich anscheinend zunehmend von anderen Ethnien ab, etwa aufgrund kultureller Faktoren und bestimmter Verhaltensweisen oder gemeinsamer Kulte.

Intellektuelle Prozesse

In der archaischen Zeit gewannen intellektuelle Leistungen an Bedeutung. Schon die Aristokraten konnten durch Gedichte – die Lyrik, die auf Symposien vorgetragen wurde – glänzen. Neben der Dichtung gewann auch die Reflexion über die Ordnung der Welt an Bedeutung, die die griechische Philosophie vorbereitete. Man überdachte mit bemerkenswertem Mut herrschende Wertvorstellungen und konventionelle Aussagen über die Götter oder die Welt. Es entstand der Sozialtyp eines freien Dichters und Denkers, der allein aufgrund seiner intellektuellen Leistung Anerkennung beanspruchte und erhielt. Wie stark dabei orientalische Einflüsse einwirkten, steht dahin. Es sollte immerhin zu denken geben, dass der Satz des Pythagoras schon in Babylon formuliert worden war.

Orient

Die neue Blüte Griechenlands seit dem 8. Jahrhundert ist überhaupt nicht allein aus internen Faktoren zu erklären, sondern wurde durch die intensivierten Kontakte zum Orient gefördert und wesentlich beeinflusst. Werke wie die Dichtungen Homers und Hesiods lassen wesentliche Einflüsse aus dem Osten erkennen. Dasselbe gilt für die bildende Kunst. In der Archäologie wird von einem orientalisierenden Stil gesprochen, der in der Vasenmalerei besonders evident ist. Die Selbstdarstellung der Reichen und Vornehmen erfolgte nicht zuletzt durch orientalische Luxusobjekte.

Vermittler

Kontakte ergaben sich über den Seeweg nach Syrien und wurden zunächst von den Phöniziern vermittelt. Sie galten als Kulturbringer, nicht zuletzt in Hinblick auf das Alphabet. In der jüngeren Zeit wird zunehmend die Bedeutung Anatoliens als Kontaktzone betont, möglicherweise auch überbetont. Zweifelsohne aber war Lydien, ein Königreich im Südwesten Kleinasiens, wichtig. Seit etwa 680 errichtete Gyges dort ein zeitweise starkes Königtum, das Kontakte sowohl nach Griechenland als auch nach Assyrien pflegte. Ihren Höhepunkt erlangte die lydische Macht unter Kroisos (560–546, dem sprichwörtlich reichen «Krösus»), dem fast alle griechischen Städte an der ionischen Küste unterstanden und der seinerseits in einem hohen Maße hellenische Einflüsse aufnahm.

Rückblick

Insgesamt intensivierte sich die Kommunikation mit dem Vorderen Orient – auch durch die Kriege. Von hier bezog Griechenland wichtige Anregungen. Andererseits entwickelte Griechenland mit seiner spezifischen Polisstruktur, der Fähigkeit, politisch zu gestalten, und der Einbindung eines großen Kreises von Männern in Entscheidungsprozesse Grundlagen für eine Entwicklung, die ihm eine Sonderstellung verlieh und die für Europa prägend sein sollte.

Griechische Geschichte im Überblick

Einen äußerst gerafften Überblick bietet D. Lotze, Griechische Geschichte, München 2004[6]; ausführlicher R. Schulz, Kleine Geschichte des antiken Griechenland, Stuttgart 2008. Eine Darstellung mit Forschungsüberblick enthält W. Schuller, Griechische Geschichte (OGG 1), München 2002[5]. Zum griechischen Recht am Athener Beispiel s. S. Todd, The Shape of Athenian Law, Oxford 1993, der sich besonders durch die methodische Reflexion auszeichnet. Zur griechischen Religionsgeschichte J. N. Bremmer, Greek Religion, Oxford 1994; zur Sozialgeschichte F. Gschnitzer, Griechische Sozialgeschichte, Wiesbaden 1981. Zur Geschlechtergeschichte P. Schmitt Pantel, Geschichte der Frauen 1. Antike, Frankfurt 1993; B. Wagner-Hasel / T. Späth, Frauenwelten in der Antike. Geschlechterordnung und weibliche Lebenspraxis, Darmstadt 2000. Speziell für den griechischen Bereich T. Scheer, Griechische Geschlechtergeschichte (Enzyklopädie der griechisch-römischen Antike; 11), München 2011.

Griechische Frühzeit

Althistoriker meiden gewöhnlich die minoisch-mykenische Kultur. Die Arbeit des Prähistorikers O. Dickinson, The Aegean Bronze Age, Cambridge 1994, ist die geeignetste Einführung auch in methodischer Hinsicht; einen vorzüglichen ersten Überblick bietet K. W. Welwei, Die griechische Frühzeit 2000–500 v. Chr., München 2002.

Seevölker

Zum «Seevölkersturm» s. G. A. Lehmann, Umbrüche und Zäsuren im östlichen Mittelmeerraum und Vorderasien zur Zeit der «Seevölker»-Invasion um und nach 1200 v. Chr. Neue Quellenzeugnisse und Befunde, HZ 262 (1996), 1–38, der es in einem komplexen Beitrag wagt, als «Moderator» die Ergebnisse verschiedener Disziplinen für die Umbruchsphase um 1200 zu einem schlüssigen Modell zu vereinen.

Troja

Zum Streit um Troja s. F. Kolb, Tatort «Troia». Geschichte – Mythen – Politik, Paderborn 2010 auf der einen Seite und auf der anderen J. Latacz, Troja und Homer. Der Weg zur Lösung eines alten Rätsels, Leipzig 2010[6].

«Dunkle Zeitalter»

Eine geeignete Einführung in die «Dunklen Zeitalter» und die archaische Zeit vermittelt R. Osborne, Greece in the Making, 1200–479 BC, London / New York 2009[2]; ferner J. M. Hall, A History of the Archaic Greek World. Ca. 1200 – 479 BCE, Malden 2007; I. Morris (Hg.), The «Dark Ages» of Greece, Edinburgh 2007.

Homerische Gesellschaft

Für die homerische Gesellschaft vgl. C. Ulf, Die homerische Gesellschaft. Materialien zur analytischen Beschreibung und historischen Lokalisierung (Vestigia 43), München 1990, der auch ethnologische Methoden einbezieht; s. ferner K. Raaflaub, Homeric Society, in: I. Morris / B. Powell (Hg.), A New Companion to Homer, Leiden 1997, 624–648; R. Fowler (Hg.), The Cambridge Companion to Homer, Cambridge 2004. Die Datierungsfrage wird aus einer Minderheitenposition behandelt von M. L. West, The Date of the Iliad, MH 52 (1995), 203–219, der die Entstehungszeit der *Ilias* um die Mitte des 7. Jh. ansetzt.

Primitivismus

Wichtige Kategorien für das Verständnis der archaischen Wirtschaft, etwa des Konzepts eines *port of trade*, hat K. Polanyi entwickelt, der allerdings keine geschlossene Gesamtdarstellung vorgelegt hat; zentrale Aufsätze sind in deutscher Übersetzung greifbar in: Ökonomie und Gesellschaft, Frankfurt a. M. 1979. Zur heutigen Debatte W. Scheidel / I. Morris / R. Saller (Hg.), The Cambridge Economic History of the Greco-Roman World, Cambridge 2007.

Zu Sparta s. die Lit. im nächsten Kapitel S. 84 f.

Aristokratie und Tyrannis

Die Rolle von Aristokratie und Tyrannis wurde mit einem Schwerpunkt auf Athen durch zwei fast gleichzeitig erschienene Arbeiten neu bestimmt: M. Stahl, Aristokraten und Tyrannen im archaischen Athen. Untersuchungen zur Überlieferung, zur Sozialstruktur und zur Entstehung des Staates, Stuttgart 1987 und E. Stein-Hölkeskamp, Adelskultur und Polisgesellschaft. Studien zum griechischen Adel in archaischer und klassischer Zeit, Stuttgart 1989. Zusammenfassend L. de Libero, Die archaische Tyrannis, Stuttgart 1996.

Apoikien

Für die Apoikien ist bislang J. Boardman, Kolonien und Handel der Griechen. Vom späten 9. bis zum 6. Jh. v. Chr., München 1981 (engl. 1980), unersetzt, allerdings ist das Werk durch zahlreiche Einzelstudien in den Details überholt. Vieles gesammelt in G. R. Tsetskhladze (Hg.), Greek Colonisation. An Account of Greek Colonies and Other Settlements Overseas, 2 Bde., Leiden 2006–2008. Methodisch wichtig ist F. Bernstein, Konflikt und Migration. Studien zu griechischen Fluchtbewegungen im Zeitalter der sogenannten Großen Kolonisation, St. Katharinen 2004.

Polisbildung

Zur Polisbildung gerade unter dem Aspekt des Bürgerbewusstseins s. U. Walter, An der Polis teilhaben. Bürgerstaat und Zugehörigkeit im Archaischen Griechenland, Stuttgart 1993. Ferner M. H. Hansen, Polis. An Introduction to the Ancient Greek City State, Oxford 2006. Für die wichtigste Quellengattung: P. J. Rhodes / R. Osborne, Greek Historical Inscriptions 404 – 323 BC, Oxford 2003.

Methodische Anregungen

Trotz seines Alters bildet der Aufsatz von A. Heuß, Die archaische Zeit Griechenlands als geschichtliche Epoche, in: F. Gschnitzer (Hg.), Zur Griechischen Staatskunde, Darmstadt 1969, 36–96, zuerst erschienen 1946, eine glänzende Einleitung in die Archaische Epoche, die dort mit den Perserkriegen endet. Welche Auswirkungen kleine Beobachtungen haben können, zeigt M. Meier, Die athenischen Hektemoroi – eine Erfindung?, HZ 294 (2012), 1–29.

2. Klassisches Griechenland

Alle Daten v. Chr.

508/7	Reformen des Kleisthenes
500–494	«Ionischer Aufstand» von kleinasiatischen Küstenstädten
490	Schlacht bei Marathon; erster Perserkrieg
480–479	Schlachten bei Salamis, Plataä und Mykale; zweiter Perserkrieg
479–431	Pentekontaëtie
478/7	Gründung des Delisch-Attischen Seebundes
464/3	Helotenaufstand in Sparta
462/1	Reformen des Ephialtes: Entmachtung des Areopag; Athen gibt Bündnis mit Sparta auf.
454	Verlegung der Kasse des Delisch-Attischen Seebundes nach Athen
449/8	Ausgleich mit Persien
446	Friede zwischen Athen und Sparta
seit ca. 445	Nehemia und Esra wirken in Judäa
431–404	Peloponnesischer Krieg, der mit der Niederlage Athens und der Auflösung des Seebundes endet.
404–343	Ägypten unabhängig von Persien
387/6	Königs-Friede
371	Schlacht von Leuktra
356–346	Dritter Heiliger Krieg
346	Philokrates-Friede
338	Schlacht von Chaironeia: Griechenland unter der Hegemonie Makedoniens

Begriff

Der Begriff des Klassischen Zeitalters entstammt wie jener des Archaischen der Kunstgeschichte. Er verbindet sich in der ursprünglichen Bedeutung mit der Idee des Normativen: Das Klassische Griechenland erschien vielen Epochen als Inbegriff eines vollkommenen Lebens. Diese Vorstellungen sind in der Fachwelt weitestgehend aufgegeben, spielen aber in der öffentlichen Geschichtskultur nach wie vor eine bemerkenswerte Rolle. Unbestreitbar ist die

Wirkungsmächtigkeit der Epoche bis in die Gegenwart: Die bildende Kunst, die Literatur und die Philosophie ziehen bis heute ein Interesse auf sich, das durchaus gegenwartsbezogen ist.

Quellen Geschichtsschreibung

Die Quellenlage ist erheblich günstiger als für die früheren Epochen. Mit den aneinander anschließenden Geschichtswerken des Herodot (ca. 485–425), Thukydides (ca. 460–400) und Xenophon (ca. 430–355) liegt bis zur Mitte des 4. Jh. eine fortlaufende Geschichte vor; Diodor schreibt im 1. Jh. v. Chr. überwiegend ältere zeitnahe Autoren aus und behandelt dabei die ganze Epoche.

Platon und Aristoteles

Philosophen wie Platon (427–347) und Aristoteles (384–322) reflektierten die attische Demokratie unter allgemeineren, auch ethischen Gesichtspunkten. Dabei bietet Aristoteles besonders viel empirisches Material; aus seinem Umkreis stammt eine Darstellung des Staates der Athener, die bereits erwähnte sogenannte *Athenaíon Politeía*, die zumal für das 4. Jh., dessen Strukturen sie erfasst, von herausragender Bedeutung ist.

Attische Redner

Ein einzigartiges Corpus bilden die überwiegend aus dem 4. Jh. stammenden attischen Reden von Autoren wie Lysias (ca. 450 – ca. 380 v. Chr.), Aischines (389 – ca. 314), Demosthenes (384–322) und anderen. Sie wurden teils vor Gericht, teils vor politischen Gremien vorgetragen, sind allerdings gewöhnlich in jener Form überliefert, die als tradierenswert betrachtet wurde, somit nicht notwendig in ihrem ursprünglichen Wortlaut. Gleichwohl sind hieraus zahlreiche Informationen ebenso über politische Konflikte wie auch über Alltagsprobleme zu gewinnen.

Drama

Auch die Dramen muss der Althistoriker nutzen, nicht allein die Komödien, die zahlreiche aktuelle Anspielungen enthalten, sondern auch die Tragödien, die einen Einblick in mentale Entwicklungen vermitteln.

Sparta

Für Sparta gibt es kaum Quellen aus der Polis selbst, am wichtigsten ist die – idealisierende – Schrift des zeitweise in spartanischen Diensten stehenden Atheners Xenophon über den *Staat der Spartaner.*

Späte Autoren

Trotz der vielen zeitgenössischen Quellen ist man auch auf spätere Autoren angewiesen. Unter ihnen besitzt Plutarch (ca. 46 – ca. 120 n. Chr.) mit seinen Viten eine besonders große Bedeutung, s. als ein Beispiel S. 76.

Inschriften

Inschriften, unter denen Volksbeschlüsse eine herausragende Bedeutung besitzen (s. S. 27), sind vor allem aus Athen überliefert. Dessen innere Geschichte sowie die Geschichte des Seebundes erhält durch sie ein deutlich differenzierteres Gesicht, als es die literarischen Quellen bieten. Bisweilen erlauben sie auch Einblicke in die Geschichte anderer Poleis.

Münzen

Münzen wurden in großem Umfang geprägt; ihre Verbindung mit konkreten Ereignissen ist schwierig (s. III.1), ihre wirtschaftsgeschichtliche Auswertung in einigen Fällen sehr ertragreich.

Archäologische Quellen

Die archäologischen Quellen, zumal die anschaulichen Reliefs und Vasenbilder, werden in einem hohen Maße auch als Teil der zeitgenössischen Diskurse interpretiert (s. Abb. 7); doch bleiben auch für die klassische Zeit Fragen der Siedlungsforschung u. ä. wichtig.

Sizilien und Großgriechenland

Besonders schwierig ist die Quellenlage für Sizilien und Großgriechenland, weil die literarische Überlieferung überwiegend spät und die epigraphische dürftig ist, was auch die zahlreich erhaltenen, sehr differenziert gestalteten Münzen nicht auszugleichen vermögen.

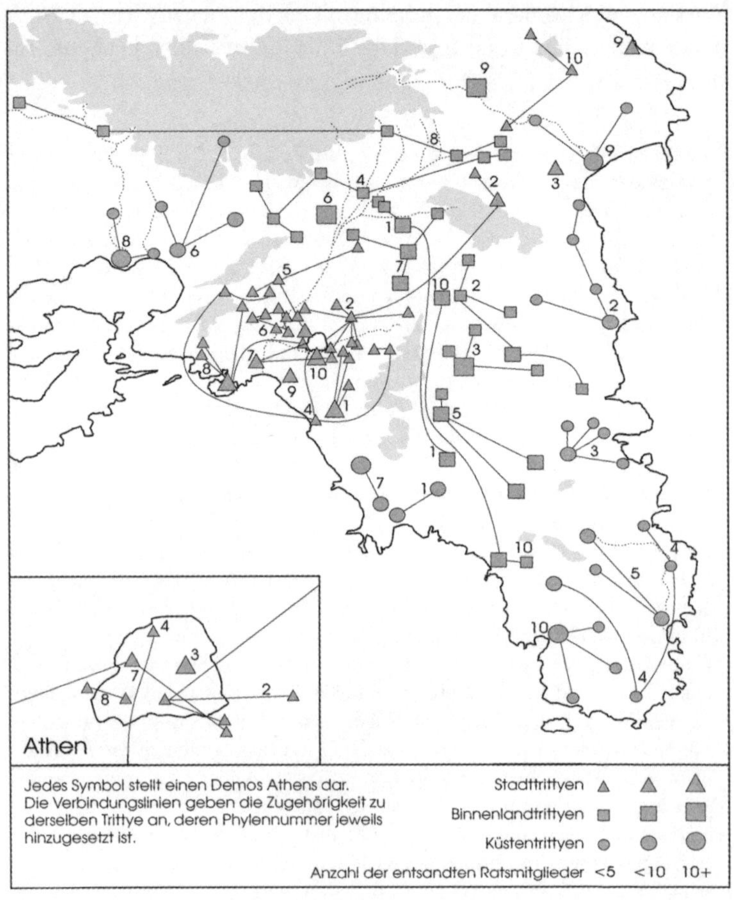

Abb. 5: Die Aufteilung Attikas zur Zeit des Kleisthenes. Diese Skizze kann nur einen groben Eindruck von den Verhältnissen geben.

Innere Verhältnisse Athens

Rolle Athens

Athen ist Inbegriff des klassischen Griechenlands, Athenozentrik eine besonders große Gefahr bei der Betrachtung des Zeitalters. Allerdings kommt man angesichts der Quellenlage und der tatsächlichen Bedeutung der Stadt nicht umhin, sie in den Vordergrund zu stellen. Die Geschichte der Stadt im 5. Jh. erschien schon manchem antiken Autor wie die folgerichtige Entwicklung hin zum Ziel der Demokratie und Großmacht. Eine solche Sicht aber ist ein Konstrukt der Nachwelt. Berücksichtigen muss man die schlechte Quellenlage für die entscheidenden Jahre von 510–460. Wesentliche Daten sind ungesichert; die Motivation der Beteiligten entzieht sich unserer Kenntnis; die Neigung der Quellen, einzelne Gestalten wie Themistokles ins Zentrum zu rücken, verlockt zu personalisierenden Modellen. Sicher ist, dass den historischen Akteuren das Ziel einer Demokratie nicht vorgeschwebt haben kann, da ihnen die entsprechenden Kategorien des Verfassungsdenkens fehlten. Vieles spricht hingegen dafür, die Demokratie als ein Nebenprodukt der Kämpfe zwischen Aristokraten aufzufassen, die nach den kleisthenischen Reformen um die Gunst des Volkes werben mussten. Stets blieb die Demokratie die Angelegenheit einer Minderheit der Bevölkerung Attikas: Sklaven, Frauen und Fremde waren von der politischen Partizipation ausgeschlossen.

Kleisthenes

Der erfolgreiche Widerstand gegen Sparta hatte das Selbstbewusstsein des Volkes gewiss vermehrt. Wichtiger noch waren die Reformen des Kleisthenes 508/7, mit denen dieser das Volk für sich gewann. Er stärkte die Demen – die ungleich großen (schließlich 139) Siedlungseinheiten, die eigene Institutionen besaßen und die unter anderem die Bürgerlisten führten. Darüber hinaus schuf er neue Untergliederungen der Bevölkerung, indem er neben die vier bestehenden Phylen, die jetzt auf religiöse Funktionen beschränkt wurden, zehn andere, neue setzte. Diese bestimmten die politischen Strukturen mit und wurden ihrerseits in jeweils drei Trittyen geteilt, deren Angehörige aus den Demen einer der drei Teilregionen Attikas (Küste, Binnenland, Stadt) stammten. (s. Abb. 5) Dadurch sollte die regionalen Interessen verhaftete Bevölkerung Attikas durchmischt werden. Gemeinsam ist diesen Einrichtungen, dass sie regionale Zugehörigkeitskriterien anstelle von verwandtschaftlichen setzten, die die Aristokratie begünstigt hatten.

Phylen

Die zehn neuen Phylen bildeten das wichtigste Gliederungselement: Der Rat, der mit 500 Mitgliedern (neu?) konstituiert wurde, und viele Beamte hatten sich aus ihnen in gleichen Teilen zu rekrutieren, ferner gliederte sich das Heer nach Phylen. Archonten und Areopag blieben auch innerhalb der kleisthenischen Verfassung bestehen.

Isonomie

Die durch die Reformen erreichte Gleichheit wurde als Isonomie bezeichnet. Deren Wirkung bestand offenbar darin, dass die Bürger in einem immer stärkeren Maße bereit waren, ihre Interessen unabhängig von persönlichen Bindungen zu verfolgen. Der Begriff der Freiheit im demokratischen Sinne gewann erst später Bedeutung.

Abb. 6: Dass der Ostrakismos tatsächlich praktiziert wurde, belegen die zahlreichen Scherben (Ostraka), die auf der Athener Agora gefunden wurden und die teils Namen auch anderweitig bekannter Politiker tragen, in diesem Falle jenen des Themistokles, der Ende der siebziger Jahre ostrakisiert wurde.

Ostrakismos

Der Ostrakismos, das «Scherbengericht», wird traditionell ebenfalls auf Kleisthenes zurückgeführt, auch wenn er erst 488/7 erstmals durchgeführt wurde: Unter bestimmten Voraussetzungen durfte jeder Bürger den Namen eines Mannes auf eine Scherbe schreiben, den er für gefährlich hielt. Der so Ermittelte musste, wenn auch ohne Vermögensverlust, für 10 Jahre das Land verlassen; dieses Verfahren, das bis 417 bezeugt ist, trug offenbar zur Beruhigung aristokratischer Rivalitäten bei, da es denjenigen bedrohte, der polarisierte. Bald nach Kleisthenes kam das Amt der 10 Strategen auf. Sie leiteten zunehmend die militärischen Operationen, die ursprünglich ein Archont, der Polemarch, verantwortet hatte.

Faktoren der Demokratieentwicklung

Die weitere Entwicklung hin zur klassischen Demokratie wurde sowohl durch äußere als auch durch innere Faktoren begünstigt. Den wichtigsten äußeren Faktor bildete die neue Bedeutung der Flotte, die in dem Seesieg über die Perser bei Salamis 480 erstmals sichtbar wurde. Auf der Flotte taten die militärisch bisher unbedeutenden Theten Dienst, die daher begründet Mitsprache bei Entscheidungsprozessen einfordern konnten. Hinzu kam die Eigendynamik der Rivalität unter den Vornehmen: Die Aristokratie wurde durch Kleisthenes keineswegs vollständig entmachtet, vielmehr entstammten bis in den Peloponnesischen Krieg hinein die meisten Angehörigen der politischen Elite aristokratischen Familien. Allerdings waren sie jetzt auf die Zustimmung des Volkes angewiesen und mussten ihm daher immer mehr Zugeständnisse machen, auch wenn diese den Interessen ihrer Schicht widersprachen.

Entwicklungsstufen

Zwei Daten schreibt man gewöhnlich eine besondere Bedeutung für die Entwicklung der Demokratie zu: 488/7, als das Losverfahren bei der Bestimmung der Archonten eingeführt wurde, was einen Ansehensverlust des aus ihnen zusammengesetzten Areopags nach sich zog, und 462/1, als die Aufsicht über die Beamten vom Areopag an die Geschworenengerichte übertragen wurde. Das genaue Gewicht beider Daten steht dahin. Größere Einmütigkeit besteht über die Grundstrukturen und die leitenden Prinzipien der Demokratie, die in der Mitte des 5. Jh. als etabliert gelten können. Die vier wichtigsten Institutionen bilden der Rat, die Volksversammlung, die Geschworenengerichte und die Beamten.

Rat und Volksversammlung

Der für ein Jahr nach einem regionalen Proporz (s. Abb. 5) bestimmte Rat der 500 (die *boulé*) führte die Alltagsgeschäfte bis hin zum Gespräch mit auswärtigen Gesandtschaften; für 30 Tage federführend war ein Ausschuss, die sogenannten Prytanen als Vertreter einer Phyle. Auf der Agora wachten einige von ihnen Tag und Nacht in einem speziellen Gebäude (der Tholos). Mitglied des Rats durfte man höchstens zweimal in seinem Leben werden und nicht in aufeinanderfolgenden Jahren, so dass ein außerordentlich hoher Anteil der Bürger die Chance hatte, als Ratsherren zu fungieren. Die Beschlüsse des Rates waren in der Regel *probouleúmata*, also Vorbeschlüsse, mit denen sich dann die Volksversammlung (die *ekklesía*) auseinanderzusetzen hatte. Erst der Beschluss der Volksversammlung (das *pséphisma*), durch den das *proboúleuma*, das gar nicht selten unkonkret war, verändert und ergänzt werden konnte, hatte verbindlichen Charakter; für ein Beispiel s. S. 27. Die sachliche Kompetenz der Volksversammlung war umfassend. Sie konnte vom Rat sogar die Vorberatung bestimmter Gegenstände einfordern. Zu Rede und Abstimmung in der Volksversammlung berechtigt waren alle männlichen Bürger ab dem vollendeten 18. Lebensjahr. Es wurde offen abgestimmt und jede Stimme gezählt.

Geschworenengerichte

Die Geschworenengerichte (Dikasterien) konnten unter bestimmten Umständen die Gültigkeit und das legale Zustandekommen von Volksbeschlüssen prüfen; überwiegend hatten sie aber mit den verschiedensten Zweigen des Gerichtswesens zu tun, die heute als Zivil- oder Strafsachen betrachtet würden. Lediglich bestimmte Verfahren im Bereich der Religion und Blutgerichtsbarkeit oblagen dem Areopag. Es gab keinen Juristenstand, keine Rechts- und keine Staatsanwälte, sehr wohl aber professionelle Gerichtsredenschreiber, die man engagieren konnte, deren Texte man aber selbst vorzutragen hatte. Denn die Prozessbeteiligten mussten selbst plädieren oder einen Bekannten einschalten. Die

Entscheidung wurde von einer großen Zahl von Geschworenen (je nach Bedeutung des Falls zwischen 201 und 1501) ohne Beratung und durch geheime Abstimmung gefällt. Richter durften männliche Bürger ab 30 Jahren werden, die ihre Bereitschaft dazu bekundet hatten und dann für einen speziellen Prozess ausgelost werden konnten.

Beamte

Da weder eine spezielle Fachkompetenz noch eine Beschäftigung auf Lebenszeit bei antiken Beamten üblich war, ist dieser Begriff missverständlich; bisweilen ist von Geschäftsträgern oder Mandataren die Rede – doch können auch diese Ausdrücke nicht befriedigen, daher wird hier weiter die übliche Bezeichnung verwendet. Die Athener Beamten, die gewöhnlich für ein Jahr aus allen Bürgern erlost wurden, hatten nur eng umgrenzte Befugnisse. Lediglich das Strategenamt und das Finanzwesen nahmen eine Sonderstellung ein: Strategen wurden gewählt und durften ihr Amt wiederholt bekleiden, so dass machtbewusste Politiker wie Perikles, der ab 443 immer wieder zum Strategen gewählt wurde, darin ihre Machtbasis erkannten. Zu den einflussreichen Ämtern des Finanzwesens hatten lediglich Pentakosiomedimnoi Zugang, da sie bei Unregelmäßigkeiten Ersatz leisten konnten; ansonsten wurden die Ämter faktisch für alle Bürger geöffnet.

Leitende Prinzipien

Das Grundproblem der attischen Demokratie bestand darin, dass sie politische Gleichheit vor dem Hintergrund sozialer Ungleichheit zu verwirklichen suchte. Daher wurden Möglichkeiten, ökonomische oder soziale Macht in politische umzusetzen, beschnitten: Die großen Gerichtshöfe und das Losverfahren erschwerten die Korruption; der Ostrakismos erlaubte es, bedrohlich erscheinende Bürger zu entfernen; die strenge Orientierung an den Gesetzen, die die Geschworenengerichte überwachten, zwang auch den Vornehmen, sich den allgemeinen Regeln unterzuordnen. Ebenso wurde weitestgehend verhindert, dass ein einzelner auf der Grundlage eines Amtes eine herausragende Macht genoss. Dazu trug auch bei, dass der Rechtsstatus als Bürger vor Amtsantritt und schließlich die Amtsführung selbst streng kontrolliert wurden; die Rechenschaftspflicht galt als Charakteristikum der Demokratie. Ferner sollte die Einführung von Diäten (Tagegeldern) für Geschworene, Ratsherren, Beamte und schließlich sogar für die Teilnehmer der Volksversammlung verhindern, dass jemand aus wirtschaftlichen Gründen nicht partizipieren konnte. So bekleideten neben den Geschworenen, die bereits nach Tausenden zählten, ca. 1200 Männer als Beamte oder Ratsherren jedes Jahr öffentliche Ämter.

Allkompetenz des Bürgers

Hinter diesen Maßnahmen zur Herstellung und Sicherung der Gleichheit stand die Vorstellung einer Allkompetenz eines jeden Bürgers im politisch-rechtlichen Bereich. Die Realisierung der Gleichheit innerhalb der Bürgerschaft gelang in einem bemerkenswerten Maße, aber nicht vollständig. So war die Tätigkeit als Geschworener für weniger Wohlhabende attraktiver als für Reiche; wer weit entfernt von Athen lebte, hatte beschränktere Möglichkeiten, seine Rechte auszuüben, als ein Bewohner der Stadt.

Finanzwesen

Steuern galten als tyrannisch, daher wurden sie nur in Ausnahmefällen erhoben. Manches wurde durch die Abgaben der Mitglieder des attischen Seebundes finanziert sowie durch Einnahmen aus staatlichem Besitz oder aus Zöllen sowie Steuern für bestimmte Gruppen wie die dauerhaft ansässigen Fremden. Charakteristisch für das Athener Finanzwesen war jedoch das System der Leiturgien: Darin verpflichtete man einzelne Wohlhabende, bestimmte Aufgaben, etwa den Unterhalt eines Kriegsschiffs oder die Organisation einer Theateraufführung, im wesentlichen aus privaten Mitteln zu bestreiten. Dadurch wurde der persönliche Ehrgeiz angestachelt und ein erheblicher Teil dessen, was heute der Verwaltung obliegt, an den einzelnen Bürger delegiert.

Politische Elite

Auch wenn die Zensusgrenzen einen Großteil ihrer Bedeutung verloren, entstammte faktisch die politische Elite noch viele Jahrzehnte der Aristokratie; erst im Peloponnesischen Krieg traten Angehörige neuer Familien in den Vordergrund. Aber auch sie verfügten über einen beträchtlichen Reichtum; jeder, der politischen Einfluss wünschte, benötigte die von Erwerbsarbeit freie Zeit für die Übung und das entsprechende Selbstbewusstsein, um als Redner aufzutreten. Der einfache Bürger stieß hier an seine Grenzen.

Kulturelle Blüte

Das 5. Jh. gilt als klassische Zeit der griechischen Kultur: Tragödien und Komödien, die von Bürgern für Bürger und unter der Aufsicht von Bürgern an einem Bürgerfest aufgeführt wurden, haben über Jahrtausende anregend gewirkt. Das gleiche gilt für die bildende Kunst, deren Blüte auf der Athener Akropolis noch heute jedem Besucher vor Augen tritt. Weniger gut beleumdet war die sogenannte Sophistik, eine Bezeichnung, hinter der sich eine Vielzahl von Denkströmungen verbirgt. Einige ihrer Vertreter lehrten in der Verbindung mit der Rhetorik auch Techniken, innerhalb der Demokratie zum Erfolg zu kommen, und nahmen Geld dafür. Vor

Plutarch schildert das Verhalten des Perikles nach seinem Eintritt in die Politik

Sogleich gab er seiner Lebensführung eine andere Ordnung: In der Stadt sah man ihn nur noch einen Weg gehen, zur Agora und zum Ratsgebäude. Er schlug alle Einladungen zu Gastmählern aus und verzichtete ganz auf fröhliche Geselligkeit. Während all der langen Jahre, die er politisch tätig war, war er so bei keinem seiner Freunde zu Gast. Einzig zur Hochzeit seines Neffen Euryptolemos fand er sich ein, aber auch hier blieb er nur bis zum Trankopfer (d. h. bevor man im größeren Umfang Wein konsumierte) *und ging sofort weg. Denn wo es fröhlich zugeht, unterliegt der Stolz leicht, und es ist schwer, den Eindruck von Erhabenheit bei einer Geselligkeit zu bewahren.* (Plutarch, Vita des Perikles 7,5 f., Übers. nach K. Ziegler)

Die Passage ist von einem Autor verfasst, der fünfhundert Jahre nach Perikles lebte und der als Verfasser von Viten das persönliche Ethos seiner Helden ins Zentrum stellte. Was berichtet wird, ist grundsätzlich plausibel: Um seine Ungebundenheit und seinen Verzicht auf persönliche Loyalitäten zu demonstrieren, lehnt Perikles es ab, private Einladungen anzunehmen. Das kann man als Ausdruck seiner Absetzung von der üblichen Kommunikation zwischen Aristokraten interpretieren, die seine demokratische Gesinnung beweisen sollte. Plutarch allerdings, mit seiner kaiserzeitlichen, moralisierenden Sichtweise, versucht daraus eine allgemeine Lebensmaxime zu gewinnen und bietet eine Interpretation, die mehr als fragwürdig ist. Die Unterscheidung zwischen wertvoller Überlieferung und kaiserzeitlicher (oder auch hellenistischer) Überformung bildet ein Grundproblem der Benutzung von Plutarch für die Geschichte des klassischen Griechenlands.

diesem Hintergrund wurden die Sophisten von attischen Philosophen des 4. Jh., die überwiegend demokratiekritisch und auf Bezahlung nicht angewiesen waren, pauschal als vordergründig oder unmoralisch abgetan und damit verzeichnet.

4. Jh. Lange Zeit galt das 4. Jh. als eine Epoche des Niedergangs der Poliswelt; diese Bewertung hat sich erheblich verschoben. Zwar war Athen, das als Paradebeispiel diente, außenpolitisch schwächer als im Jh. davor, doch ein genereller ökonomischer oder politischer Niedergang lässt sich nicht beobachten. Die Institutionen der Demokratie funktionierten weiter, allerdings mit einigen Modifikationen: Die Rolle der Gesetze und der formalisierten Verfahren wurde gestärkt. Ferner verdichteten sich die Ansätze zur Herausbildung einer funktionalen Elite, die sich aus Rednern und Feldherren konstituierte, so dass auch eine Differenzierung zwi-

Abb. 7: Zu den wichtigsten Quellen für das Alltagsleben von Frauen im klassischen Athen gehören Vasenmalereien. Mit ihrer Detailfreude vermitteln sie den Eindruck eines ausgeprägten Realismus, doch dieser Eindruck kann täuschen, denn die Bilder sind entsprechend bestimmten Darstellungskonventionen stilisiert. Zudem ist es schwierig zu ermitteln, wo der historische Kontext der Darstellung liegt. Handelt es sich im hier dargestellten Fall um die Erziehung der Tochter einer begüterten Familie, oder geht es um die Vorbereitung einer anrüchigen Betätigung beim Symposion?

schen verschiedenen Führungsfunktionen entstand. Zunehmend betraute man, etwa im Finanzbereich, Spezialisten mit bestimmten Ämtern.

Gegner der Demokratie

Bemerkenswert ist die Integrationskraft und Stabilität der Athener Demokratie, die sicherlich dadurch begünstigt wurde, dass eine geschlossene Schicht von Großgrundbesitzern fehlte, die die Macht hätte monopolisieren können. Viele Aristokraten stellten sich in den Dienst der Stadt, selbst wenn sie die starke Stellung des Volkes missbilligten, da sie allein so ihren Ehrgeiz befriedigen konnten. Nur in Krisenzeiten des Peloponnesischen Krieges (411; 404/3) waren Versuche erfolgreich, oligarchische, auf der Macht weniger beruhende Systeme zu etablieren, aber ihnen war keine Dauer beschieden. Während des 4. Jh. verzichteten zumal Gebildete wie Platon auf politische Aktivitäten, indes vertieften sie in kritischer Auseinandersetzung mit der Demokratie das griechische Staatsdenken. Die politischen Reflexionen der Demokraten sind weitgehend verloren.

Frauen

Frauen besaßen keine politischen Partizipationsrechte und waren gewöhnlich erheblich jünger als ihre Gatten; allerdings lebten sie – anders als früher angenommen – keineswegs isoliert im Haus. Vielmehr zeigten die Frauen etwa anlässlich von Festen, von denen einige ihnen vorbehalten waren, öffentliche Präsenz; viele waren auch wirtschaftlich aktiv. Ferner mussten attische Bürger Söhne von Bürgertöchtern sein, so dass sich eine Art von Bürgerrechtsvorstellung für Frauen herausbilden konnte. Das änderte indes nichts an der generellen Zurücksetzung der Frauen in Athen.

Antike und moderne Demokratie

Die Unterschiede zwischen antiker und moderner Demokratie sind grundlegend: Allgemeine Menschenrechte galten in der Antike nicht, so dass der Ausschluss von Sklaven und Frauen aus der Politik keinen Anstoß erregte; die antike Demokratie war unmittelbarer; das Gerichtswesen bildete keine eigene Gewalt. Anders als den kontinentalen Demokratien der Neuzeit ging der antiken kein bürokratischer Absolutismus voraus; auffälligerweise führen manche Entwicklungen des 4. Jh., beispielsweise die geschilderte Spezialisierung der politisch Tätigen, jedoch in die Richtung einer Rationalisierung der Verwaltung, wie man sie auch in der Frühen Neuzeit beobachten kann.

Innere Verhältnisse Spartas

Rolle Spartas Institutionen

Im ausgehenden 6. Jh. galt Sparta als die mächtigste Polis Griechenlands. Die Institutionen waren in mancherlei Beziehung ungewöhnlich. So gab es zwei Könige, die das Recht hatten, Feldzüge zu führen, innenpolitisch aber mit einem konkurrierenden Organ rechnen mussten, den Ephoren. Bei diesen handelte es sich um fünf Jahresbeamte, die von der Volksversammlung bestimmt wurden und ihr Rechenschaft schuldeten. Die Ephoren vermochten anscheinend im 6. Jh. zunehmend die Spielräume der Könige einzuschränken, etwa indem sie sie auf Feldzügen begleiteten. Überdies leiteten sie die Volksversammlung und waren berechtigt, jeden Spartiaten bis hinauf zum König zumindest anzuklagen, vielleicht auch zu verurteilen, ferner hatten sie eine finanzielle Aufsichtsfunktion. Im 5. Jh. waren sie somit offenbar das mächtigste Organ. Den einzigen Rat Spartas bildete die Gerousie. Ihr gehörten die Könige an sowie 28 von der Volksversammlung akklamierte Männer, die über 60 Jahre alt sein mussten. Ihre Mitglieder, die Geronten, fungierten als Gericht und übten eine allgemeine Aufsicht aus. Die Volksversammlung war anscheinend gewöhnlich kein Ort der Diskussion, fällte aber im Zweifelsfall verbindliche Entscheidungen. Ihre Abstimmung erfolgte teils durch Akklamation, teils durch Auseinandertreten («Hammelsprung»).

Soziale Gliederung

Die wichtigsten Gruppen der spartanischen Gesellschaft waren die Spartiaten – Spartaner ist ein unspezifischer Ausdruck –, die Periöken («Umwohner») und die Heloten; daneben existierten zahlreiche Zwischengruppen. Als Spartiaten bezeichnet man die Vollbürger Spartas, die Partizipationsrechte besaßen und die sich hauptsächlich dem Kriegshandwerk zu widmen hatten. Die ökonomische Grundlage bildete der Grundbesitz in Gestalt der sogenannten *kláro*i. Umstritten ist, wie weit innerhalb der Spartiaten, die sich nach außen hin als Gleiche, *hómoioi,* definierten und einen gemeinsamen Lebensstil pflegten, soziale Differenzen bestanden, ob man gar von einer Aristokratie sprechen darf. Auf jeden Fall schrumpfte die Zahl derer, die sich den Lebensstil der Spartiaten leisten konnten, so dass der Mangel an Spartiaten im 4. Jh. zu einem Hauptproblem der Polis wurde. In ihren Dörfern genossen die Periöken, gemeinsam mit den Spartiaten als Lakedämonier bezeichnet, Autonomie, sie hatten aber den Spartiaten Heerfolge zu leisten. Die Heloten bewirtschafteten die *kláro*i, an die sie gebunden waren. Sie besaßen zwar keine Freizügigkeit, waren aber anders als Sklaven nicht beliebig verkäuflich und durften Familien gründen. Vermutlich wurden die Heloten in Messenien, die eine Erinnerung an ihre Unabhängigkeit bewahrten, härter behandelt als die in der Kernlandschaft Lakonien. 464/3 erschütterte ein Helotenaufstand in Messenien Sparta schwer, wurde aber mit großer Härte niedergeschlagen. Auch danach blieb die Bedrohung durch die Heloten stets gegenwärtig.

Lebensform

Am meisten Eindruck machte den übrigen Griechen der Lebensstil der Spartiaten, der indes ausschließlich aus nicht-spartanischen Quellen bekannt und nur in seinen groben Zügen sicher bezeugt ist. Anscheinend wurden die Spartiaten ab dem Alter von sieben Jahren gemeinschaftlich und in demonstrativer Gleichheit zu militärischer Tüchtigkeit und Selbstdisziplin erzogen (die *agogé*). Auch als junge Erwachsene mussten sie in ihren Speisegemeinschaften (Syssitien) leben, bis sie ab 30 einen eher familienbezogenen Lebensstil pflegen konnten. Berichte über selbstzerstörerische Abhärtungspraktiken während der Erziehung sind vielleicht Ausdruck einer Verklärung Spartas.

Frauen

Frauen aus Spartiatenfamilien genossen anscheinend eine bewusste, auch körperbetonte Erziehung. Aufgrund der häufigen Abwesenheit der Männer und vor allem dank ihrem Erbrecht verfügten sie in einem für griechische Verhältnisse ungewöhnlichem Maße über Vermögen.

Würdigung

Sparta galt lange Zeit als die ganz andere Polis im Vergleich zum übrigen Griechenland. Doch das ist möglicherweise der Quellenlage geschuldet: Es fehlen weitestgehend Quellen aus Sparta; hauptsächlich hat man es mit attischen und späten Quellen zu tun, die dem Verdacht unterliegen, sich jeweils ihr Sparta zu konstruieren. Daher betont die moderne Forschung oft die Normalität Spartas und setzt die Entwicklung seiner Besonderheit, die nicht völlig zu bestreiten ist, spät, teils erst im 5. Jh., an.

Andere griechische Poleis

Drittes Griechenland

Für das sogenannte Dritte Griechenland ist die Quellenlage erheblich schlechter als für Sparta oder gar Athen. In jüngerer Zeit hat es vor allem dank archäologischer und epigraphischer Funde verstärkt Aufmerksamkeit gefunden. Die Vielfalt der Polisstrukturen ist unüberschaubar. Unter überregionalen Gesichtspunkten erscheint am wichtigsten, dass es sowohl Gesellschaften gab, die Demokratien wie Athen ausbildeten (z. B. Argos), als auch solche, die Gemeinsamkeiten mit Sparta aufwiesen, vor allem auf Kreta. Daneben bestanden weiterhin die Ethne, z. B. in Thessalien, sowie locker organisierte Königtümer wie Makedonien; allerdings schritt die Tendenz zur Polis-Bildung allenthalben fort.

Sizilien und Großgriechenland

Auch auf Sizilien und in Großgriechenland lassen sich sehr unterschiedliche Verfassungen vermuten. Die Tyrannis hielt sich auf Sizilien länger als im Mutterland; seit etwa 466 ergab sich jedenfalls in Syrakus ein «demokratisches Zwischenspiel»; dies wurde seit dem ausgehenden 5. Jh., in Syrakus seit 405, unter dem Eindruck der karthagischen Bedrohung durch die sogenannte Jüngere Tyrannis abgelöst, die in Syrakus prunkvolle Formen annahm, ohne eine nachhaltige Stabilisierung der Region zu erreichen. Außenpolitisch hatten die sizilischen Städte sich fortwährend mit dem Vordringen Karthagos auf der Insel auseinanderzusetzen; 480 erlangten die Griechen einen großen Sieg, doch blieb die Bedrohung virulent, zumal Karthago 406 eine großangelegte Offensive begann und sich im Westen der Insel festsetzte. Die griechischen Städte Großgriechenlands hatten sich zunehmend der Vorstöße italischer Stämme aus dem Inneren der Halbinsel zu erwehren. Erst Roms Herrschaft sollte stabile Verhältnisse bzw. Abhängigkeiten schaffen.

Äußere Politik

Perserkriege

Das entscheidende äußere Ereignis des 5. Jh. im Mutterland bildeten die Kriege gegen Persien, das aufgrund seines Vordringens nach Westkleinasien auch dort begründete griechische Poleis beherrschte. Athen, das nach den Reformen des Kleisthenes bemerkenswerte militärische Erfolge erzielt hatte, war selbstbewusst genug, den 500 losgebrochenen Aufstand der griechischen Küstenstädte («Ionischer Aufstand») zu unterstützen. Nach dessen Niederschlagung 494 war unvermeidlich, dass der Perserkönig Dareios I. (521–486) an den Helfern Rache nahm. Die kurze Strafexpedition scheiterte 490 bei Marathon mit seiner Niederlage gegen die Athener und ein Kontingent der Platäer. Was aus persischer Sicht eine Schlappe am Rande des Reiches war, bedeutete für Athen einen Triumph. 480/479 plante Xerxes (485–465) einen großangelegten Zug zur See und zu Lande. 480 siegten neuerlich die Athener, die ihre Flotte ausgebaut hatten, zu Wasser bei Salamis nahe Athen über die Perser und 479 die Griechen unter Führung Spartas bei Platää in Mittelgriechenland; eine weitere Seeschlacht gewann man 479 bei Mykale vor der kleinasiatischen Küste nahe Milet. Das aus diesen Siegen gewonnene Selbstbewusstsein ist eine Grundlage für die kulturelle Blüte der nächsten Jahrzehnte und dafür, dass die Griechen sich zunehmend in markanter Absetzung von Barbaren definierten, die als kulturell unterlegen galten.

Persien im 5./4. Jh.

Die Niederlage, die eigentlich das Persische Reich nicht in seinem Kern berührte, ging mit weiteren Krisenerscheinungen dort einher, auch mit Thronstreitigkeiten, an deren Ausfechtung bisweilen griechische Söldner teilnahmen, so im Jahre 399 Einheiten, die schließlich vom Historiker Xenophon aus dem Inneren Kleinasiens zurückgeführt wurden (von ihm in der *Anábasis* geschildert). Vor allem das persisch beherrschte Ägypten blieb unruhig und verselbständigte sich gar von 404 bis 343. Einige Satrapen verfolgten eine recht unabhängige, ja gegenüber den Königen geradezu aufsässige Politik. Dennoch blieb die Dominanz Persiens im Vorderen Orient ungefährdet; seit der Endphase des Peloponnesischen Krieges war es wieder die in Griechenland maßgebliche Macht, auch wenn es auf militärische Interventionen verzichtete.

Juden

Universalgeschichtlich folgenreich war die duldsame Politik der Perser gegenüber den Juden: Um 445 ordnete der vom Perserkönig autorisierte Nehemia die Politik in Judäa neu und schuf einen inneren Ausgleich; damit steht im Zusammenhang – die Chronologie ist im einzelnen strittig –, dass Esra ein göttliches Gesetz einführen konnte, das mit Unterstützung des persischen Königs für die Juden über ihre Provinz Jehuda hinaus verbindlich wurde und auch eine starke Stellung der Priesterschaft festschrieb. So entwickelte sich für die inneren Verhältnisse der Juden eine religiös verfasste Ordnung, die die Tradition weiterführte.

Äußere Entwicklung in Griechenland
Bipolares Mächtesystem

In Griechenland bildete sich nach den Perserkriegen seit 479 ein bipolares Mächtesystem heraus, mit Athen und Sparta als Exponenten. Sparta war nicht bereit, den Krieg gegen Persien weiterzuführen. Das nutzte Athen, um viele Griechenstädte an sich zu binden. Dazu bediente es sich eines Bündnisses, des Delisch-Attischen Seebundes, der zunächst auf freiwilliger Basis zusammenkam, aber sich immer mehr in ein Herrschaftssystem verwandelte. Dies wurde 454 manifest, als die Seebundskasse von Delos nach Athen überführt und den Bündnispartnern eine regelmäßige Abgabe an die Gottheit Athene auferlegt wurde. Der Kampf gegen Persien verlief erfolgreich, zehrte aber an den Kräften, so dass Athen 449/8 einen faktischen Frieden samt Abgrenzung der Interessensphären akzeptierte, der bis weit in den Peloponnesischen Krieg hinein hielt.

Pentekontaëtie

Die Jahre zwischen Perserkriegen und Peloponnesischem Krieg werden in Anlehnung an den griechischen Ausdruck für «50 Jahre» als Pentekontaëtie bezeichnet. Den Aufstieg Athens duldete Sparta zunächst, das sich weiter auf seinen Peloponnesischen Bund stützen konnte, doch wuchs das Misstrauen. Dies wurde virulent, als man 463 Athener Truppen zurückwies, die beim Helotenaufstand in Messenien Sparta Hilfe leisten wollten. Möglicherweise in Zusammenhang damit steht, dass bald darauf in Athen nicht nur die Reformen des Ephialtes erfolgten, sondern auch ein Bündniswechsel eintrat: Das demokratische, aber perserfreundliche Argos trat auf die Seite Athens. Die militärischen Auseinandersetzungen zwischen Athen, Sparta und ihren Partnern konzentrierten sich auf Mittelgriechenland und führten zu keinem klaren Ergebnis. 451 erfolgte ein Waffenstillstand und 446 ein auf 30 Jahre angelegter Friede mit klarer Abgrenzung der Einflusssphäre, der bis 431 hielt. Die zwanzig Jahre des Friedens waren von großer Bedeutung für die kulturelle Blüte Athens.

Peloponnesischer Krieg

Der Peloponnesische Krieg (s. zum Ausbruch die Quelle S. 38) wird in drei Phasen eingeteilt, die der Historiker Thukydides als einen Krieg aufgefasst hat. Im (nach dem spartanischen König Archidamos benannten) Archidamischen Krieg versuchten die Spartaner den Athenern zu Lande, die Athener den Spartanern zur See zuzusetzen. Die Kampfhandlungen dehnten sich auf weite Teile der Ägäis und des Mutterlandes aus, ohne dass eine Entscheidung fiel. Die Ermattung führte 421 zu einem Friedensschluss, der im wesentlichen auf dem Status quo beruhte, aber nicht von allen Bündnispartnern Spartas akzeptiert wurde. Während dieses sogenannten Faulen Friedens gingen die Kampfhandlungen, getragen von Mittelmächten wie Korinth und Argos, weiter, auch wenn ein heißer Krieg zwischen Athen und Sparta vermieden wurde. 415 entschlossen die Athener sich zu einem Ausgreifen nach Sizilien – und scheiterten 413 kläglich. In diesem Jahr löste Sparta den Dekeleischen Krieg aus, indem es sich in der attischen Festung Dekeleia festsetzte, um von dort aus Attika zu verheeren. Dank persischer Hilfe gelang darüber hinaus ein Ausbau der Flotte, die jener der Athener Paroli bieten konnte. Schließlich war Athen so geschwächt und isoliert, dass es 404 unter dem Druck einer spartanischen Belagerung aufgeben musste.

Multipolares Mächtesystem

Sparta, das den Verlust zahlreicher Spartiaten nicht zu kompensieren vermochte, drohte, seine Kräfte zu überspannen, zumal es sich 400–394 auf einen Konflikt mit Persien einließ. Es war eine Epoche ununterbrochener militärischer Auseinandersetzungen bei wechselnden Bündnissen. Das Heerwesen wurde allgemein professionalisiert; die Bedeutung von Söldnern stieg, auch wenn Bürgerheere noch lange aktiv blieben. Persien vermochte 387/6 einen von zahlreichen Poleis akzeptierten allgemeinen Frieden durchzusetzen, der die kleinasiatischen Städte wieder Persien unterwarf, die Mächtevielfalt in Griechenland festschrieb und Sparta als Garantiemacht durchsetzte («Königs-Friede» – so genannt, weil der persische König die Bedingungen bestimmte, auch nach dem spartanischen Unterhändler Antalkidas-Friede genannt). Wie prekär die Machtverhältnisse waren, zeigte sich indes darin, dass nach der Schlacht von Leuktra 371 die Thebaner unter Epaminondas aufgrund einer klugen militärischen Taktik die Hegemonie erlangen konnten, diese aber schon 362, nach dem Tode ihres Feldherrn, wieder einbüßten. 356 bemächtigten sich die bislang unbedeutenden Phoker der Tempelschätze von Delphi und vermochten sich, gestützt auf Söldner, 10 Jahre lang gegen ein Bündnis mehrerer Mächte zu halten (Dritter Heiliger Krieg).

Aufstieg Makedoniens

Die Schwäche der übrigen Städte und innere Schwierigkeiten Persiens erlaubten den Aufstieg Makedoniens. Die weiträumige, politisch wenig integrierte Landschaft wurde durch die Notwendigkeit von Abwehrkämpfen und die herausragende persönliche

Leistung Philipps II. (359–336) stabilisiert. Nachdem dieser dank seiner Siege über Illyrer und Thraker beträchtliche Ressourcen gewonnen und die Position des Königtums gefestigt hatte, suchte er seine Stellung in der Nord-Ägäis abzurunden. Das führte zu Interessenkonflikten, bald zu Kämpfen mit Athen, die an Heftigkeit zunahmen, zumal Makedonien durch sein Eingreifen gegen die Phoker im Dritten Heiligen Krieg Einfluss in Mittelgriechenland gewann. Der Philokrates-Friede (346) befestigte Philipps Stellung dort, gab aber zugleich den Athenern die Zeit, eine Koalition zu schmieden, die selbst den traditionellen Rivalen Theben einschloss. Diese erlitt indes 338 bei Chaironeia eine schwere Niederlage. Philipp reagierte milde, band aber die Griechen außer Sparta in den sogenannten Korinthischen Bund ein, der unter Führung des makedonischen Königs innere Auseinandersetzungen verhindern und einen Krieg gegen Persien vorbereiten sollte.

Ziele Philipps

Die Etappen des Aufstiegs Makedoniens sind gesichert; unklar ist, welche Intentionen Philipp leiteten. Während die aus Athener Sicht geschriebenen Quellen ihm unterstellen, dass er von vornherein eine Vorherrschaft in Griechenland angestrebt habe, spricht vieles dafür, dass sein erstes Anliegen die Konsolidierung seiner Macht im Norden war und dass er erst durch die aggressiven Reaktionen der Athener weiter nach Süden «gezogen» wurde. Die Niederlage Athens hätte demnach auf politischen Fehlern beruht. Dies bedeutet indes nicht, dass man von einem Versagen der Polis sprechen kann – die Ressourcen Athens waren mit jenen Makedoniens einfach nicht zu vergleichen.

Tod Philipps

336 wurde Philipp offenbar aus privaten Gründen ermordet; sein Sohn Alexander (III., nachmals der Große) trat unter unklaren Umständen, aber rasch die Herrschaft an. Die Vorbereitungen eines Perserfeldzuges wurden zunächst ausgesetzt.

Attische Demokratie

Zur Einführung in die attische Demokratie am geeignetsten ist J. Bleicken, Die athenische Demokratie, Paderborn 1995[4]. Das Problem der Integration der Reichen erörtert J. Ober, Mass and Elite in Democratic Athens. Rhetoric, Ideology, and the Power of the People, Princeton 1989. M. H. Hansen, Die athenische Demokratie im Zeitalter des Demosthenes. Struktur, Prinzipien und Selbstverständnis, Berlin 1995, ist nützlich für Einzelfragen. Zur politischen Ideengeschichte der Demokratie s. H. Leppin, Thukydides und die Verfassung der Polis. Ein Beitrag zur politischen Ideengeschichte des 5. Jahrhunderts v. Chr. (Klio ES 1), Berlin 1999, 41 ff. Zur Stellung der Frauen C. Schnurr-Redford, Frauen im klassischen Athen, Berlin 1996.

Eine wahrscheinlich in dieser Form nicht zu haltende Extremposition in Hinblick auf den Beginn des spartanischen Sonderwegs vertritt L. Thommen, Sparta. Verfassungs- und Sozialgeschichte einer griechischen Polis, Stuttgart 2003, der ihn erst seit der Mitte des 5. Jh. erkennt; im übrigen bietet dieses Werk aber eine geeignete Einführung sowie eine ausgesprochen nützliche Bibliographie; vgl. ferner zu Kontroversen um Spartas Sonderstellung A. Powell u. a., Sparta. Beyond the Mirage, London 2002; A. Luther / M. Meier / L. Thommen (Hg.), Das Frühe Sparta, Stuttgart 2006. Sparta

Zu den Städten des Dritten Griechenlands s. als umfassende Materialsammlung M. H. Hansen / T. H. Nielsen (Hg.), An Inventory of Archaic and Classical Poleis. An Investigation Conducted by the Copenhagen Polis Centre for the Danish National Research Foundation, Oxford 2004. Drittes Griechenland

Für Sizilien bleibt M. Finley, Das antike Sizilien. Von der Vorgeschichte bis zur arabischen Eroberung, München 1993 (engl. 1986) grundlegend. V. Reinhardt / M. Sommer, Sizilien. Eine Geschichte von den Anfängen bis heute, Darmstadt 2010. Sizilien

Zu den Konflikten zwischen Poleis M. Dreher, Athen und Sparta, München 2012; S. Hornblower, The Greek World. 479 – 323 BC, London 2011. Äußere Politik

R. Hannah, Greek Government and the Organization of Time, in: H. Beck (Hg.), A Companion to Ancient Greek Government, London 2013, 349–365, zeigt, welche Bedeutung die Organisation von Zeit für die Demokratie hatte. Methodische Anregungen

D. Cohen, Seclusion, Separation, and the Status of Women in Classical Athens, G&R 36 (1989), 3–15, verdeutlicht nicht zuletzt durch anthropologische Vergleiche, dass die Rolle der Frau im antiken Griechenland nicht einfach unter die Idee einer orientalischen Abgeschlossenheit gefasst werden kann.

3. Hellenismus

Alle Daten v. Chr.

336–323	Herrschaft Alexanders des Großen
334–325	Perserzug
ab 323	Diadochenkriege
306/5	«Jahr der Könige»: Diadochen nehmen Königstitel an
301	Schlacht bei Ipsos, Antigonos als letzter Vertreter der Reichseinheit fällt.
281	Schlacht von Kouroupedion; System der drei Reiche (Antigoniden in Makedonien, Seleukiden in Vorderasien, Ptolemäer in Ägypten) etabliert.
Seit 200	Eingreifen Roms im Osten
188	Friede zwischen Rom und Antiochos dem Großen, der sich aus Kleinasien zurückziehen muss. Rom beherrscht indirekt Griechenland.
168	Auflösung Makedoniens

168	«Tag von Eleusis»: Römische Gesandte zwingen Antiochos IV. zum Rückzug aus dem geschlagenen Ägypten.
168/7–164	Aufstand der jüdischen Makkabäer gegen die Seleukiden
146	Zerstörung Korinths durch Rom
133	Ende des Reiches von Pergamon
64	Ende der Seleukidendynastie
30	Ägypten wird nach dem Tod Kleopatras VII. römisch.

Epochenbezeichnung

Der Begriff des Hellenismus wurde von J. G. Droysen (1808–1884) geprägt; er soll die Eigenständigkeit des Zeitalters gegenüber den früheren Epochen der Griechischen Geschichte verdeutlichen. Im Hellenismus, dessen Epochengrenzen grob mit den Daten 336 und 30 v. Chr. angegeben werden können, verbreitet sich die griechische Sprache und Kultur über weite Teile des Vorderen Orients. Daneben blieben die einheimischen Kulturen bestehen und beeinflussten ihrerseits die Griechen. Bisweilen wird daher dafür plädiert, von einer gräko-orientalischen Kultur statt von einer hellenistischen zu sprechen.

Quellen

Geschichtsschreibung

Für die hellenistische Epoche ist keine fortlaufende Geschichte aus der Antike erhalten; daher lassen sich auch manche elementaren Daten nur schwer sichern. Herausragende Bedeutung hat Polybios (ca. 200 – ca. 120 v. Chr.), der aus griechischer Sicht und mit persönlicher Kenntnis Roms über dessen Aufstieg schreibt und eine möglichst sachliche Geschichtsschreibung für sich in Anspruch nimmt. Zahlreiche weitere zeitgenössische Historiker sind lediglich fragmentarisch erhalten; die Vielzahl der poetischen Texte vermittelt indes oft einen plastischen Einblick in die Mentalitätengeschichte. Unter den späteren Autoren sind wieder Diodor (1. Jh. v. Chr.) und Plutarch (ca. 46 – ca. 120 n. Chr.) zu nennen. Für Alexander den Großen ist angesichts des weitgehenden Fehlens zeitgenössischer Quellen Arrians (ca. 95 – ca. 175 n. Chr.) *Anábasis* mit ihrer detailreichen Schilderung des Perserzuges die zentrale, wenn auch umstrittene Quelle.

Inschriften / Münzen / Papyri

Eine herausragende Bedeutung besitzen die griechischen Inschriften, sowohl für die große Politik als auch für die Verhältnisse in den Städten und Königreichen, zumal die in Stein geschlagenen Königsbriefe. Münzen wurden sowohl von Königreichen als auch von Städten ausgegeben; ihre Darstellungen sind in einem hohen Maße bedeutungshaltig, während die Legenden gewöhnlich weniger spezielle Aussagen erlauben. Die Papyri aus Ägypten vermitteln einen ungewöhnlichen Einblick in die Alltagsprobleme eines hellenistischen Königreiches (s. S. 93).

Alexander der Große

Nach der Ermordung Philipps 336 konnte Alexander sich binnen kurzer Frist im Herrschaftsbereich seines Vaters durchsetzen. 334 eröffnete er den Feldzug gegen Persien, den Philipp bereits vorbereitet hatte. Nach einem ersten Sieg gegen persische Satrapen am Granikos 334 triumphierte er 333 bei Issos über den persischen König Dareios III. (336–330) selbst und gewann damit Kleinasien. Weitreichende Friedensangebote der Perser schlug er aus, um an der Ostküste des Mittelmeers nach Ägypten weiterzuziehen. Von dort aus wandte er sich zum Zweistromland, wo er bei Gaugamela 331 einen dritten großen Sieg erfocht. Dareios wurde auf der Flucht von einem Perser ermordet; Alexander etablierte in langen Feldzügen seine Herrschaft bis nach Indien. Dort wurde er 325 trotz seiner Siege von seinen Soldaten zum Rückzug genötigt, der in mehreren Heeressäulen, teils auf dem Seeweg durchgeführt wurde. In seinen letzten Jahren hielt er sich in Mesopotamien auf, 323 starb er überraschend an einer Krankheit in Babylon. Perserzug

Alexander suchte seinen Feldzug und seine Stellung auf vielfältige, teils widersprüchliche Weise zu legitimieren. Sein Unternehmen stilisierte er zum Rachefeldzug für die persischen Zerstörungen in Griechenland während der Perserkriege. Diese Phase beendete er 330 mit der Entlassung der griechischen Kontingente seines Heeres; seither befand er sich in einem offenen Eroberungskrieg. Seine Stellung war zunächst die eines makedonischen Königs und Hegemons des Korinthischen Bundes. In Ägypten ließ er sich die Würde eines Pharao übertragen, in Babylon trat er als babylonischer König auf, im Gefolge der Schlacht von Gaugamela wurde er als König von Asien akklamiert. Nach dem Tode des Dareios gebärdete er sich als Nachfolger der Achämeniden und legte sich immer deutlicher Züge eines persischen Königs bei, doch stieß er damit auf den Widerstand seiner Makedonen, die bestimmte Verehrungsformen (vor allem die kniefällige Begrüßung der Proskynese) nicht akzeptierten. So blieb seine Stellung uneindeutig. Legitimation

Mit der Übernahme des Pharaonenamtes hatte Alexander seine Stellung jener von Göttern angenähert. Indem man verbreitete, er sei in der Oase Siwa als Sohn des Ammon, den die Griechen mit Zeus identifizierten, begrüßt worden, förderte man die Idee seiner Gottessohnschaft. In seinen letzten Jahren machte Alexander immer deutlicher, dass er als Gott verehrt werden wolle.

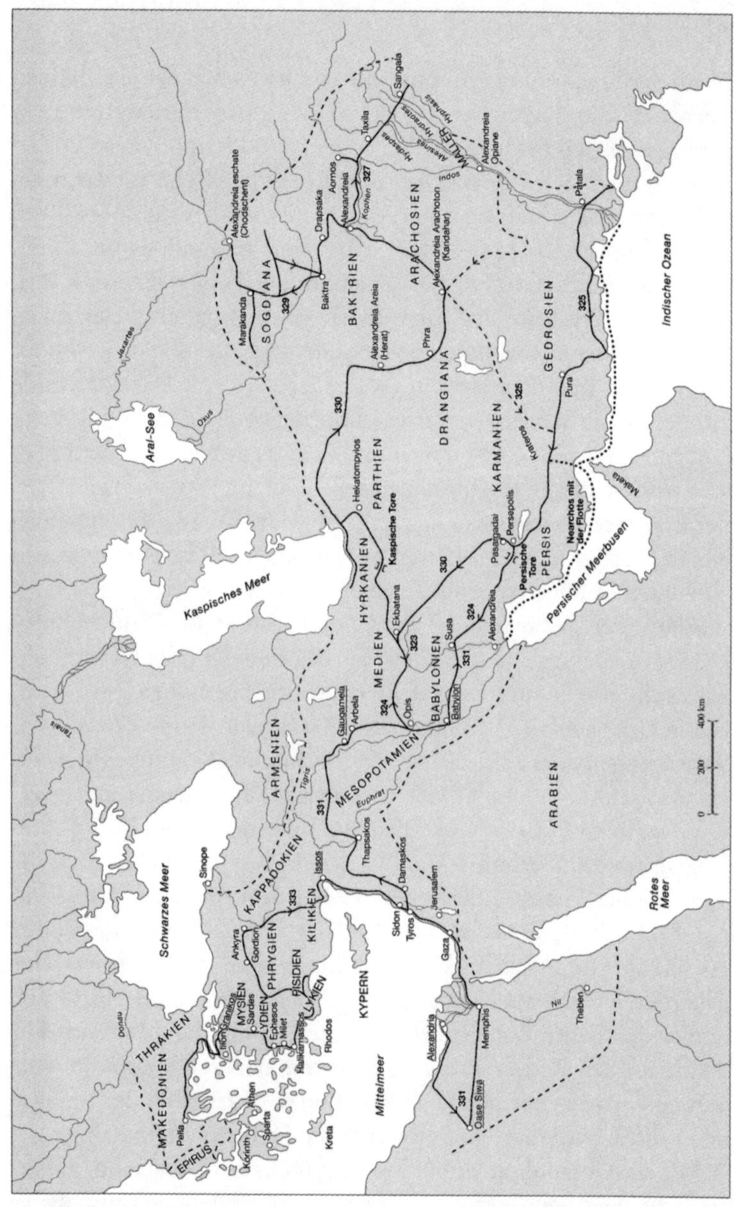

Karte 2: Die Feldzüge Alexanders des Großen

Alexanders Reichsgebilde war ein Konglomerat verschiedener Herrschaften von unterschiedlichem Status; eine einheitliche Verwaltung konnte oder wollte er nicht einrichten. Gerne griff er auf lokale Strukturen zurück, etwa vorhandene Städte und Königtümer, und beließ auch viele persische Beamte bis hinauf zum Satrapen im Amt; Stadtgründungen (am bedeutendsten das ägyptische Alexandria 332/1) ermöglichten es, eine griechische Elite ins Land zu bringen. Deutlich erkennbar ist Alexanders Wille, die Perser auf allen Ebenen zu beteiligen und neben den Makedonen und Griechen als zweites Reichsvolk zu etablieren. Doch sein plötzlicher Tod machte diese Bestrebungen, die ohnehin von den meisten Makedonen abgelehnt wurden, zunichte. Reichsverwaltung

Diadochenreiche

Der unerwartete Tod Alexanders, der die Nachfolge im Königsamt nicht geregelt hatte, führte bald zu Kämpfen zwischen potentiellen Nachfolgern (Diadochen). Während einzelne die Idee der Reichseinheit vertraten, wurde rasch deutlich, dass die Rivalen allenfalls hoffen konnten, sich jeweils bestimmte Teile des Reiches anzueignen. 306/5 nahmen in rascher Folge mehrere Herrscher den Königstitel an, 301 fiel als letzter Vertreter der Reichseinheit Antigonos. Diadochenkämpfe

Nach der Niederlage des Lysimachos – seit 305 König von Thrakien, seit 286 auch von Makedonien – im Jahre 281 konsolidierten sich die drei machtvollen Dynastien: die Seleukiden in Vorderasien, die Ptolemäer in Ägypten und die Antigoniden in Makedonien; sie hatten die größten Anteile des Alexanderreiches an sich gerissen. Stabil war das System nie; diese Reiche zerfleischten sich in wechselnden Koalitionen, an denen auch die zahlreichen weiterbestehenden kleineren Mächte beteiligt waren, und hatten zugleich mit schweren innenpolitischen Herausforderungen zu ringen. System der drei Dynastien

Während des 2. Römisch-Karthagischen Krieges (218–201) begab sich Makedonien, das 215 ein Bündnis mit Karthago geschlossen hatte, in einen Konflikt mit Rom. Seit 200 griff dies energischer im Osten ein, ohne dort eine stabile Herrschaft einzurichten: 197 wurden die Makedonen geschlagen, 190/89 der Seleukide Antiochos III. der Große (223–187); dieser war zuvor weit in den Westen vorgestoßen, musste aber im Frieden von Apameia 188 den Verlust Kleinasiens akzeptieren, wo fortan das Königreich von Pergamon dort die Interessen Roms wahrnahm. Die überragende Vordringen Roms

Stellung Roms wurde 168 manifest, als es nach einem weiteren Krieg die makedonische Monarchie auflöste und den tief nach Ägypten eingedrungenen Seleukiden Antiochos IV. (175–164) in Eleusis (bei Alexandria) zum Rückzug zwang. Mit großer Härte ging Rom gegen Widerstand vor, so bei der Zerstörung des widersetzlichen Korinth 146. Die römische Überlegenheit wurde auch dadurch anerkannt, dass einzelne Herrscher ihr Reich an Rom vererbten, wie es mit jenem von Pergamon 133 geschah. Während das Seleukidenreich, das auch durch die Parther bedrängt wurde, immer weiter zerfiel und die Reste 64/3 nach dem Tod des letzten Seleukiden an Rom fielen, vermochte Ägypten seine territoriale Integrität weitgehend zu wahren, geriet aber in eine immer spürbarere Abhängigkeit von Rom. 31 unterlag die letzte Königin Kleopatra VII. (51–30) an der Seite des Marcus Antonius dem Adoptivsohn Caesars, Octavian, im römischen Bürgerkrieg und nahm sich 30 das Leben; ihr Reich geriet unter römische Herrschaft.

Königtum

Monarchische Herrschaft bestand in den großen und kleinen hellenistischen Reichen. Die Könige, die ihre Reiche als persönlichen Besitz behandelten, legitimierten sich in einem hohen Maß durch die Sieghaftigkeit. Das «speererworbene Land» zeichnete den Herrscher aus, was die zahlreichen Kriege der Epoche miterklärt; auch in demonstrativem Konsum bzw. demonstrativer Verschwendung etwa bei großen Festen spiegelten sich die Stellung und der Erfolg der Könige. Die dynastische Sukzession spielte für die Herrschaftslegitimation eine erhebliche Rolle, allerdings waren die Einzelheiten der Nachfolge oft strittig. Deswegen brachen häufig Bürgerkriege aus, die als ein wesentlicher Faktor des Niedergangs der hellenistischen Großreiche gelten. Die Herrschaftsorganisation beruhte in einem hohen Maße auf persönlichen Bindungen am Hof, aber auch auf einer zunehmend ausdifferenzierten Administration. Innerhalb der Reiche bestanden vielfältige Organisationsformen, die den regionalen Besonderheiten entsprachen.

Königskult

Die religiöse Verehrung des Herrschers, die mit Alexander begonnen hatte, lebte im Hellenismus fort. Sie wurde sowohl lebenden als auch toten Königen, oft ebenso Königinnen zuteil; je nach Zeit und Region lassen sich dabei erhebliche Unterschiede beobachten; «den» hellenistischen Königskult gab es nicht. Die Kulte mochten bisweilen ein bloßer Ausweis der Loyalität sein, doch mussten sie den Untertanen gewöhnlich keineswegs aufgezwungen werden, da der Unterschied zwischen Gott und Mensch in Griechenland weni-

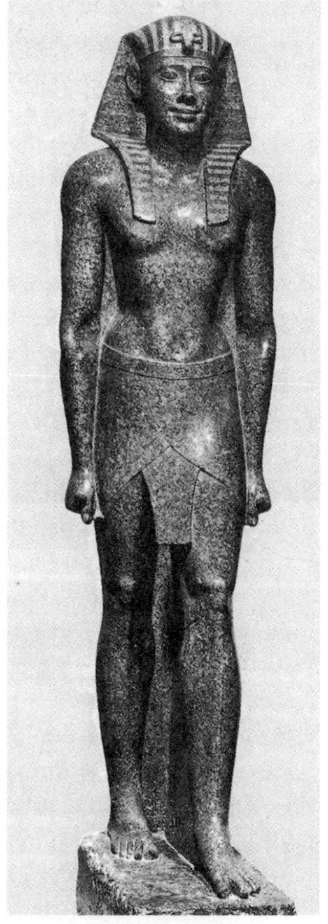

Abb. 8: Ein griechischer Pharao; Ptolemaios II. (285–246)
Das ägyptische Königsgeschlecht der Ptolemäer war griechischer Herkunft; seine Angehörigen wurden in griechischen Traditionen erzogen. Doch waren sie auch Pharaonen, die sich in die ägyptische Tradition stellten. Daher ließen sie sich sowohl in griechischer als auch, wie hier, in ägyptischer Weise darstellen. Diese Ambivalenz kann man auch bei den meisten anderen hellenistischen Königshäusern beobachten.

ger tiefgreifend war als in der jüdisch-christlichen Tradition und die göttliche Verehrung des (potentiell) starken Helfers der antiken Religiosität nicht fremd war. Die hellenistischen Könige legten ihrerseits Wert darauf, als Wohltäter (*euergétes*) bzw. Retter (*sotér*) zu erscheinen. Mit dem Begriff des Euergetismus beschreibt die moderne Forschung diese in verschiedenen antiken Gesellschaften beobachtbare Form der Zuwendung des Herrschers an seine Untertanen, die durchaus einen materiellen Charakter haben, aber auch in der Verleihung politischer Privilegien bestehen konnte.

Poleis

Die Polis als souveräner Bürgerstaat bestand im Hellenismus fort, geriet aber ins Hintertreffen; dagegen erlebte sie als Zentrum lokaler Selbstverwaltung innerhalb größerer Reiche zumal in

Kleinasien, nicht aber in Ägypten, eine Blüte. Des öfteren lehnten sich die Verfassungen neu gegründeter Städte an das Athener Modell an. Mancherorts, etwa auch in Athen selbst, blieben demokratische Strukturen bis ins 2. Jh. lebendig. Doch zunehmend setzten sich oligarchische Herrschaften durch, wobei die Verhältnisse von Ort zu Ort sehr unterschiedlich waren.

Bünde

Im griechischen Mutterland vereinigten sich Poleis und Ethne von Achaia und Aitolien zu Bünden, um den Monarchien Widerstand leisten zu können. Dabei entstanden komplexe Systeme der Bundesorganisation mit Elementen der Repräsentativität, denen allerdings in der Antike nur eine geringe Nachwirkung beschieden war.

Intellektuelle Entwicklungen

In der hellenistischen Zeit blickte man mit Respekt auf die kulturellen Leistungen der Vergangenheit. Es entwickelte sich zumal am Mouseion von Alexandria eine ausgeprägte Gelehrtenkultur, die die frühere literarische Produktion bewahrte und die zeitgenössische prägte. In der Philosophie bildeten sich verschiedene Schulen mit starken individualethischen Interessen; doch wurden auch politische Entwicklungen reflektiert. Intellektuelle Kontakte bestanden, der ausgreifenden Politik folgend, bis hin nach Indien.

Geschlechterverhältnisse

Die Geschlechterverhältnisse unterschieden sich in den verschiedenen Regionen erheblich. Manches spricht dafür, dass in den gebildeten Zirkeln Frauen als Partnerinnen ernst genommen wurden. Das dynastische Prinzip eröffnete den königlichen Frauen neue Handlungsspielräume, da sie durch persönliche Beziehungen – als Gattinnen, Schwestern oder Mütter –, zum Teil aber auch durch Regentschaften einen erheblichen persönlichen Einfluss gewinnen konnten, der aber an außergewöhnliche Konstellationen gebunden blieb.

Indigene Bevölkerung

Die indigene Bevölkerung der griechisch geprägten Reiche konnte gewöhnlich nur dann in die Elite aufsteigen, wenn sie sich akkulturierte. Eine umfassende Hellenisierung wurde nicht angestrebt, doch entstand zumal im Zusammenhang der Urbanisierung ein Sog in diese Richtung, allerdings unterschiedlich ausgeprägt in den verschiedenen Landschaften. Innerhalb der Reiche lebten viele, in den Quellen schwer greifbare eingesessene Kulturen und Strukturen fort; bisweilen eskalierten die Konflikte zwischen der schmalen griechischen Elite und der Masse der Bevölkerung in Aufständen. Derartige regionale Besonderheiten sind in den letzten Jahren besonders stark hervorgehoben worden.

Die Renitenz der kleinen Leute

Die Dammwächter grüßen Zenon

Wisse, dass wir für zwei Monate den Lohn nicht haben, auch nicht die Kornzuteilung, die aber nur für einen Monat nicht. Du tätest gut daran, das uns zu geben, damit wir keine Gefährdung auslösen, indem wir so unseren Dienst verrichten. Und der Kanal ist voll. Daher: Wenn du es uns gibst, (ist es in Ordnung). Wenn nicht, werden wir davonlaufen. Wir haben nämlich keine Kraft mehr. Gehab dich wohl. (PSI IV 421; Übers. nach J. Hengstl)

Ägyptens Wohlergehen war vom alljährlichen Nilhochwasser abhängig, aber auch davon, dass die Dämme und Kanäle, die das Hochwasser auf die Felder verteilten, in Ordnung waren; dafür sorgten die Dammwächter, und dies verlieh diesen gewöhnlich armen Männern Macht. In dem hier übersetzten Schreiben nutzen sie sie, um ihren Vorgesetzten mit der Androhung von Arbeitsverweigerung zu erpressen, ein für Ägypten oft bezeugtes Verfahren. Einen solchen Einblick in den Alltag vermitteln fast nur Papyri. Zenon ist durch eine Vielzahl von Papyri, ein sogenanntes Archiv, als ein Verwalter, der um die Mitte des 3. Jh. v. Chr. wirkte, bekannt, so dass seine geschäftlichen Aktivitäten in einem großen Umfang nachgezeichnet werden können.

Makkabäer

Zwei Sonderentwicklungen waren in ihrer Nachwirkung besonders bedeutsam: Die Juden Palästinas sahen sich im 2. Jh. einer zunehmenden Tendenz zur Hellenisierung gegenüber, die von einem Teil ihrer Elite mitgetragen wurde; aus den inneren Konflikten erwuchs seit 167 ein Krieg gegen die Seleukiden, der schließlich die selbständige jüdische Priesterherrschaft der Makkabäer herbeiführte. Schon die Verbindung von weltlichen und priesterlichen Aufgaben war unter Juden strittig; die Distanz traditionalistischer Kreise verstärkte sich noch, als die Herrscher seit 105 wie Könige im hellenistischen Sinne auftraten.

Parther

Im Raum des heutigen Ostiran entfaltete sich ferner das iranisch geprägte, die Tradition der Achämeniden aufgreifende Reich der Parther unter der Dynastie der Arsakiden (247 v. Chr. – 224 n. Chr.). Es schob seine Grenzen auf Kosten des Seleukidenreiches immer weiter nach Westen vor und überlebte dessen Untergang. Damit wurde es zu einem der gefährlichsten Nachbarn Roms.

Alexander der Große

Zu Alexander dem Großen jetzt grundlegend das Studienbuch H. U. Wiemer, Alexander der Große, München 2005. Einen konzisen Überblick über die hellenistische Geschichte vermittelt H. Heinen, Geschichte des Hellenismus. Von Alexander bis Kleopatra, München 2003; einen Forschungsüberblick schließt ein H. J. Gehrke, Geschichte des Hellenismus (OGG 1A), München 2003[3]. Auch die Kulturgeschichte bezieht ein P. Green, Alexander to Actium, Berkeley etc. 1990.

Begriff Hellenismus

R. Bichler, ‹Hellenismus›. Geschichte und Problematik eines Epochenbegriffs, Darmstadt 1983, erörtert die Entwicklung des Begriffs. Einführend: G. Bugh (Hg.), The Cambridge Companion to the Hellenistic World, Cambridge 2006. Einen kompakten Überblick bietet B. Meißner, Hellenismus, Darmstadt 2007.

Regionen

Zu einzelnen Regionen: W. Huß, Ägypten in hellenistischer Zeit, 332–30 v. Chr., München 2001. J. Manning, The Last Pharaohs. Egypt under the Ptolemies, 305–30 BC, Princeton 2010; exemplarisch für einen Seleukiden P. F. Mittag, Antiochos IV. Epiphanes. Eine politische Biographie, Berlin 2006. C. Habicht, Athen. Die Geschichte der Stadt in hellenistischer Zeit, München 1995, gestaltet das Werk so, dass es in die ganze Epoche, zumal die Geistesgeschichte, einführt.

Methodische Anregungen

A. B. Bosworth, Introduction, in: Ders., Alexander in Fact and Fiction, Oxford 2000, 1–22, erschließt die Quellenlage zu Alexander dem Großen. G. Weber, Der Hof Alexanders des Großen als soziales System, Saeculum 58 (2007), 229–264, zeigt moderne Deutungsmöglichkeiten für das Umfeld Alexanders des Großen auf.

V. Römische Geschichte

Die Römische Geschichte ist im Kontext der italischen Geschichte zu sehen, wobei der antike Begriff ‹Italien› zunächst die Halbinsel ohne Oberitalien – das überwiegend von Kelten besiedelt war – und ohne Sizilien oder Sardinien meint. In diesem Raum lebten verschiedene Völkerschaften, darunter auch Latiner, aus denen die Römer hervorgingen. Die heutige Toscana bildete den Kern Etruriens, im Süden bestanden schon seit mykenischer Zeit mehr oder weniger intensive Verbindungen nach Griechenland. Während der archaischen Epoche wurden zahlreiche Apoikien an den Küsten Süditaliens und Siziliens gegründet, mit denen Rom während seiner Expansion in näheren Kontakt trat und die es schließlich unter seine Kontrolle brachte. Für das aufstrebende Rom wurde später Karthago der wichtigste Referenzpunkt, das im westlichen Mittelmeerraum eine Vormachtstellung innehatte, auch Teile Siziliens beherrschte und zunächst friedliche Beziehungen nach Rom unterhielt. Rahmen

1. Anfänge und Republik

Alle Daten v. Chr.

753	Mythisches Gründungsdatum Roms
510	Traditionelles Datum für den Sturz des römischen Königtums und den Beginn der Römischen Republik
ca. 494–287	Ständekämpfe
um 455	Zwölftafelgesetz
um 387	Keltensturm auf Rom mit erheblichen Zerstörungen
367 (?)	Consulat für Plebejer zugänglich
340–338	Latinerkrieg
326–304; 298–291	2. und 3. Samnitenkrieg
287	*Lex Hortensia*: Beschlüsse der Plebejer für die Gesamtheit verbindlich. Beginn der Mittleren Republik
282–272	Konflikt mit Tarent: Pyrrhos-Krieg
264–241	1. Römisch-Karthagischer Krieg
218–201	2. Römisch-Karthagischer Krieg

148	Einrichtung der Provinz Macedonia
133–122	Gracchische Reformen; Beginn der Späten Republik
Seit 104	Sog. Marianische Heeresreform; Entstehung der Heeresklientel
91–88	Bundesgenossenkrieg
89–63	Mithradatische Kriege
81–79	Sullas Dictatur
58–51	Caesars Statthalterschaft in Gallien
48	Schlacht von Pharsalus
44	Ermordung Caesars
42	Niederlage der Caesarmörder bei Philippi gegen Octavian und Marcus Antonius
31	Schlacht von Actium

Selbstbild

Im römischen Geschichtsbewusstsein bildet der Übergang von der Königszeit zur Republik, den man auf das Jahr 510 setzte, einen markanten Einschnitt. Laut der Tradition wurde der Monarch sofort durch zwei auf ein Jahr bestellte Consuln ersetzt. Die moderne Forschung konnte zeigen, dass es erheblich mehr Übergangsstufen (etwa das Oberamt eines einzelnen) gegeben hat, doch sind die Einzelheiten der Ausbildung der Republik strittig. Für das Selbstverständnis der Römischen Republik war entscheidend, dass man sich konsequent vom Königtum absetzte und die eigene Verfassung als etwas Positives, unbedingt Bewahrenswertes begriff.

Quellen

Die römische Traditionsbildung vermindert den Wert der literarischen Überlieferung für die Rekonstruktion der Frühzeit erheblich, zumal den antiken Autoren wohl kaum dokumentarisches Material aus der Zeit vor etwa 387 – dem Jahr, auf das konventionell der vernichtende Keltensturm auf Rom datiert wird – zur Verfügung stand; literarische Quellen sind für diese Epoche fast wertlos. Immerhin bewahren die – auch späten – Fasten, also die Listen der Magistrate (Amtsträger) und der Triumphatoren, Namen wichtiger Politiker, die teils als gesichert gelten, sowie Notizen über außergewöhnliche Ereignisse, wobei auch deren Quellenwert für die früheste Zeit strittig ist. Hinzu kommen die unter demselben Vorbehalt stehenden Chroniken des obersten Priesters (*pontifex maximus*). Nur vereinzelt sind Inschriften oder wörtlich überlieferte altlateinische Texte erhalten.

Geschichtsschreibung

Auch die frühe römische Geschichtsschreibung, die im ausgehenden 3. Jh. zunächst auf Griechisch einsetzte, ist nur in Fragmenten erhalten; besonders wichtig waren die sogenannten Annalisten, die einem Jahresschema, beginnend mit der Gründung der Stadt (*ab urbe condita*), folgten, dies aber sehr unterschiedlich ausgestalteten. Repräsentativ für die spätere römische Sicht auf die Frühzeit ist Livius (ca. 59 v. Chr.–17 n. Chr.), der einen Großteil der älteren Geschichtsschreibung aufnimmt. Er wird streckenweise ergänzt durch seinen griechisch schreibenden Zeitgenossen Dionysios von Halikarnass (1. Jh. v. Chr.) mit seiner *Römischen Archäologie*, die bis zum 1. Römisch-Karthagischen Krieg reicht, und, in einem geringeren Maße, durch Diodor (1. Jh. v. Chr.).

Mittlere Republik

Für die Mittlere Republik steht seit 264 neben Livius, der allerdings von 293–219 nur in Exzerpten erhalten ist, Polybios (ca. 200 – ca. 120 v. Chr.) im Zentrum, der nach dem 3. Makedonischen Krieg (171–168) als – ehrenvoll behandelte – Geisel Rom und seine Elite kennenlernte. Eine bemerkenswerte Sicht vermittelt Appian (2. Jh. n. Chr.) mit seiner *Römischen Geschichte*, da er sozialgeschichtliche Faktoren in die Betrachtung einbezieht, während Plutarch (ca. 46 – ca. 120 n. Chr.) in seinen *Parallelviten* naturgemäß personalisiert; vgl. auch S. 76. Für die Zeit um die Mitte des 2. Jh. ist die Quellenlage erheblich schlechter, da Polybios (ab 216) und Livius (wieder ab 166) lediglich in Fragmenten bzw. Exzerpten erhalten sind.

Späte Republik

Mit der Späten Republik wird die Dokumentation dicht, seit den sechziger Jahren ungewöhnlich gut. Cicero (106–43 v. Chr.), selbst aktiver Politiker, hat Reden und Briefe hinterlassen, die es teils sogar erlauben, seine täglichen Geschäfte zu rekonstruieren, daneben auch eine große Zahl staatstheoretischer und rhetorischer Werke. Als ein weiterer Akteur ist Caesar (100–44 v. Chr.) durch seine Schriften über seine Feldzüge bekannt. Sallust (86–34 v. Chr.), der ebenfalls in einem gewissen Umfang politische Erfahrungen sammelte, gibt in Monographien Einblicke in bestimmte Episoden, denen er exemplarische Bedeutung beimisst. Selbstverständlich ist die Darstellung jener Autoren, die selbst in die politischen Geschehnisse involviert waren, in einem besonderen Maße interessengeleitet. Eine Vielzahl später Historiker vermittelt zusätzliche Einzelinformationen.

Münzen / Inschriften / Archäologie

Die Münzprägung setzt seit dem beginnenden 3. Jh. ein; sie ist für die Geschichte der politischen Selbstdarstellung der Aristokratie von besonderer Bedeutung, da ihre Prägung in der Verantwortung der *tresviri monetales* lag (s. III.1). Die Zahl der Inschriften steigt in der Späten Republik; eine Reihe römischer Senatsbeschlüsse hat sich auf griechischen Inschriften erhalten. Das archäologische Material ist wieder für eine breite Palette von Fragestellungen hilfreich, es wird nicht zuletzt in einer engen Kooperation zwischen Archäologen und Althistorikern intensiv als Quelle für die mentale Entwicklung und die Geschichte der Repräsentation genutzt.

Etrusker

Rom entstand in einem etruskischen Kontext. Die Herkunft der Etrusker, die hauptsächlich aufgrund ihrer prächtigen Gräber Bekanntheit genießen, aber auch Stadtanlagen hinterlassen haben, ist nach wie vor strittig, ihre Sprache nicht vollständig erschlossen. Deutlich ist, dass in ihren Städten, die zumindest kultisch miteinander verbunden waren, monarchische Herrschaftsformen bestanden. Rom, dessen Name etruskisch ist, gehörte in der Zeit der Königsherrschaft zum Einflussbereich der Etrusker und erlebte möglicherweise gerade damals eine Blüte.

Innere Entwicklung der Frühen Republik

Anfänge der Republik

Die Geschichte der Königszeit liegt im Dunkeln, nicht einmal die später von den Römern überlieferten Herrschernamen sind gesichert. Das Ende der monarchischen Herrschaft ging offenbar mit einer Verminderung des etruskischen Einflusses einher und scheint krisenhafte Entwicklungen herbeigeführt zu haben, bei denen unterschiedliche Herrschaftsformen einander ablösten. Der aus mehreren Geschlechtern (*gentes*) bestehende Geburtsadel der Patrizier bildete die Elite und bestimmte einen Oberbeamten aus seiner Mitte; als Plebejer werden die übrigen Schichten bezeichnet, unter denen es bald durchaus auch wohlhabende Gruppen gab.

Ständekämpfe

Soziale Konflikte, die später als Kämpfe zwischen Patriziern und Plebejern beschrieben wurden, spalteten die Stadt in der Frühen Republik (s. S. 99). Doch darf man sie nicht allein als Auseinandersetzungen zwischen Unter- und Oberschicht sehen, denn es handelte sich auch um einen Konflikt innerhalb der Elite. Die Plebejer bildeten, von ihren wohlhabenden, einflussreichen Geschlechtern geführt, im Zuge der Auseinandersetzungen eigene Organisationsformen aus, mit einer Volksversammlung (*concilium plebis*) und eigenen Interessenvertretern, den Volkstribunen; diese hatten Angehörige der Plebs vor Übergriffen der Patrizier zu schützen und waren ihrerseits sakrosankt, durften also nicht verletzt werden, ohne dass die ganze Plebs sich angegriffen fühlte und religiös verpflichtet war, dafür Rache zu üben. Das teilweise erhaltene Zwölftafelgesetz, eine laut der Tradition auf zwölf Tafeln niedergelegte lose Sammlung von Regelungen einer dörflichen Gemeinschaft, war wohl Ergebnis der Auseinandersetzungen und schuf eine höhere Rechtssicherheit.

Grundzüge der republikanischen Ordnung

Magistratsverfassung

Im Zuge der Ständekämpfe bildete sich die römische Magistratsverfassung heraus. Heute wird es oft vermieden, römische Amtsträger als Beamte zu bezeichnen, da der Begriff sich mit unangemessenen Assoziationen (Einstellung auf Lebenszeit, Pensionsanspruch u. ä.) verbindet; man spricht lieber, einen lateinischen Begriff aufnehmend, von Magistraten. Als Epochendatum gilt das Jahr 367, auf das gemeinhin die Licinisch-Sextischen Gesetze datiert werden. Spätestens jetzt verfestigte sich die – nie ver-

Die römische Geschichtsschreibung und die frühe Republik:
Ein Agrargesetz im Jahre 486?

Dann (486) wurden Sp. Cassius und Proculus Verginius Consuln. Mit den Hernikern wurde ein Vertrag geschlossen und zwei Drittel ihres Landes fortgenommen. Cassius war im Begriff, die eine Hälfte davon den Latinern, die andere den Plebejern zuzuteilen. Er wollte diesem Geschenk eine Menge Land hinzufügen, das öffentliches Eigentum (publicus), *aber Besitz von Privaten war, so sein Vorwurf. Dies erschreckte freilich viele Patrizier, die selbst einen derartigen Besitz hatten, da sie um ihr Eigentum fürchteten. Aber die Patrizier sorgten sich auch um den Staat, dass der Consul sich durch die Schenkung eine Macht verschaffe, die der Freiheit gefährlich sei. Damals wurde (somit) erstmals ein Ackergesetz* (lex agraria) *vorgeschlagen; niemals bis zum heutigen Tage ist eines ohne schwerste politische Erschütterungen diskutiert worden.* (Livius 2,41,1–3; Übers. nach H. J. Hillen)

Livius verarbeitete in seinem Geschichtswerk, wie die Quellenforschung deutlich macht, Schriften der Annalisten, die unter dem Eindruck der Erfahrungen *ihrer* Zeit standen. Aufgabe der Quellenkritik ist es, die Vertrauenswürdigkeit der Überlieferung zu prüfen; das kann durch den Vergleich mit anderen Quellen geschehen, aber auch durch Sachkritik, die die historische Plausibilität der Erzählung erörtert:

Der außenpolitische Rahmen erscheint grundsätzlich plausibel, indem vom Frieden mit einem mittelitalischen Volk, den Hernikern, die Rede ist; dies entspricht dem damaligen geographischen Radius Roms. Dass die Unterscheidung zwischen Patriziern und Plebejern getroffen wird, ist ebenfalls der frühen Epoche angemessen. Die Schilderung der ökonomischen Verhältnisse jedoch setzt Zustände einer späteren Zeit voraus, wenn gesagt wird, daß die Patrizier über einen ausgedehnten Besitz verfügen, zu dem auch *ager publicus* gehörte. Der lateinische Text legt mit seiner späteren Phasen der Geschichte entstammenden Begrifflichkeit (*ager publicus, lex agraria*) besonders nahe, dass es sich um eine Rückspiegelung handelt.

Charakteristisch für die Geschichtsschreibung in der Antike ist auch, dass man darauf zielt, den Anfang eines historischen Phänomens, in diesem Fall der Ackergesetze, zu bestimmen. Aufgrund solcher Anachronismen verliert die Quelle ihre Bedeutung für das 5. Jh., sie bleibt interessant als Teil der Selbstbeschreibung der Gesellschaft in der späteren Zeit, so etwa wenn Livius von der Gefahr spricht, die die Übermacht eines beim Volk erfolgreichen einzelnen für die Freiheit darstellt: Dies war ein strukturelles Problem der Republik bis zu ihrem Ende.

Derartige anachronistische Passagen finden sich bei Livius allenthalben. Von Geschichtsfälschungen zu sprechen, wäre unangemessen. Zum einen waren Stilisierungen in der antiken Geschichtsschreibung legitim, zum anderen liefen antike Historiker, die nicht das methodische Bewusstsein der Neuzeit hatten, leicht Gefahr, Verhältnisse älterer Epochen aufgrund ihrer eigenen Zeiterfahrung misszuverstehen.

schriftlichte – Magistratsverfassung in ihrem Kern fest (Kollegialität des Amtes mit dem Recht, die Entscheidungen des Kollegen durch Interzession hinfällig zu machen; Annuität – Jahresdauer – der Bekleidung; Verbot der Kontinuation – Fortsetzung – oder Iteration – Wiederholung – des Amtes). Zum Consulat, nunmehr unstreitig das höchste Amt, wurden fortan auch Plebejer zugelassen. Es bildete sich der Amtsadel der Nobilität, der aus Patriziern und führenden Plebejern bestand. Zu den Nobiles zählten jene, die einen Consul unter ihren direkten Vorfahren hatten oder die selbst das Amt bekleideten.

Ämter mit *imperium*

Die Ämter differenzierten sich aus. Idealtypisch sind folgende Funktionen: Die Consuln besaßen das militärische Oberkommando und konnten allen anderen Magistraten Befehle erteilen. Der Prätor, zuvor wohl der höchste Amtsträger, war vornehmlich für Gerichtsfragen zuständig. Doch besaßen sowohl Consuln als auch Prätoren das *imperium*, das heißt vor allem das Recht zur militärischen Führung und zur Verhängung von Kapitalstrafen.

Ämterlaufbahn

Mehrere weitere Ämter bildeten Stufen der politischen Laufbahn: das des Quästors (Verwaltung und Finanzwesen, auch in den Provinzen) und des Ädilen (Spielgebung; Aufsicht über öffentliche Gebäude und Märkte sowie weitere städtische Aufgabenbereiche) sowie des aus der Plebejerschaft stammenden und allmählich in die reguläre Ordnung integrierten Volkstribunen. Die zehn Volkstribune verfügten über das Recht, Volksversammlungen einzuberufen und ein allgemeines Veto auszuüben, ferner hatten und vermochten sie den einzelnen vor Übergriffen der Magistrate zu schützen. Hinzu kamen wohl seit 366 die beiden nicht jahrweise, sondern alle fünf Jahre für höchstens 18 Monate gewählten Zensoren, deren Kernkompetenz in der Schätzung des Vermögens der Bürger bestand und die deswegen die Bürger-, seit 312 auch die Senatslisten führten. Die Reihenfolge der Ämterbekleidung (*cursus honorum*) und die Zahl der Amtsinhaber wurden im Laufe der Republik immer weiter formalisiert, in der Reihenfolge Quästur, Ädilität oder Volkstribunat, Prätur, Consulat und ggf. Zensur. In Krisensituationen konnte für sechs Monate ein allein amtierender Dictator ernannt werden, was in der Mittleren und Späten Republik nur selten geschah. Die Amtsgewalt der Ämter (*potestas*) war entsprechend hierarchisch gegliedert: Höhere Beamte durften niederen gegenüber Verbote aussprechen; schon dies förderte die Geschlossenheit der Magistrate.

Senat

Der Senat, ursprünglich die Versammlung der Patrizier, wurde im Prinzip zur Versammlung ehemaliger Magistrate, spätestens ab 366 gehörten ihm damit auch Plebejer an. Da er die erfahreneren Angehörigen der Elite versammelte, stand er im Zentrum der republikanischen «Verfassung». Die Magistrate waren zwar nicht formal an Senatsbeschlüsse gebunden, da diese lediglich als Ratschläge galten, doch blieben sie angesichts der Beschränkung ihrer Vollmachten darauf angewiesen, den Konsens der Elite zu suchen. Selbst wenn ein Magistrat gegen den Senat Politik zu machen versuchte, musste er nach einem Jahr ins Glied zurücktreten und konnte von den neuen, durch die Mehrheit bestimmten Magistraten abgestraft werden. Senatoren bekleideten auch die angeseheneren Priesterämter, diese allerdings auf Lebenszeit.

Volksversammlungen

Es gab in der Mittleren Republik verschiedene Typen von Volksversammlungen (*comitia*) mit unterschiedlichen Zuständigkeiten. Allen gemeinsam war, dass die Teilnehmer nicht als einzelne abstimmten, sondern innerhalb bestimmter Einheiten. Deren Stimmverhältnis gab den Ausschlag. Die *comitia centuriata*, die die hohen Ämter besetzten und über Krieg und Frieden entschieden, votierten nach den schließlich 193 Zenturien, die entsprechend dem Besitz ihrer Angehörigen gewichtet waren, so dass wenige Reiche ebenso eine Zenturie bildeten wie Massen von Armen. Hier konnte sich eine schmale Elite, sofern sie geschlossen auftrat, leicht durchsetzen. Die *comitia tributa* waren nach den schließlich 35 Wahlbezirken (*tribus)* gegliedert, die ursprünglich bestimmten Regionen entsprachen, und sollten offenbar auch die Interessen der weiter entfernt lebenden Bürger wahren, da die Stimme der oft schwach vertretenen ländlichen *tribus* genauso viel zählte wie die einer vielleicht zahlreicher besetzten städtischen *tribus*. Allerdings löste sich die Zuordnung der *tribus* zu bestimmten Regionen durch die römische Expansion und die Bevölkerungsbewegungen in Italien seit dem 2. Jh. auf. Nach *tribus* war auch das *concilium plebis* aufgebaut, an dem Patrizier nicht teilnehmen durften und das von plebejischen Beamten geleitet wurde. Die Beschlüsse dieser Volksversammlung erhielten mit der *Lex Hortensia* 287 Gesetzeskraft für alle Römer. Der Senat pflegte seine Auffassung zu den Gegenständen der Abstimmung ebenfalls zu artikulieren. Obschon sein Votum formal nicht bindend war, war es für Magistrate und Bürger gewöhnlich verpflichtend.

comitia centuriata

comitia tributa

concilium plebis

Klientel

Auch wenn in den nach *tribus* gegliederten Volksversammlungen der Einfluss der Elite weniger manifest war, bildeten sie keine ungesteuerten Entscheidungsgremien der Unterschichten. Sie alle wurden von Magistraten einberufen und geleitet; überdies waren die Römer in Klientelbeziehungen eingebunden. Sie standen damit in einem persönlichen, als verbindlich empfundenen, wechselseitige Unterstützung gebietenden Treueverhältnis zu Angehörigen der Elite. Schon daher hat sich die in den letzten Jahren viel diskutierte Auffassung, Rom wäre eine Demokratie gewesen, nicht durchgesetzt.

Konsensbildung

Der Wille des Volkes artikulierte sich nicht allein bei Abstimmungen; vielmehr gab es andere soziale Orte, an denen politische Themen verhandelt wurden: die *contio*, eine Volksversammlung, in der diskutiert, aber nicht abgestimmt wurde, oder die Schauspiele, in denen durch Sprechchöre oder durch Beifall für einzelne Politiker Stimmungen kommuniziert werden konnten. Zumal in der Mittleren Republik strebte man von vornherein nach einem Konsens innerhalb der Elite sowie zwischen der Elite und dem Volk, der sich in einmütigen Abstimmungen der Volksversammlung niederschlug. Da die materiellen Interessen des Volkes nach dem 2. Römisch-Karthagischen Krieg durch Eroberungen und Beute lange befriedigt werden konnten, bestand von seiner Seite kein Grund, gegen die Verhältnisse aufzubegehren.

Rivalität innerhalb der Elite

Die spätere römische Tradition beschrieb die Nobilität der Mittleren Republik als eine geschlossen agierende, am Gemeinwohl orientierte Schicht. Dieses Bild ist in der jüngeren Forschung zerfallen. Zwischen den Nobiles, deren Ethik einen stark kompetitiven Charakter hatte, bestanden teils scharfe Rivalitäten; die einzelnen folgten oft mehr den eigenen Interessen als denen der Republik. Diese Tendenzen lösten trotz ihres destruktiven Potentials keinen Zerfall der Elite aus. Denn gerade im Streit um die Anerkennung bestätigte sich der Konsens über die Werte, welche die soziale Anerkennung begründeten; zudem hatte der Senat viele Möglichkeiten, den einzelnen wieder einzubinden. Aufs Ganze gesehen war der Ehrgeiz der einzelnen, der bemerkenswerte Energien freisetzte, sogar produktiv für die Elite und trug wesentlich zu ihren militärischen Erfolgen bei (s. S. 103).

Geschlechterverhältnisse

Römische Frauen verfügten über keine politischen Rechte, waren aber vom Erbrecht nicht ausgeschlossen und durften wirtschaftlich relativ selbständig handeln, auch wenn zunächst eine Geschlechtsvormundschaft ihnen gegenüber bestand. Ihre mora-

Eine unvollendete Karriere

L(ucius) Cornelius L(uci) f(ilius) P(ubli) [n(epos)] Scipio quaist(or), tr(ibunus) mil(itum), annos gnatus XXXIII mortuos. Pater regem Antioc(h)o(m) subegit.

Lucius Cornelius Scipio, Sohn des Lucius, Enkel des Publius, Quästor, Militärtribun, im Alter von 33 gestorben. Sein Vater hat König Antiochos unterworfen. (CIL I² 12; Übers. nach L. Schumacher)

Diese Grabinschrift galt einem Spross des berühmten Geschlechts der Scipionen, die vor Rom ein gemeinsames Grab benutzten. Der Bestattete hatte seine politisch-militärische Karriere als Militärtribun und als Quästor 167 v. Chr. begonnen; sie hätte ihn zum Consulat führen sollen. Warum dies nicht gelang, erklärt das Todesalter, das deswegen anders als auf den meisten Inschriften dieser Grabanlage ausdrücklich angegeben ist. Zugleich verdeutlicht der ebenso ungewöhnliche Hinweis auf den Vater, der als Consul 190 den Seleukiden Antiochos III. den Großen (223–187) geschlagen hatte, den Rang des Geschlechts des Toten – der *gens* –, deren Kontinuität durch die keineswegs selbstverständliche Erwähnung des Großvaters unterstrichen wird.

lische Autorität in ihrer Rolle als Mutter, Schwester oder Gattin konnte Gewicht haben. Da die Auseinandersetzungen der Späten Republik sich immer mehr zu einem Konflikt zwischen einzelnen Männern auswuchsen, erlangten ihnen nahestehende Frauen bisweilen etwas mehr Macht. Diese relativ großen Handlungsspielräume wohlhabender Frauen im 1. Jh. v. Chr. wurden von vielen Zeitgenossen missbilligt (und überzeichnet).

Römische Expansion

Anfänge der Expansion

Nach der Lösung aus der etrurischen Dominanz dehnte Rom langsam und unter vielen Rückschlägen seinen Einflussbereich in Latium aus; etwa 387 wurde die Stadt bei einer Invasion von Kelten fast vernichtet und zu schmählichen Tributzahlungen gezwungen – ein historisches Trauma Roms –, doch etablierten sich die Eroberer nicht dauerhaft in Mittelitalien, und Rom gewann seine Position zurück. Der römische Sieg im Latinerkrieg (340–338) bestätigte Roms Vorrangstellung unter den Latinern. Inwieweit die römische Expansion von der Elite insgesamt getragen war oder dem Ehrgeiz der einzelnen diente oder ob Rom gar gegen seinen Willen in die Konflikte verstrickt wurde, ist strittig und muss für jeden Einzelfall abgewogen werden.

Samniten

Als nächstem großem Gegner begegneten die Römer den mittelitalischen Völkerschaften, die zusammenfassend Samniten genannt werden. (Der sogenannte 1. Samnitenkrieg 343–341 dürfte unhistorisch sein.) Die verlustbringenden Auseinandersetzungen zogen sich bei wechselndem Kriegsglück über viele Jahrzehnte hin, endeten aber 291 für Rom erfolgreich. Weitere Kriege gegen die Etrusker sowie die Kelten in Oberitalien stärkten Rom im Norden.

Griechen

Die Herrschaft über den mittelitalischen Raum intensivierte den Kontakt mit den Griechenstädten. In deren Streitigkeiten war auch Rom zunehmend involviert. Ein 282 aufgeflammter Streit mit Tarent führte zu einem militärischen Konflikt, in dessen Verlauf Rom erstmals auf einen hellenistischen König traf, Pyrrhos von Epirus, der von Tarent zur Hilfe gerufen worden war. 272 war der Krieg in Süditalien weitgehend abgeschlossen, auch wenn kleinere Konflikte immer wieder aufflackerten. In den sechziger Jahren des 3. Jh. hatte Rom sich mithin von der Südküste Italiens bis zu den Apenninen durchgesetzt.

Bundesgenossen

Rom zeichnet sich dadurch aus, dass es nach seinen Siegen versuchte, die Gebiete seiner Gegner dauerhaft in sein Herrschaftssystem zu integrieren. Eine direkte Herrschaft über das gewaltige Gebiet war indes für Rom nicht realisierbar; denn es musste als Stadtstaat organisiert bleiben, um den Zusammenhalt der Elite nicht zu gefährden. Um Rom herum entwickelte sich so im Zuge der geschilderten Kriege ein Bundesgenossensystem: Die verschiedenen Völker und Städte Italiens, deren innere Strukturen man, wenn möglich, intakt ließ, schlossen je für sich mit Rom Verträge ab, die sie zu Loyalität, vor allem zur Heerfolge gegenüber Rom verpflichteten. Durch die unterschiedliche Ausgestaltung der Verträge wurde eine Solidarisierung zwischen den Bundesgenossen (*socii*) erschwert, zumal deren kulturelle Identität entsprechend der Vielfalt Italiens ganz unterschiedlich war. Für die Eliten der Bundesgenossen erwies sich die Verbindung zu Rom oft als ein merklicher Vorteil, weil sie dank römischer Unterstützung ihre eigene Position festigen konnten. Manche italischen Bürgerschaften erhielten das (ggf. eingeschränkte) römische Bürgerrecht; sie wurden als *municipia* bezeichnet. Überdies kontrollierte Rom Italien durch eine Vielzahl von *coloniae* an strategisch wichtigen Plätzen, als «Bollwerke des römischen Reiches» (Cicero), die von römischen Bürgern bzw. Bürgern latinischen Rechts (d. h. solchen, die bei einem Umzug nach Rom wieder römische Bürger werden konnten) besiedelt wurden.

1. Römisch-Karthagischer Krieg konventionell: 1. Punischer Krieg

Die Expansion in Italien trug Rom Interessenkonflikte mit Karthago ein, vor allem auf Sizilien. Ein erster Krieg mit Karthago seit 264, der vielleicht entgegen dem Wunsch der Senatsmehrheit durch ehrgeizige einzelne eröffnet wurde, zwang Rom, eine Flottenmacht aufzubauen. Mühsam errang Rom in Auseinandersetzungen, die hauptsächlich um Sizilien ausgetragen wurden, den Sieg. Es setzte einen harten Frieden durch, der Karthago unter anderem zur Aufgabe Siziliens zwang. Dort richtete Rom bis 227 seine erste Provinz ein, das heißt ein Gebiet direkter Herrschaft, das von einem *imperium*-Träger verwaltet wurde. Dies sollte zum bevorzugten Modell der Beherrschung seines großräumigen Gebietes werden.

2. Römisch-Karthagischer Krieg konventionell: 2. Punischer Krieg

Daraufhin bauten die Karthager, zumal das mächtige Geschlecht der Barkiden, ihre Stellungen in Spanien aus. Differenzen um die Einflusszonen dort gaben den Anlass zum 2. Römisch-Karthagischen Krieg, an dessen Beginn der Barkide Hannibal seinen spektakulären Alpenübergang vollzog. Trotz seiner Siege, unter denen die Schlacht von Cannae 216 am berühmtesten ist, vermochte er die römische Stellung in Italien nicht zu brechen und musste sich 203 nach Karthago zurückziehen, zumal die Römer auf Sizilien und vor allem in Spanien erfolgreich agierten und in seine Heimat übergesetzt waren. Der Friede zwang Karthago zur Beschränkung auf Nordafrika und erhob Rom zur Herrin des westlichen Mittelmeerraums.

Hellenistischer Osten

Schon während des 2. Römisch-Karthagischen Krieges hatte Karthago ein Bündnis mit Philipp V. von Makedonien (221–179) geschlossen; Auseinandersetzungen um diesen Herrscher zogen Rom immer weiter in die Konflikte des Ostens hinein, was einzelne, ehrgeizige Politiker bewusst förderten. Kriegerische Erfolge gegen Makedonien (197) und das Seleukidenreich (190/89) machten Rom zur Vormacht auch im östlichen Mittelmeerraum. Zunächst verzichtete die Republik dort auf die Einrichtung von Provinzen, sondern verbündete sich mit einzelnen Herrschern wie den Attaliden von Pergamon. Doch intervenierte die Republik immer öfter und destabilisierte damit die Region weiter. Erst nach Aufständen im griechischen Mutterland um die Mitte des Jahrhunderts wurde

148 Makedonien zur Provinz, an die man 146 das südliche Griechenland angliederte. Einige Königtümer im östlichen Mittelmeerraum wurden von ihren Herrschern den Römern vererbt, so das Pergamenische Reich. In den immer neu aufflammenden Auseinandersetzungen der folgenden Jahre ergab sich keine Stabilisierung der Verhältnisse.

Äußere Konflikte der Späten Republik

Einen ernsthaften militärischen Rivalen hatte Rom nicht mehr, doch erwuchsen ihm immer wieder neue Herausforderungen an den Grenzen. Die schwerwiegendste Erschütterung bedeuteten 89–63 die Kriege mit Mithradates VI. von Pontos in Kleinasien (120–63), der zeitweise bis Griechenland vordringen konnte und die römische Herrschaft im östlichen Mittelmeerraum zu erschüttern drohte. Nachdem Pompeius den König endgültig besiegt hatte, ordnete er 65–62 den Osten neu, indem er teils Provinzen einrichtete, teils Herrscher einsetzte oder bestätigte, die dann in einem festen Treueverhältnis zu Rom standen. In diesem Zusammenhang löste er auch das verbleibende Seleukidenreich auf. Diese Maßnahmen stabilisierten die Region etwas, brachten aber keinen dauerhaften Frieden. Als besonders gefährliche Feinde erwiesen sich die Parther, die im Jahre 53 bei Carrhae den Römern eine traumatisierende Niederlage beibrachten. Der Prozess der Überwindung der hellenistischen Reiche setzte sich jedoch fort und endete mit der Einziehung Ägyptens 30 durch Octavian. Damit hatten die Römer sich gegen die eigentlich an ökonomischen Ressourcen weit überlegenen Großreiche vollends durchgesetzt.

Westen

Nach dem 2. Römisch-Karthagischen Krieg waren die Karthager zwar aus Spanien verdrängt, doch gelang Rom nur mühsam der Aufbau seiner Herrschaft in dieser Region, in der 197 zwei Provinzen eingerichtet wurden. Die verlustreichen Kämpfe gegen die einheimische Bevölkerung, die sich bis in die augusteische Zeit hinzogen, belasteten die Republik erheblich. Die Zerstörung Karthagos im Jahre 146 nach einer letzten Auseinandersetzung zog die Umwandlung des östlichen Maghreb in die römische Provinz *Africa* nach sich, Ende des 2. Jahrhunderts wurde die *Gallia Narbonensis* (Provence) römisch und später Provinz. Die Kelten Oberitaliens und die Illyrer verwickelten die Römer ebenfalls während des 2. Jh. wiederholt in Kämpfe. Besonders spürbar waren die äußeren Belastungen seit der Mitte des Jahrhunderts, als in Griechenland, Spanien und *Africa* gleichzeitig Unruhen oder gar Kriege herrschten.

Innere Verhältnisse der Mittleren Republik

Die außenpolitischen Erfolge Roms gingen mit krisenhaften Entwicklungen im Inneren einher. Die Kämpfe mit Hannibal hatten weite Teile Süditaliens verwüstet und damit viele Bauern ihrer Existenzgrundlage beraubt; ferner hatten sie zu einem Aderlass in der politischen Elite geführt, der nur mühsam aufgefangen werden konnte, indem man weitere Teile der italischen Elite integrierte.

Innere Folgen des 2. Römisch-Karthagischen Krieges

Durch mehrere Faktoren spitzte sich die Krise der Landwirtschaft zu: Die lange Abwesenheit der Bauern, die als Milizionäre in der Armee zu dienen hatten, hinderte sie an der Bestellung ihrer Felder. Zudem erlaubten die Ausdehnung des Besitzes auf erobertem Gebiet und der Zustrom von Sklaven den Wohlhabenden großflächigere, effizientere Formen der Bewirtschaftung, gegen die viele der kleineren Bauern nicht ankamen. Sie mussten ihren Besitz aufgeben und strömten zunehmend nach Rom, wo sie auf die Hilfe anderer angewiesen waren, wenn sie nicht verelenden wollten. Viele Römer waren, da sie sich die Ausrüstung nicht leisten konnten, nicht mehr in der Lage, Militärdienst zu leisten, oder entzogen sich ihm bewusst, um Leben und wirtschaftliche Existenz zu retten.

Landwirtschaft

Zugleich wuchs durch die Kriegsbeute und die Einkünfte aus den Provinzen der Wohlstand Roms. Die Vornehmen konnten sich einen gewaltigen Luxus leisten. Allen römischen Bürgern wurden als Folge des 3. Makedonischen Krieges 167 die direkten Steuern erlassen.

Wohlstand

Der Widerstand gegen Hannibal und der (angebliche) Zusammenhalt der Elite wurden später von den Römern gerne gerühmt. Man legitimierte damit auch die exklusive Stellung einiger weniger Familien: Es gelang, den Consulat in einer kleinen Gruppe von *gentes* weiterzugeben, nur selten erreichte ein *homo novus*, ein Angehöriger eines nicht-consularischen Geschlechtes, das Amt. Dennoch entbrannten fortwährend Konflikte innerhalb der Nobilität, welche jeweils die überlegene Stellung eines Geschlechts verhindern sollten: So wurden die Scipionen, die im 2. Römisch-Karthagischen Krieg und danach Ruhm gewonnen hatten, in einem spektakulären Prozess gedemütigt. Die Sensibilität für die große Macht des einzelnen blieb in der Nobilität ausgeprägt. Doch angesichts der strukturellen Verhältnisse – der Größe des Reiches und der entsprechenden militärischen Aufgaben – sowie der enormen ökonomischen Ressourcen, die einzelnen vor allem durch kriegerische

Nobilität der Mittleren Republik

Erfolge zufließen konnten, ließ sich die Bedrohung durch einen individuellen Machtaufschwung nicht bannen.

Prorogation

Die militärischen Einsätze, die mehr als ein Jahr währten, erforderten, wollte man die bewährten Feldherren beibehalten, eine Verlängerung der Zuständigkeiten. Da man grundsätzlich am Prinzip der Annuität festhielt, mussten Inhaber des *imperium* ihre Amtszeit anderweitig verlängern, was durch die Prorogation geschah. Es wurden sogenannte Proconsulate und Propräturen eingerichtet, die den Inhabern über das Ende der Amtszeit hinaus bestimmte Funktionen zuwiesen oder gar Privatleuten die Übernahme militärischer Führungspositionen erlaubten. Indes – die langen Feldzüge, die dabei erworbene Beute und die Loyalität der Soldaten konnten gerade wieder die Macht des einzelnen stärken.

Vermassung der Klientel

Schon die stetig wachsende Zahl von Menschen, die nach Rom strömten, vergrößerte die Masse der Klienten. Zu den Zuwanderern kamen ehemalige Sklaven, die durch ihre Freilassung römische Bürger geworden waren und ihrem Freilasser als Patron gehorchten. Mit der Vermassung der Klientel lockerte sich allerdings wiederum die persönliche Bindung und damit die Loyalität von Klienten gegenüber den Patronen.

Innere Verhältnisse der Späten Republik

Überdehnung des Stadtstaates

In der Späten Republik wurde immer deutlicher, dass eine auf den Stadtstaat und die enge, persönliche Kontrolle des einzelnen ausgerichtete Politik den Aufgaben eines Weltreichs nicht mehr gerecht wurde; an verschiedenen Stellen brachen Krisen auf, die das Ende der Republik herbeiführen sollten. Die außenpolitischen Konflikte verschärften die Krise in einem gewissen Umfang und boten ehrgeizigen Römern Gelegenheit, sich zu profilieren und zu bereichern, doch die entscheidenden Momente kamen aus dem Inneren: Innere Konflikte führten dazu, dass äußere Probleme nur unzureichend bewältigt wurden.

Agrar- und Heereskrise

Die Krise der Landwirtschaft gefährdete das römische Milizsystem, da nicht mehr genügend Bauern als Soldaten zur Verfügung standen. Verschärft wurde die Entwicklung dadurch, dass Großgrundbesitzer auch das eigentlich in römischen Staatsbesitz übergegangene Land ehemaliger Kriegsgegner, den *ager publicus*, okkupierten.

Gracchen

Dies veranlasste den ehrgeizigen Tiberius Gracchus, 133 als Volkstribun ein Ackergesetz (*lex agraria*) vorzuschlagen, das die Ansiedlung verarmter Römer als Kleinbauern auf dem *ager publicus* ermöglichen sollte. Damit konnte er sich, obwohl sogar zum Verfassungsbruch bereit, nicht durchsetzen, ebensowenig sein Bruder Gaius Gracchus, der 123/2 ähnliches versuchte. Bei Gaius waren die Ackergesetze bezeichnenderweise in ein komplexes Reformwerk eingebunden, denn die Agrarkrise bildete eben nur eine von mehreren interdependenten krisenhaften Entwicklungen. Immer wieder wurden in den Folgejahren Anträge gestellt, den *ager publicus* zur Ansiedlung von Kleinbauern zu nutzen. Der verfügbare öffentliche Besitz war jedoch bald verteilt. Schließlich musste man einen unpopulären Weg gehen, den schon Gaius Gracchus eingeschlagen hatte, nämlich Römer außerhalb Italiens ansiedeln.

Heeresreform

Die Anstrengungen der Gracchen vermochten das römische Milizsystem nicht zu retten. Mit Marius, einem *homo novus*, der dank seiner militärischen Erfolge wiederholt den Consulat bekleidete, verband die ältere Forschung eine Vielzahl von Änderungen im militärischen Bereich, die unter dem Sammelbegriff «Marianische Heeresreform» subsummiert wurden. Die jüngere Forschung vertritt hingegen die Auffassung, dass einzelne Reformschritte nicht Marius zuzurechnen sind, es die *eine* Reform des Marius in bisher angenommener Form also nicht gegeben hat. Als gesichert darf aber gelten, dass Marius im Zuge der Feldzüge gegen die germanischen Kimbern und Teutonen ab dem Jahr 104 Maßnahmen einleitete, die den Sieg über die Eindringlinge aus dem Norden sicherten, zugleich aber andere krisenhafte Entwicklungen zeitigten: so soll Marius seinen Soldaten, die er erstmals in verstärkter Weise auch aus den unteren sozialen Schichten rekrutierte, bei der zukünftigen Entlassung aus dem Dienst Land versprochen haben. Dies verschärfte nicht nur die Agrarkrise, sondern führte auch zu einem Abhängigkeits- oder, positiv gewendet, besonderen Loyalitätsverhältnis der Soldaten gegenüber «ihrem» Feldherrn. Die Herausbildung dieser sogenannten «Heeresklientel» ermöglichte es künftigen Heerführern, die ganze Republik herauszufordern.

socii

Die Bundesgenossen dienten neben den Römern im Heer, ohne gleichermaßen von dessen Erfolgen zu profitieren; andererseits sahen sie sich auch daheim immer wieder Übergriffen römischer Würdenträger ausgesetzt; von den Agrargesetzen waren ihre Eliten betroffen, da auch sie zum Teil *ager publicus* okkupiert hatten, ohne bei den stadtrömischen Streitigkeiten mitstimmen zu können. Das rief Unzufriedenheit hervor, die dadurch geschürt wurde, dass einzelne Reformer den Bundesgenossen zusätzliche Rechte verleihen wollten, damit aber nicht durchdrangen.

Bundesgenossenkrieg

Die Stimmung entlud sich 91–88 in einem Krieg, der von einem großen Teil der Bundesgenossen unterstützt wurde und in dessen Verlauf auch Ansätze einer italischen Identität sichtbar wurden. Nach schweren Auseinandersetzungen konnte die Krise durch die Römer bewältigt werden, indem sie bestimmten Teilen der Bundesgenossen das Bürgerrecht anboten und sie so ihren Verbündeten abspenstig machten, die übrigen aber militärisch niederrangen. Nach einzelnen Unruhen in den achtziger Jahren gelang die Integration der Bundesgenossen während der folgenden Jahrzehnte weitgehend geräuschlos. Italien bildete fortan im Unterschied zu den Provinzen ein geschlossenes Bürgergebiet.

Sklavenaufstände

Die Massen von Sklaven, die nach dem Verlust ihrer Freiheit oft unter härtesten Bedingungen in Italien lebten, probten mehrfach den Aufstand; am bekanntesten wurde der des Spartacus (73–71). Dabei stellten die Aufständischen nie die Institution der Sklaverei in Frage, sondern zielten allein auf die Verbesserung ihres persönlichen Status. Die zeitweiligen Erfolge der Sklaven waren vor allem ein Ergebnis der innerrömischen Rivalitäten, die eine geschlossene Reaktion verhinderten. Nach dem brutal niedergeschlagenen Spartacus-Aufstand entstanden neue Formen der Sklavenhaltung, die auf eine Vereinzelung der Sklaven zielten; Sklavenunruhen wurden seltener und erlangten nie mehr größere Bedeutung.

Eliten

Wohl entscheidend für den Untergang der Republik waren die Konflikte innerhalb der Eliten, sowohl zwischen verschiedenen Gruppen als auch zwischen der Mehrheit und mächtigen einzelnen. Nicht zuletzt durch Reformmaßnahmen des Gaius Gracchus, welche die Ritter aufwerteten, brach ein Konflikt zwischen Senatoren und Rittern (*equites*) auf. Die *equites* mussten wohlhabend sein und im Prinzip wie die Senatoren als Reiter militärisch dienen, gehörten aber nicht zur politischen Funktionselite. Ein erheblicher Teil von ihnen engagierte sich wirtschaftlich, indem sie etwa als Steuerpächter (*publicani*) in den Provinzen tätig wurden, d. h. dem Staat eine bestimmte Summe, die dem zu erwartenden Steueraufkommen einer Provinz entsprechen sollte, zahlten und dafür das Recht erhielten, den entsprechenden Betrag dort einzutreiben. Da sie oft rücksichtslos sogar erheblich höhere Summen erpressten, erschwerten sie die Verwaltungstätigkeit der aus der Senatorenschaft stammenden Statthalter. Denn ihnen musste der Erhalt in-

Ritter

nerer und äußerer Ruhe am Herzen liegen, soweit sie nicht ihrerseits von den *publicani* korrumpiert wurden. Die daraus entstehenden Konflikte konnten vor ständigen Gerichtshöfen (*quaestiones perpetuae*), die seit 149 entstanden, ausgetragen werden. Im durch C. Gracchus ausgelösten Streit um deren Besetzung mit Senatoren oder Rittern verdichtete sich die Rivalität zwischen den beiden Ständen, da eine mehrheitlich mit Rittern besetzte *quaestio* auch ungerechtfertigt einen missliebigen Senator verurteilen konnte. Da Ritter und Senatoren aber weiterhin personell verzahnt waren (vor dem Eintritt in den Senat waren die Angehörigen senatorischer Geschlechter Ritter) und viele gemeinsame Interessen hatten, entstand keine unüberbrückbare Kluft.

Populare – Optimaten

Senatoren trieben in unterschiedlicher Weise Politik: entweder im popularen Stil, durch die Nutzung der Volksversammlung und des Volkstribunats, wie es die Gracchen versucht hatten, oder optimatisch durch ein bewusstes Zusammenwirken mit der Senatsmehrheit. Da Optimaten und Populare keine festen Parteien bildeten und einzelne Politiker je nach Lage einen wechselnden Stil wählen konnten, entschied die Vernetzung mit anderen Politikern über die Karriere. Die wesentlichen Konflikte waren personaler, nicht ideologischer Natur; die Popularen kann man keineswegs als genuine Vertreter der Interessen des Volkes betrachten.

Große Einzelne

Die Strukturen der Späten Republik, vor allem die großen Aufgaben in den Provinzen und die persönliche Loyalität ganzer Heere, gestatteten es Einzelnen, ein Machtübergewicht zu erlangen. Oft kamen zudem die Organe der Republik nicht umhin, bestimmten Kommandeuren Sondervollmachten zu erteilen, die in einer längeren Amtsdauer oder in breiteren Kompetenzen liegen konnten, und sie dadurch deutlich aus dem Kreis der übrigen Senatoren herauszuheben. Der *homo novus* Marius hatte versucht, seine Erfolge als Feldherr in politische Macht umzumünzen. Zwar hatte er trotz des Iterationsverbotes mehrere, auch aufeinander folgende Consulate bekleidet, jedoch keine stabile Position aufgebaut. Rivalitäten mit dem aufstrebenden, patrizischen Sulla eskalierten in einem Bürgerkrieg, in dem sich dieser schließlich durchsetzte. 82–79 herrschte Sulla als Dictator in Rom und setzte Reformen durch, die den Senat und eine optimatische Politik begünstigten. Sein Rücktritt erfolgte freiwillig. In den Jahren darauf wurden seine Reformen zum größten Teil zurückgenommen. Erhalten blieb die Regelung, dass alle Consuln und Prätoren nach Ablauf

Marius

Sulla

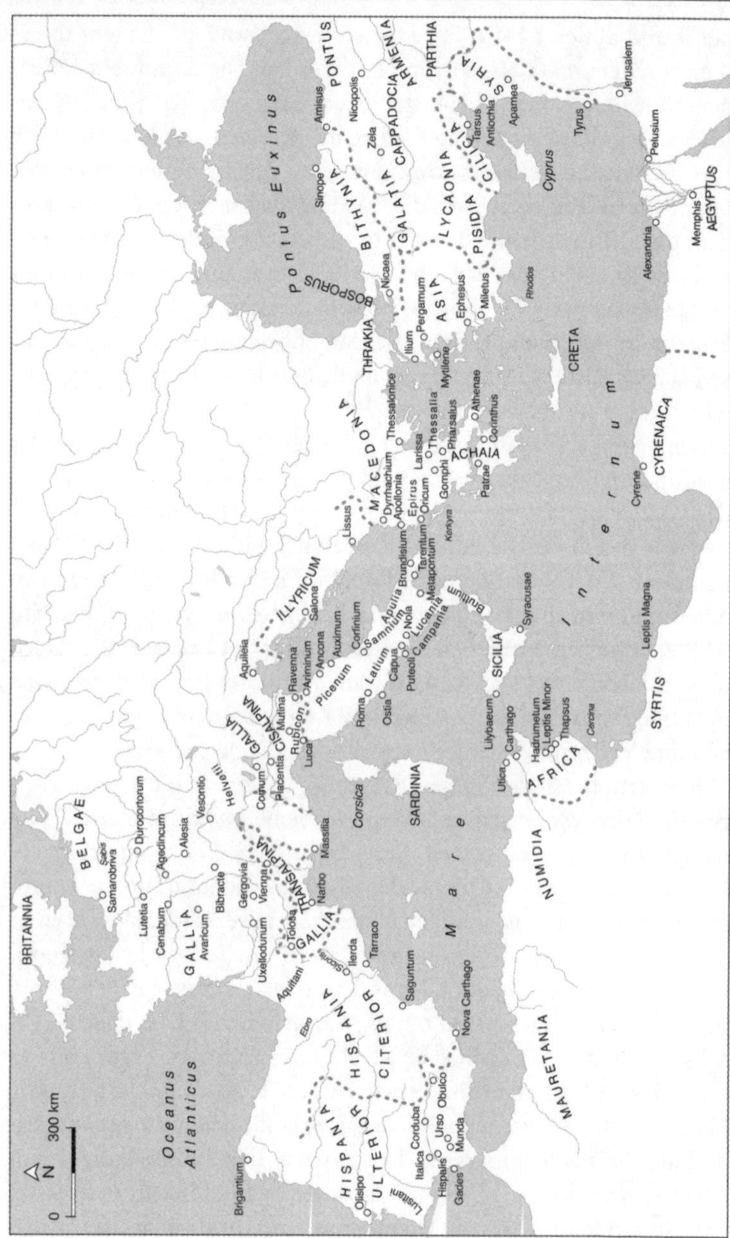

Karte 3: Das Römische Reich zur Zeit Caesars

ihrer Amtszeit noch als Promagistrate in den Provinzen wirken sollten.

Pompeius

In den folgenden Jahren erlangte der militärisch und organisatorisch bewährte Pompeius eine führende Position, doch vermochte er nur unter größten Schwierigkeiten die Versorgung seiner Veteranen mit Land durchzusetzen, wobei er sich trotz seiner überlegenen Stellung weitgehend verfassungskonform verhielt. Dass Sulla und Pompeius ihre Macht nicht in eine dauerhafte Herrschaft überführen konnten, zeigt letztlich die Integrationsfähigkeit auch noch der Späten Republik.

Caesar

Diese versagte bei Caesar, der als Unterstützer des Pompeius und mit Hilfe des reichen Crassus hochgekommen war. Denn die drei Politiker verständigten sich 60 auf eine wechselseitige Unterstützung ihrer Ziele (sogenannter Erster Triumvirat, der eine rein private Vereinbarung darstellte). Als Statthalter in Oberitalien und der *Gallia Narbonensis* eröffnete Caesar einen Krieg, durch den das übrige Gallien 58–51 römisch wurde, vor allem aber ein starkes, ihm verpflichtetes Heer entstand. Als er seine Position durch die Senatsmehrheit gefährdet sah, eröffnete er 49 einen Bürgerkrieg; sein einstiger Verbündeter Pompeius stand jetzt an der Spitze seiner Gegner. 48 errang Caesar bei Pharsalus einen entscheidenden Sieg. Mit weiteren raschen Feldzügen warf er innere Gegner und äußere Feinde nieder. In Rom wurde er mit Ehrungen überhäuft und formalisierte seine Stellung als Alleinherrscher immer umfassender; schließlich war er Dictator auf Dauer, was den republikanischen Prinzipien hohnsprach. Dies trieb Senatoren zu seiner Ermordung im Jahre 44, die in drastischer Weise der römischen Tradition folgte, übermächtige einzelne in ihre Schranken zu weisen.

Antonius – Octavian

Nach Caesars Tod wurde rasch klar, dass die Republik nicht mehr wiederherzustellen war, da die mächtigsten, ursprünglich miteinander rivalisierenden Heerführer, Caesars Adoptivsohn Octavian und Caesars bewährter Mitstreiter Marcus Antonius, sich 43 verbündeten. Indem sie Lepidus hinzuzogen, bildeten sie den sogenannten Zweiten Triumvirat, der anders als der erste nicht nur ein persönliches Bündnis war, sondern auch vom Senat bestätigt und mit formalen Kompetenzen ausgestattet wurde. 42 besiegten sie die Caesarmörder bei Philippi. Faktisch war Octavian fortan Herr im Westen und Antonius im Osten. Ihr Kampf um den Vorrang mündete in einen Bürgerkrieg, den die Seeschlacht von Actium 31 zugunsten von Octavian entschied. Damit hatte sich am Ende der Republik ein großer einzelner durchgesetzt, der eine Monarchie in Gestalt des sogenannten Prinzipats begründen sollte.

Römische Geschichte im Überblick

Einen äußerst gerafften Überblick bietet K. Bringmann, Römische Geschichte. Von den Anfängen bis zur Spätantike, München 2004[8]; geradezu klassisch ist A. Heuß, Römische Geschichte, Paderborn 1998[6] (eingeleitet und mit einem neuen Forschungsteil versehen von J. Bleicken u. a.). Für das Römische Recht s. etwa als ein didaktisch besonders geschickt aufbereitetes Werk G. Dulckeit u. a., Römische Rechtsgeschichte. Ein Studienbuch, München 1995[9]. Zur römischen Religionsgeschichte M. Beard / J. North / S. Price, Religions of Rome, 2 Bde., Cambridge 1998; J. Rüpke, Die Religion der Römer. Eine Einführung, München 2001; zur Sozialgeschichte G. Alföldy, Römische Sozialgeschichte, Wiesbaden 2012[5]. Zur Geschlechtergeschichte s. die entsprechenden unter IV.1 genannten Titel.

Römische Republik

Für die Anfänge: G. Forsythe, A Critical History of Early Rome. From Prehistory to the First Punic War, Berkeley 2005. M. Sommer, Römische Geschichte I. Rom und die antike Welt bis zum Ende der Republik, Stuttgart 2013. J. Bleicken, Geschichte der römischen Republik (OGG 2), München 2004[6], verbindet eine geraffte Darstellung mit einem Forschungsüberblick; narrativ gehalten ist K. Bringmann, Geschichte der Römischen Republik. Von den Anfängen bis Augustus, München 2002. In die neueren Forschungsperspektiven, auch die Diskussion um die Demokratie in Rom, führt K. J. Hölkeskamp, Rekonstruktionen einer Republik. Die politische Kultur des antiken Rom und die Forschung der letzten Jahrzehnte (HZ-Beihefte 38), München 2004, glänzend ein. Einen Überblick über das moderne, internationale Bild der Republik vermittelt N. Rosenstein / R. Morstein-Marx (Hg.), A Companion to the Roman Republic, Oxford 2006, ND 2007 und 2008; H. I. Flower, Roman Republics, Princeton / Oxford 2010. Die Verfassung der römischen Republik im einzelnen erschließt nach wie vor am besten J. Bleicken, Die Verfassung der Römischen Republik. Grundlagen und Entwicklung, Paderborn 1995[7]. Ein bis heute faszinierender Klassiker ist R. Syme, The Roman Revolution, engl. 1939, ein Buch, das von F. W. Eschweiler und H. G. Degen kongenial ins Deutsche übersetzt worden ist, Stuttgart 2003. Immer noch hilfreich: Th. Mommsen, Römisches Staatsrecht I–III (Handbuch der römischen Alterthümer), Leipzig 1887[3]–1888[3], ND Darmstadt 1971.

Methodische Anregungen

Die Fragwürdigkeit der Überlieferung zum frühen Rom tritt besonders deutlich zutage bei J. v. Ungern-Sternberg, Die Wahrnehmung des ‹Ständekampfes› in der römischen Geschichtsschreibung, in: W. Eder (Hg.), Staat und Staatlichkeit in der frühen römischen Republik, Stuttgart 1990, 92–102, mit Kommentar und Diskussion 200–217. Die Quellenlage der Gracchenzeit entfaltet der trotz seines Alters grundlegende Aufsatz E. v. Stern, Zur Beurteilung der politischen Wirksamkeit des Tiberius und Gaius Gracchus, Hermes 56 (1921), 229–301. Dass die geheime Abstimmung, die aus moderner Sicht einen Schritt zur Demokratisierung bedeutete, durchaus das Klientelsystem stützen konnte, zeigt M. Jehne, Geheime Abstimmung und Bindungswesen in der Römischen Republik, HZ 257 (1993), 593–613.

2. Der Prinzipat

Begriff

Der Terminus Prinzipat bezeichnet im fachsprachlichen Sinne die Jahre von 27 v. Chr. bis 284/5 n. Chr. und stellt damit eine moderne Begriffsbildung dar, auch wenn das Wort *principatus* antik ist. Dieses wiederum leitet sich von *princeps* ab, das den Ersten unter formal Gleichen bezeichnet, in der Republik etwa den *princeps senatus*, den angesehensten Mann des Senats. Die römischen Kaiser erhoben in ihrer Selbstdarstellung zunächst keinen anderen Anspruch, auch wenn ihre monarchische Position unbestreitbar war. Der moderne Terminus reproduziert somit deren Selbstdarstellung, ist aber dennoch sinnvoll, da damit wenigstens eine Eigenart des römischen Kaisertums gefasst wird.

Quellen Geschichtsschreibung

Für das 1. Jh. bilden Tacitus (ca. 55–116/120 n. Chr.), Cassius Dio (ca. 150 – ca. 235 n. Chr.) und Sueton (ca. 75 – ca. 150 n. Chr.) als fortlaufend erzählende Autoren die Hauptquellen. Während Tacitus und Cassius Dio – obwohl er griechisch schreibt – die senatorische Tradition einer annalistischen Geschichtsschreibung verkörpern, verfasste Sueton als ritterlicher Beamter Kaiser-Viten, die Alltägliches stärker berücksichtigen. Für das 2. Jh. steht hauptsächlich der über weite Strecken nur in Exzerpten erhaltene Cassius Dio zur Verfügung. Er wird ergänzt durch die notorisch unzuverlässige (in den ersten Viten aber etwas vertrauenswürdigere) Historia Augusta (Ende 4. Jh.), ferner seit dem Ende Marc Aurels durch Herodian (1. Hälfte 3. Jh.), der mit seinem romanhaften Werk eine nicht-senatorische Tradition repräsentiert. Besonders schlecht steht es um die historiographische Überlieferung für die Reichskrise, da hier fast nur die Historia Augusta vorliegt.

Andere literarische Werke

Hinzu kommen Notizen in zahlreichen anderen literarischen Werken. Besonders oft benutzt werden die Briefe des jüngeren Plinius (62 – ca. 114 n. Chr.), die einen Einblick in das Alltagsleben eines Senators und Provinzstatthalters geben, oder aber jene Frontos (Consul 143), der sich im Umkreis Marc Aurels bewegte. Auch dichterische Werke wie die Epigramme Martials (ca. 40–103/4) oder die Lyrik des Statius (ca. 40 – ca. 96) vermitteln einen Eindruck vom Erlebnishorizont der Eliten.

Frühes Christentum

Das beginnende Christentum hat seine eigene Literatur hervorgebracht, einige zentrale Schriften sind im Neuen Testament gesammelt; für die historische Arbeit sind indes durchaus auch die unkanonischen Werke von Interesse. Die Kirchengeschichte des Euseb von Caesarea (ca. 260 – ca. 340) ist für das Vordringen des Christentums eine Quelle von entscheidendem Gewicht.

Rechtstexte

In den spätantiken Gesetzessammlungen sind zahlreiche kaiserzeitliche Regelungen, teils Gesetze, teils Kommentare von Juristen, bewahrt, die Auskunft über Alltagsfragen geben. Daneben besteht eine schmale Überlieferung weiterer Werke, teils auch auf Inschriften.

Inschriften

Römische Inschriften, nicht nur jene in lateinischer Sprache, spielen für die Erforschung der Kaiserzeit eine herausragende Rolle. Unverzichtbar sind sie, wenn die prosopographische Methode angewandt wird, für die Erörterung der Eliten, deren Karrieremuster und Heiratsstrategien, aber auch Werte aus Ehren-, Weih- und Grabinschriften erschlossen werden können. Ebenso wichtig bleiben sie für die Diskussion der Verwaltungsstrukturen, religiöser Verhaltensmuster und überhaupt der Verhältnisse in den Provinzen. Da auch einfachere Menschen Grabsteine setzten und Weihungen vornahmen, lassen sich deren Lebensverhältnisse und soziale Beziehungen über diese Quellengattungen noch am ehesten fassen. Im 3. Jh. nimmt die Zahl der Inschriften in vielen Regionen rapide ab.

Archäologische Quellen

Da die kaiserliche Repräsentation sich nicht zuletzt in anspruchsvollen Kunstwerken manifestierte, müssen diese bei entsprechenden Forschungen herangezogen werden. Nach wie vor kann ein spektakulärer Neufund auch in ganz anderen Bereichen zu einer Revision überkommener Vorstellungen führen. So hat der Fund einer augusteischen Stadtanlage bei Waldgirmes (Mittelhessen) das Bild der Germanienpolitik im frühen Prinzipat grundlegend verändert, da er deutlich macht, dass tatsächlich eine dauerhafte Herrschaft in diesem Raum angestrebt wurde. S. für ein weiteres Beispiel S. 120.

Münzen und Papyri

Die Münzbilder geben wichtige Auskünfte zur kaiserlichen Selbstdarstellung, aber auch zum Selbstverständnis vor allem kleinasiatischer Städte, die kleinere Nominale noch prägen durften. Bei der Bewertung der Krise des 3. Jh. spielt die Frage einer Münzverschlechterung (Absenkung des Feingehaltes an Edelmetallen) eine große Rolle. Papyri dokumentieren provinziale Strukturen, oft sind sie, da sie präzise Zeitangaben enthalten, für die Datierung von Ereignissen auf den Tag genau wichtig.

27 v. Chr. – 68 n. Chr.	Julisch-claudische Dynastie
27 v. Chr.	Octavian wird Augustus
23 v. Chr.	Augustus erhält die *tribunicia potestas*
9 n. Chr.	Niederlage des Varus
14–37	Tiberius
ca. 30	Kreuzigung Jesu
54–68	Nero
69–96	Flavische Dynastie
70	Zerstörung des Tempels von Jerusalem
96–192	Adoptivkaisertum
132–135	Bar-Kochba-Aufstand
193–235	Severerdynastie
212/3	Caracalla verleiht fast allen Reichsbewohnern das römische Bürgerrecht (*Constitutio Antoniniana*).
224–651	Sassanidenherrschaft in Persien
235–285	Soldatenkaiser
249/50	Allgemeiner Opferzwang unter Decius
257–260	Christenverfolgung unter Valerian

Struktur des Prinzipats

Entstehung des Prinzipats

Octavian hatte keinen festen Plan für die Beherrschung des Reiches, das er im Bürgerkrieg gewonnen hatte. Klar war lediglich, dass er vermeiden musste, wie ein altrömischer König oder wie ein hellenistischer Herrscher zu erscheinen, weil deren Verhaltensweisen im Geschichtsbewusstsein der Römer übel beleumundet waren. Daher erhob er mit der Formel der *res publica restituta* den Anspruch, die Republik wiederhergestellt zu haben. Dem wurde er insofern gerecht, als er deren Institutionen nicht abschaffte und für seine Person lediglich eine Summe von Einzelkompetenzen beanspruchte, die jede für sich aus der republikanischen Verfassung zumindest zu rechtfertigen war: 27 v. Chr. legte er alle außerordentlichen Kompetenzen nieder, und die Herrschaft über das Reich wurde formal zwischen ihm und den Senatoren aufgeteilt; der Herrscher erhielt faktisch den Oberbefehl über alle Truppen – bisweilen als *imperium proconsulare* (*maius*) bezeichnet – und band damit auch alle Soldaten als Heeresklientel an sich. Alle Siege, die römische Feldherren errangen, waren fortan ihm zuzurechnen. Provinzen, die als nicht befriedet galten und in denen größere militärische Einheiten lagen, unterstanden ihm, während für die übrigen Teile des Reiches der Senat zuständig war. Ferner ließ er sich den Namen Augustus, der Erhabene, verleihen, der seine herausgehobene Stellung versinnbildlichte.

Einzelkompetenzen

23 v. Chr. erhielt er, nachdem er bislang alljährlich Consul gewesen war – und dadurch den Unwillen der Senatoren erregt hatte, die nach diesem Amt strebten, aber ihre Chancen halbiert sahen –, die tribunizische Amtsmacht (*tribunicia potestas*) – und nicht das Amt. Sie erlaubte ihm, Volksversammlungen abzuhalten und dort Anträge einzubringen, und gab ihm ferner die Möglichkeit, gegen alle Vorhaben von Magistraten sein Veto einzulegen. Ferner machte sie ihn sakrosankt, so dass jede Attacke gegen ihn als eine Attacke wider das römische Volk galt. 12 v. Chr., nach dem Tod des bisherigen Amtsinhabers, wurde der Prinzeps oberster Priester (*pontifex maximus*), ausgestattet mit dem Recht, alle angesehenen Priestertümer zu besetzen. Hinzu traten Kompetenzen geringerer Bedeutung.

Entwicklung der Stellung des Prinzeps

Zunächst je einzeln verliehen, wurden die Gewalten immer stärker als Einheit gesehen und seit spätestens 69 n. Chr. (Vespasian) dem neuen Herrscher geschlossen übertragen. Doch ein klar umrissenes, rechtlich fixiertes kaiserliches Amt existierte nicht. Ebensowenig schloss der Prinzipat eine klare Nachfolgeregelung ein. Zwar gewann das dynastische Prinzip immer mehr an Gewicht, zumal in den Augen des Heeres, doch bedurfte es der Verleihung bestimmter Funktionen, um einen Sohn als Nachfolger kenntlich zu machen; die Unsicherheit schlug sich darin nieder, dass Konkurrenten um den Thron bei Regierungsantritt oft ermordet wurden. Endete eine Dynastie, bestand Unklarheit darüber, wer das Recht hatte, Prinzeps zu werden und die Soldaten erhoben die Kaiser. Dies führte 68/9 und 193–197 zu Bürgerkriegen.

Kaiserliche Frauen

Das Amt einer Kaiserin gab es nicht, allerdings genossen die Frauen in der Verwandtschaft des Kaisers oft besondere Ehren und konnten die Untertanen auch emotional an das kaiserliche Haus binden. Zur Zeit der severischen Dynastie (193–235) hatten Frauen eine herausgehobene, sichtbare Bedeutung als Vormünder ihrer Söhne. In der senatorischen Tradition, welche die Geschichtsschreibung beherrscht, galt der Einfluss von Frauen indes als anrüchig, sein Vorhandensein als Symptom einer schlechten Regierung.

Akzeptanz

Jeder Kaiser war darauf angewiesen, beim Senat, beim Heer und bei der *plebs urbana* Akzeptanz zu gewinnen. In den Augen all dieser Gruppen musste der Kaiser durch seine Sieghaftigkeit erweisen, dass er die Gunst der Götter genoss. Daher bildete die Rede von Eroberungen ein wesentliches Element der kaiserlichen Selbstdarstellung und wurden mitunter auch geringere Erfolge gewaltig inszeniert; Siegesbeinamen wie *Germanicus* (Germanensieger) oder *Parthicus* (Parthersieger) häuften sich. Auf der anderen Seite erwartete man, dass der Kaiser mit seinem überlegenen Reichtum sich den verschiedenen gesellschaftlichen Gruppen gegenüber großzügig und großherzig zeige: Die Senatoren achteten darauf, dass der Prinzeps seine überlegene Stellung nicht ausspielte, sondern ihnen vielmehr das Gefühl des Respekts und der Sicherheit vor kaiserlichen Übergriffen vermittelte; das Heer erwartete eine angemessene Belohnung für seine Mühen und eine einleuchtende Kriegspolitik, das Volk Roms eine Versorgung mit Brot und Spielen. Diese Haltung ist nicht einfach als Dekadenzsymptom abzutun, sondern entsprach der Tradition des Euergetismus. Es war das selbstverständliche Recht des Volkes, vom Kaiser angemessen versorgt zu werden. Bei den

Spielen konnte sich wiederum die Unzufriedenheit mit den kaiserlichen Maßnahmen artikulieren. Mit der Bautätigkeit konnte der Kaiser Großzügigkeit und Frömmigkeit demonstrieren und zugleich an seine Erfolge erinnern. Daher entstand eine Vielzahl kaiserlicher Bauten. Wie leicht die Herrscher ihre Akzeptanz verloren, zeigen die nicht seltenen Attentate zumal in der frühen Kaiserzeit.

Bedingungen der äußeren Politik

Weltherrschaftsanspruch

Die römischen Herrscher erhoben den Anspruch, die ganze Welt zu beherrschen, vor diesem Hintergrund ist ein Begriff wie «äußere Politik» nicht glücklich, da es eigentlich ein *Außen* nicht gab. Allerdings wurde die römische Herrschaft mit unterschiedlicher Intensität ausgeübt und war vielerorts (z. B. im Partherreich, das zunehmend als gleichwertig galt) überhaupt nicht realisiert. Das Reich, wie es Augustus geschaffen hatte, wurde in der Folgezeit nur an wenigen Stellen durch Provinzen erweitert, die direkter Herrschaft unterlagen. Gerne bediente man sich jedoch indirekter Mittel, indem man Herrscher bei fremden Völkern einsetzte und sie an Rom band; sie galten dann als Freunde (*amici*) der Römer. In der modernen Forschung spricht man missverständlich von Klientelkönigen bzw. -staaten. Bisweilen, den Erfordernissen der römischen Politik entsprechend, wurden solche Gebiete in Provinzen verwandelt oder wieder in Königtümer zurückverwandelt. Seit der flavischen Zeit markierte man die Grenzen des Reiches durch einen Limes, der immer weiter ausgebaut wurde, auch im germanischen Raum. Der Limes kennzeichnete die Grenze römischer Organisation und erlaubte eine bessere Kontrolle von Eindringlingen, in einem gewissen Umfang auch eine Verteidigung oder rasche Reaktion auf Einfälle. Aber er bildete keine staatsrechtliche Grenze; Rom kontrollierte das Gebiet jenseits des Limes und fühlte sich jederzeit zum Eingreifen dort berechtigt.

Limes

Expansionsstreben?

Ein kontinuierlich verfolgtes Expansionsstreben lässt sich in der Kaiserzeit nicht beobachten, wohl aber der Wunsch, das vorhandene Reich durch eine Art von «Vorneverteidigung» zu schützen. Ferner konnten aggressive Vorstöße dadurch veranlasst werden, dass ein Kaiser danach strebte, den Ruf eines Siegers zu bewahren oder zu gewinnen, und dass mancher Statthalter seine militärischen Fähigkeiten unter Beweis stellen wollte.

Fundmünzen und Archäologie:
Die Varus-Schlacht?

In den Jahren zwischen 8 und 3 v. Chr. geprägter As des Augustus mit Gegenstempel des Varus. (Quelle: *http://varusforschung.geschichte-multimedial.net/pages/muenzfunde1.html*)

9 n. Chr. gelang es Germanen aufgrund des Verrats des römischen Auxiliaroffiziers Arminius, drei von P. Quinctilius Varus geführte Legionen im nordwestdeutschen Raum zu vernichten. Dies ist durch literarische Quellen und inschriftlich gesichert. Lange fehlten überzeugende Indizien, um den Ort der Schlacht zu bestimmen. Dies änderte sich, als 1987 ein Hobbyarchäologe bei Kalkriese, in der Nähe von Osnabrück, Münzfunde machte, deren Menge und Verbreitung Grabungen anregten. Diese dauern noch an, doch es steht bereits fest, dass in dieser Gegend größere Kampfhandlungen stattgefunden haben, auf die die angreifenden Germanen sich etwa durch die Anlage eines Holzzaunes auf einer Böschung gut vorbereitet hatten, so dass die Römer schwere Verluste erlitten.

Entscheidend für die Deutung des Befundes sind die Münzfunde. Die Dichte von Funden aus der späten Republik und dem frühen Prinzipat verweist auf die späteren Jahre des Augustus. Ausschlaggebend für die genaue Datierung ist stets die jüngste Münze eines Fundorts (Schlussmünze), da sie einen *terminus post quem* bildet. Jene von Kalkriese muss spätestens 2 v./1 n. Chr. entstanden sein, da auf ihr zwei Enkel des Augustus dargestellt waren. Einige andere Münzen weisen zudem einen später angebrachten sogenannten Gegenstempel auf, der VAR lautet und somit von Varus in den Jahren 7–9 n. Chr. aufgebracht worden sein muss, da er in diesen Jahren als *legatus Augusti pro praetore* in Germanien für die Auszahlung von Sold verantwortlich war. Noch ein drittes Argument kommt hinzu: Der größte Teil der jüngeren Münzen stammt aus Lyon. Ab 10 n. Chr. wurde jedoch dort ein Typus geprägt, der in Kalkriese nicht mehr gefunden worden ist. Daraus kann man einen plausiblen *terminus ante quem* erschließen, der dafür spricht, den Fundort mit der Varus-Schlacht 9 n. Chr. in Verbindung zu bringen; allerdings wird nach wie vor die Minderheitsmeinung vertreten, dass es sich bei Kalkriese um eine Schlacht aus den Germanicus-Feldzügen (14–16 n. Chr.) handele. Es ist zu erwarten, dass neue Münzfunde die Grundlage der Debatte noch verbreitern werden.

Ein vorzüglicher Internet-Auftritt unter:
http://varusforschung.geschichte-multimedial.net/pages/index.html

Kaisergeschichte

In der mit Augustus beginnenden julisch-claudischen Dynastie experimentierten die Herrscher mit verschiedenen Formen der Repräsentation ihrer Stellung. Caligula (37–41) und Nero (54–68) stellten ihre persönliche Überlegenheit so sehr heraus, dass man sie als wahnsinnig betrachtete und stürzte. Tiberius (14–37) und Claudius (41–54), der die Verwaltung stark ausbaute, galten als zurückhaltender, doch behauptete man, dass sie sehr stark unter dem Einfluss anderer stünden, zumal Tiberius wurde ferner Grausamkeit nachgesagt. Trotz der unterschiedlichen Verhaltensweisen der Kaiser verfestigte sich die politische und soziale Ordnung unter der julisch-claudischen Dynastie erkennbar.

Julisch-claudische Dynastie 27 v. Chr.–68 n. Chr.

Außenpolitisch war die Epoche durch eine Arrondierung gekennzeichnet: Augustus machte sich daran, Germanien rechts des Rheins als Provinz zu organisieren; dieser Plan war von vielen Rückschlägen begleitet, etwa der Varus-Schlacht 9 n. Chr. (s. S. 120), und wurde 16/17 n. Chr. von Tiberius aufgegeben. Rhein und Donau blieben Grenzen des Reiches im Norden. Britannien wurde unter Claudius besetzt. Von den Parthern hatte Augustus durch Verhandlungen die bei Carrhae verlorenen Feldzeichen zurückerhalten und damit einen symbolischen Sieg errungen. Die Ostgrenze blieb dennoch umkämpft, ohne dass eines der Reiche entscheidend geschwächt wurde. Keine Grenze war vollkommen ruhig, das Reichsinnere indes zu keinem Zeitpunkt bedroht.

Im Bürgerkrieg nach Neros Tod setzte sich der Flavier Vespasian (69–79) durch. Er gab sich aber in seiner Selbstdarstellung betont bescheiden, ebenso wie sein Sohn Titus (79–81), während dessen Bruder Domitian (81–96) seine herrscherliche Stellung immer deutlicher herauskehrte und senatorisches Widerstreben brutal unterdrückte. Schließlich wurde er ermordet. Die Außenpolitik verharrte in den älteren Bahnen, allerdings bauten die Flavier die römische Herrschaft in Britannien aus und stießen wieder auf das rechte Rheinufer vor, wo sie den Bereich des heutigen Südhessen und Baden-Württemberg besetzten (Dekumatenland), zudem kämpften sie in Dakien (heutiges Rumänien). Die flavische Dynastie brachte somit eine weitere Stabilisierung.

Flavische Dynastie 69–96

In den folgenden Jahrzehnten hatten die Kaiser keine nachfolgefähigen Söhne und mussten andere adoptieren, was als Auswahl der Besten propagiert wurde. Doch war dies eben Ausdruck einer

Adoptivkaisertum 96–192

Notlage: Sobald mit Marc Aurel ein Kaiser einen Sohn hatte, designierte er ihn als Nachfolger – der scheitern sollte. Das Verhältnis der Kaiser zu den Senatoren war aufs Ganze gesehen stabil. Da die Kaiser sich zu einer milden Politik gegenüber den Untertanen bekannten, spricht man oft von einem «humanitären» Kaisertum.

Trajan (98–117) inszenierte sich in einem hohen Maße als energischer Feldherr und drang bis in den Kern des Partherreiches vor. Unter seiner Herrschaft erlangte das Römische Reich, um Dakien und das Zweistromland vermehrt, seine größte Ausdehnung. Doch war der Erfolg nicht von Dauer; Hadrian (117–138) musste die Truppen aus Mesopotamien zurückziehen. Er erweiterte zwar andernorts den römischen Machtbereich, doch bemühte er sich mehr um eine innere Integration des Reiches, indem er weite Reisen unternahm und Respekt vor der griechischen Kultur demonstrierte. Allerdings war sein Verhältnis zum Senat zeitweise gespannt. Den Eindruck unerschütterlicher Stabilität erweckt das Reich unter Antoninus Pius (138–161). Unter dem «Philosophenkaiser» Marc Aurel (161–180), der einen Partherkrieg glücklich beendete, entstand seit 166 mit den Markomannenkriegen an der Donau ein gefährlicher Krisenherd, zudem suchte eine schwere Seuche seit 167 die Bevölkerung heim. Dem Nachfolger Commodus (180–192) gelang es, die Markomannenkriege zu beenden, doch verlor er durch eine Selbstdarstellung als allseits überlegener Herrscher und ein entsprechend hartes Vorgehen, dem zahlreiche Senatoren zum Opfer fielen, seine Akzeptanz im Inneren und wurde 192 ermordet.

Severerdynastie 193–235

Septimius Severus setzte sich seit 193 in mehreren Bürgerkriegen als Kaiser durch, zumal er sein Ansehen durch militärische Erfolge zu heben vermochte. Seine Aufmerksamkeit galt besonders den Soldaten, während er seiner Akzeptanz bei den Senatoren eine geringere Bedeutung beimaß. Ähnlich, aber mit geringerem Erfolg versuchten seine Nachfolger zu agieren, die dem stadtrömischen Senat fremd blieben, zumal sie zum Teil wie Elagabal (218–222) orientalische Kulte pflegten. Alexander Severus (222–235) bemühte sich um eine Beruhigung, doch wurde er, da man ihn als schwach wahrnahm, 235 ermordet.

Unruhe an den Grenzen

Militärisch waren die Severer höchst aktiv, doch während Septimius Severus noch Erfolge erzielen konnte, waren seine Söhne vor allem mit der Abwehr der Vorstöße der Grenzvölker beschäftigt. Besonders die Rhein- und die Donaugrenze erwiesen sich als ge-

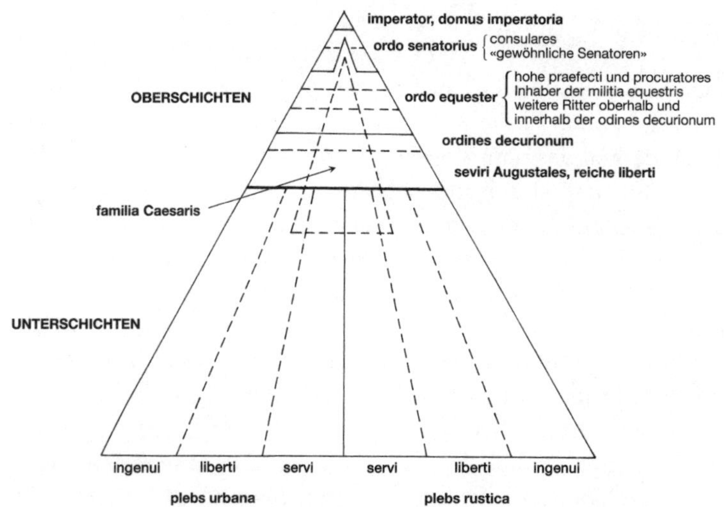

Abb. 9: Die römische Gesellschaft.
Die Pyramide, die auf G. Alföldy zurückgeht, verdeutlicht in differenzierter Weise die hierarchische Gliederung der römischen Gesellschaft. Zwischen den Schichten bestanden allerdings über Klientelverhältnisse und Beziehungen unter Freigelassenen und Freilassern zahlreiche persönliche Kontakte, so dass sie keineswegs voneinander abgeschottet waren, wie eine missverständliche Betrachtung suggerieren könnte.

fährdet, da die Gegner erstarkten und Rom zu sehr durch innere Probleme gebunden war.

Soldatenkaiser

In den nächsten Jahrzehnten gelang es keinem Kaiser mehr, sich dauerhaft zu etablieren. Vor allem das Heer, in seltenen Ausnahmen aber auch der Senat erhoben immer wieder neue Kaiser, die sich wechselseitig lähmten. In Gallien mit dem Zentrum Trier (259–274) und unter Führung des syrischen Palmyra (260–272) bildeten sich Sonderreiche heraus, die aber die Tradition des Römischen Reiches demonstrativ hochhielten. Militärisch erlitt Rom schwere Rückschläge: Germanien rechts des Rheins (259/60) und Dakien (271/2) mussten aufgegeben werden, der Kaiser Valerian (253–260) wurde von den Persern gefangen. Die militärisch erfolgreichen Herrscher Claudius Gothicus (268–270), Aurelian (270–275) und Probus (276–282) vermochten das Reich zu stabilisieren und damit die Grundlage für die Erneuerung in der Spätantike zu schaffen.

Römische Gesellschaft

Reichselite: Die Senatoren

Der Senat blieb während des Prinzipats bestehen, allerdings wachten nunmehr die Kaiser über seine Zusammensetzung. Die Besonderheit des senatorischen Status wurde durch verschiedene Vorrechte und durch einen hohen Zensus (Mindestvermögen: 1 000 000 Sesterzen) unterstrichen. Die Senatoren erhielten zudem die Möglichkeit, in senatorischen Angelegenheiten Gericht zu halten, überdies wurde die Standeszugehörigkeit erblich. Erst jetzt entstand ein Senatorenstand (*ordo senatorius*) im technischen Sinne. Politisch verlor der Senat an Macht, seine Handlungsspielräume waren begrenzt, auch wenn er gerne als Instrument herangezogen wurde, um kaiserliche Beschlüsse zu formalisieren. Gleichwohl blieb er lange für die Kaiser unverzichtbar, da die republikanische Tradition weiterlebte und das Ansehen bei den Senatoren Grundlage der Legitimität und damit der generellen Akzeptanz des Kaisers war. Nach dem Tode des Herrschers konnte der Senat seine Meinung über dessen Regierung kundtun, indem er ihn unter die Götter erhob (Konsekration) – oder nicht. Überdies war der Kaiser auf die Unterstützung der Senatoren in Militär und Verwaltung angewiesen, um das riesige Reich zu organisieren.

Cursus honorum

Es wurde von Senatorensöhnen erwartet, dass sie eine Karriere verfolgten, mit der sie sowohl in Rom als auch in den Provinzen tätig wurden und die traditionell-republikanische Magistraturen ebenso einschloss wie neuartige Ämter. Deren Abfolge war entsprechend dem Rang, den ein jeder Senator innerhalb seines Standes einnahm, verhältnismäßig genau geregelt: Bestimmte Ämter standen typischerweise am Beginn, andere konnten erst nach der Prätur oder dem Consulat angetreten werden. Unter den Senatoren gab es erhebliche Unterschiede, zumal zwischen den ehemaligen Consuln (*consulares*) und den gewöhnlichen Senatoren. In den senatorischen Provinzen waren Senatoren gewöhnlich als jährlich wechselnde Prokonsuln tätig, in den kaiserlichen führten sie als *legati Augusti pro praetore* oft für mehrere Jahre die Geschäfte. Dort konnten sie einen vergleichsweise hohen regionalen Einfluss erwerben; sie hatten in Kriegszeiten auch die Möglichkeit, Heere an sich zu binden und mit ihnen bei Krisen innenpolitisch zu intervenieren. Neue Herrscher wurden daher oft von Grenzheeren ausgerufen. Allerdings reagierten die Kaiser sensibel auf den Ansehens-

und Machtzuwachs einzelner Senatoren, von denen viele auf kaiserliche Veranlassung, gerade wenn sie Erfolg hatten, abberufen oder gar beseitigt wurden.

Demonstrative Kontinuität

In der Selbstdarstellung der Senatoren wurde die republikanische Tradition beschworen, die sich nach wie vor in Amtsbezeichnungen ausdrückte, vor allem in dem hoch angesehenen, weiter eponymen Consulat. Doch gleichzeitig wurden der Dienst für den Kaiser und die Ehrung durch ihn immer wichtiger für die Repräsentation der Senatoren, zumal solcher, die aus Familien stammten, die nicht auf eine republikanische Tradition zurückblicken konnten. Vielen senatorischen Familien fehlten leibliche Nachkommen, doch blieben über Adoptionen die Namen der republikanischen Geschlechter im wesentlichen bewahrt. Schon früh gelangten zahlreiche Italiker in den Senatorenstand, bald auch immer mehr Provinziale. Trajan war der erste Kaiser, der aus einer Provinz stammte – allerdings aus einer Familie, die ihrerseits aus Italien eingewandert war. Einer demonstrierten Kontinuität des Senatorenstandes stand somit ein einschneidender personeller Wandel gegenüber, der aber nichts am Ansehen des Standes änderte, zumal in der Heimat der Senatoren, wo sie als Euergeten oder als Patrone bei Verhandlungen mit der Reichsspitze in Erscheinung treten konnten. Während der Reichskrise verloren die Senatoren, auch wenn sie gelegentlich einzugreifen versuchten, erheblich an Bedeutung; vor allem wurden sie ihrer militärischen Führungsfunktionen entkleidet.

Personeller Wandel

Reichselite: *Equites*

Den zweiten reichsweit zusammengefassten Stand innerhalb der Elite bildeten die *equites* (Ritter; als Stand: *Ordo equester*), die nach Tausenden zählten und weitaus inhomogener waren als die Senatoren, auch wenn sie alle, um diesem Stand anzugehören, einen bestimmten Zensus (400 000 Sesterzen) erfüllen und vom Kaiser ernannt sein mussten. Ein Teil von ihnen wählte eine militärisch-politische Karriere und absolvierte die *militia equestris*. Einige wurden auf Kommandoposten (oft *praefecti*), andere als Finanzverwalter (Prokuratoren) in den Provinzen tätig, so dass sie wie eine Kontrollinstanz gegenüber den senatorischen Statthaltern fungierten. Ritter nahmen überdies machtvolle Ämter ein wie die Statthalterschaft in Ägypten oder die Prätorianerpräfektur, d. h. das Kommando über die stadtrömische Garnison der Prätorianer, die auch dem persönlichen Schutz des *Prinzeps* diente. Diese Position machte für eine gewisse Zeit einzelne wie Sejan (gestürzt 31) unter Tiberius zu Gestaltern der Politik, da sie ihr Zentrum beherrschten. Das Tätigkeitsfeld der Ritter erweiterte sich im 2. Jh., als die Kaiser weitgehend davon absahen, die von den Senatoren misstrauisch beäugten kaiserlichen Sklaven für administrative Schlüsselfunktionen einzusetzen. Bewährte *equites* konnten in den Senatorenstand aufsteigen oder den Aufstieg ihrer Söhne fördern. Während der Reichskrise gingen sämtliche militärischen Führungsämter an Ritter über. Andere Angehörige des Standes genossen schon im frühen Prinzipat ihren Wohlstand mit einem Lebensstil fern von der Politik. Erblich war die Zugehörigkeit zur Ritterschaft formal nicht, faktisch erreichten indes viele Kinder, die ja den Reichtum ihrer Väter erbten, deren Status wieder.

Lokale Eliten

Städte bildeten das Gerüst des römischen Reiches. Sie übernahmen einen Großteil der alltäglichen Verwaltung im Rechts- und Steuerwesen, während die Reichs- und Provinzialbeamten nur bei Schwierigkeiten eingriffen. Da, wo es wie in weiten Teilen des Westens und Nordens wenige Städte gab, förderten die Kaiser ihre Entwicklung, zudem gründeten sie mit Veteranen neue Städte in den Provinzen, die zugleich die Herrschaft dort sicherten. Ein Großteil der Einwohner der Städte waren zunächst keine römischen Bürger; einige erhielten, teils unter Einschränkungen, das Bürgerrecht verliehen, in anderen wurden die Inhaber hoher Ämter mit dem römischen Bürgerrecht beschenkt, so dass wenigstens die Elite mit Rom verbunden war. Auch die ethnische Herkunft der Stadtbewohner war sehr unterschiedlich: Im Osten des Reiches wurde die griechische Tradition engagiert gepflegt, und auch im Westen stiegen immer mehr Indigene auf, die allerdings ihre Traditionen eher aufgaben. Die Elite der Städte, deren Wohlstand typischerweise auf Landbesitz beruhte, versammelte sich in städtischen Räten, deren Angehörige als Dekurionen oder, vor allem später, als Kurialen bezeichnet werden. Aus diesen wiederum rekrutierten sich die städtischen Magistrate. Gewöhnlich umfasste der Rat 100 Mitglieder, die je nach Stadt, aber auch innerhalb einer Stadt sehr unterschiedlich wohlhabend sein konnten. Ihnen gemeinsam waren bestimmte Privilegien, die dazu beitrugen, sie an die römische Ordnung zu binden.

Soldaten

Die kaiserzeitliche Armee bildete ein stehendes Heer, das vor allem an den Grenzen stationiert war. Es gliederte sich in das Bürgerheer der Legionen und in die Hilfstruppen (*auxilia*), die aus Nicht-Bürgern bestanden (s. Abb. 1). Die Legionäre erwartete nach dem Militärdienst eine großzügige materielle Versorgung; in vielen Provinzstädten zählten die Veteranen zu den angesehensten Bürgern. Innerhalb der Offizierslaufbahn ergaben sich für die Legionäre zahlreiche Aufstiegsmöglichkeiten. Dem Amt des Centurio kam dabei eine Schlüsselstellung zu; einzelne gelangten über diesen Rang bis in den Ritterstand. Die Auxiliarsoldaten erhielten nach 25jährigem Dienst (der nicht selten verlängert wurde) das römische Bürgerrecht, das sie zumeist aus der Bevölkerung ihrer Herkunftsregion heraushob. Eine Eliteeinheit insbesondere aus Bürgern italischer Herkunft bildeten die Prätorianer, die in der Stadt Rom Dienst taten und in Krisensituationen die Verhältnisse in der Hauptstadt bestimmen konnten. Während ihres Dienstes zogen Soldaten Einkünfte aus der Beute, aus kaiserlichen Schenkungen zu besonderen Anlässen und aus ihrem gewöhnlichen Sold, der zum Teil bis zum Ende der Dienstzeit einbehalten wurde. Das Militär bot somit eine hervorragende Möglichkeit des sozialen Aufstiegs und trug wesentlich dazu bei, ehrgeizige Provinziale zu integrieren.

Unterschichten

Die Lebensverhältnisse der als Unterschichten zusammenzufassenden, durchweg von den Quellen wenig beachteten Gruppen divergierten; neben wohlhabenden Handwerkern und Händlern gab es verarmte Bauern und Bettler. Es gab Freigeborene (*ingenui*) und Unfreie. Die Masse der Unterschicht war auf dem Lande tätig (*plebs rustica*). Dort traten neben die großräumigen, auf Sklavenarbeit beruhenden Güter zunehmend Einzelgehöfte, deren Besitzer immer fester an ihren Boden gebunden wurden. Sie waren keine Sklaven, genossen aber keine vollständige Freiheit (Kolonat). In den wohlhabenderen Städten konnten Unterschichten auf den Euergetismus der Eliten hoffen. Besonders begünstigt war die stadtrömische Plebs, die *plebs urbana* im engeren Sinne. Sie wurde mit Getreide versorgt, bekam viele Spiele geboten und erhielt bei festlichen Anlässen großzügige Geschenke.

Sklaven

Die Sklaven (*servi*) teilten zwar den rechtlichen Status der Unfreiheit, sie konnten aber in sehr unterschiedlichen Verhältnissen leben. Vom Elend eines Bergarbeiters bis zur Machtfülle eines kaiserlichen Sklaven, der als Angehöriger der *familia Caesaris* von seiner Nähe zum Herrscher profitierte und so selbst einem Senator überlegen sein konnte, war alles möglich. Die Versklavung bestand nicht notwendig ein Leben lang. Vielmehr besaßen Sklaven die Möglichkeit, Ersparnisse zusammenzubringen und sich selber freizukaufen, wenn nicht ihr Herr sie zuvor schon aus einem besonderen Grund freiließ. Die Freigelassenen (*liberti*) erhielten das römische Bürgerrecht, blieben aber ihrem Herrn verbunden und hatten ihm bestimmte Dienste zu leisten. Sie durften zwar keine Ämter bekleiden oder Mitglieder eines Dekurionenrats werden, doch standen ihnen z. B. als *seviri Augustales* bestimmte Priesterschaften offen, mit denen auch ein gewisses Prestige verbunden war. Ihre Söhne besaßen fast alle Rechte eines römischen Bürgers.

Geschlechterverhältnisse

Der Status der Frauen bestimmte sich nach der sozialen Position ihrer männlichen Verwandten: Während die kaiserlichen Frauen und viele Senatorengattinnen über beachtliche Handlungsspielräume und erhebliche ökonomische Ressourcen verfügten, lebten andere in einfachsten Verhältnissen oder waren als Sklavinnen der Willkür ihrer Herren ausgesetzt. Töchter der Vornehmen dienten oft dazu, als Bräute persönliche Allianzen zwischen den Familien zu sichern. Grundsätzlich blieben Frauen dem öffentlichen Raum fern, doch Angehörige der Eliten konnten durch Stiftungen oder aufgrund ihrer Kontakte durchaus eine bemerkenswerte öffentliche Präsenz, zumal in den Provinzen, erlangen. Das Recht stärkte in kleinen Schritten die Stellung der Frauen etwa in Vermögensfragen, doch änderte das nie etwas an ihrem allgemein zurückgesetzten rechtlichen Status. Die Situation der indigenen Frauen differierte erheblich je nach regionaler Tradition. Bestimmte Religionen billigten Frauen als Priesterinnen einen eigenständigen Rang zu, der allerdings nur innerhalb der Gemeinschaft galt, ihnen dort aber Autorität verlieh.

Integrationsfähigkeit der Gesellschaft

Bemerkenswert ist die Integrationsfähigkeit der römischen Gesellschaft. Die lange Zeit des inneren Friedens brachte eine verbreitete Prosperität, die sich auch in den zahlreichen Städten zeigte. Jede soziale Gruppe war einerseits klar in eine Hierarchie eingeordnet, andererseits eröffneten sich dem einzelnen Möglichkeiten des sozialen Aufstiegs; stets bestand wenigstens die Aussicht, dass die Kinder höher steigen könnten als ihre Eltern. Hinzu kam, dass alle Menschen in vertikale Abhängigkeiten eingebunden waren, ob als Freigelassene von ihren Herren, als Soldaten von ihren Offizieren oder als Senatoren von höherrangigen Standesgenossen. Dies stärkte die Bindungskraft der Gesellschaft, an deren Spitze der Kaiser stand, der allen als Wohltäter erscheinen konnte. Die Absteiger und Unzufriedenen sind für uns allerdings aufgrund der Quellenlage kaum greifbar, allenfalls bei den gelegentlichen Aufständen.

Romanisierung

Zahlreiche Städtegründungen bildeten die Grundlage der Romanisierung, wobei der ursprüngliche Unterschied zwischen *colo-*

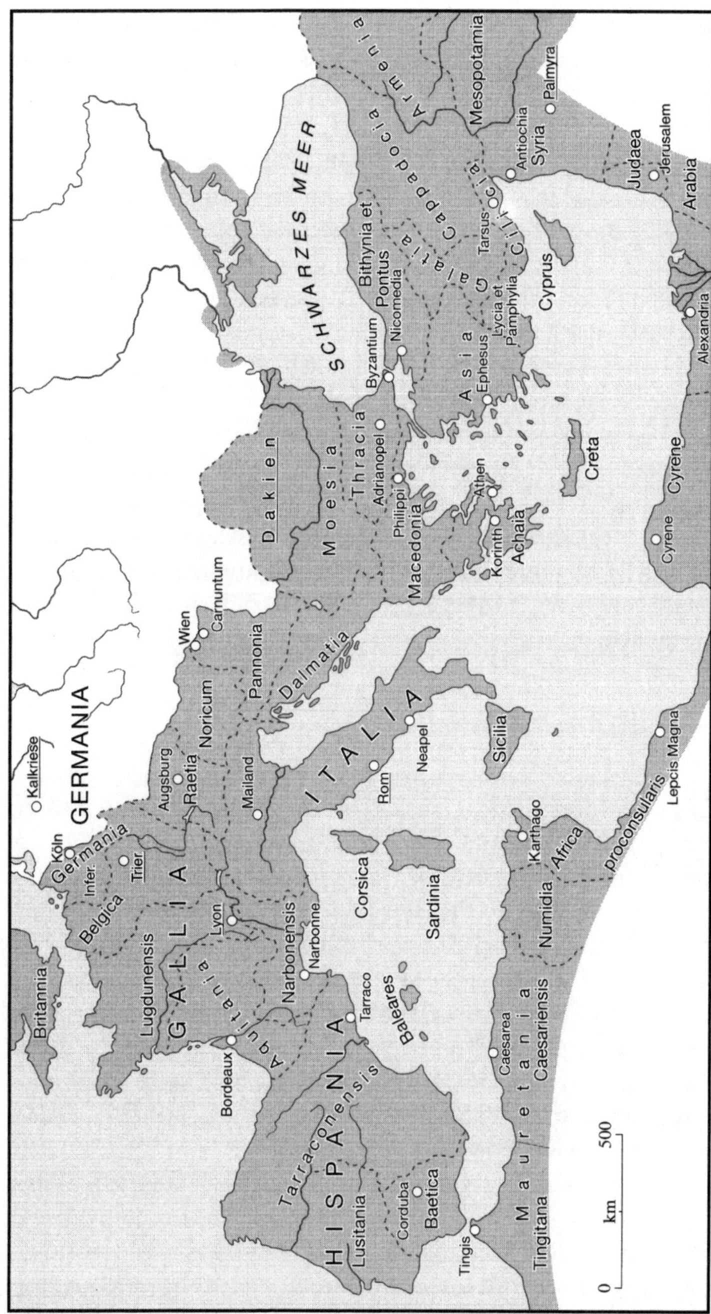

Karte 4: Das Römische Reich im 2. Jh. n. Chr.

niae und *municipia* sich verschob, da nun *colonia* die prestigereichere Bezeichnung wurde. Indem die Bevölkerung der Provinzen, die Peregrinen, durch städtische Ämter und durch den Militärdienst eine realistische Chance hatte, das begehrte Bürgerrecht zu erlangen, wuchs die Zahl der Bürger erheblich. Caracalla (211–217) verlieh schließlich – angeblich um bestimmte Steuern, die nur römische Bürger belasteten, allen Reichsbewohnern auferlegen zu können – das Bürgerrecht 212/3 in der *Constitutio Antoniniana* fast allen Reichsbewohnern, so dass es seine distinktive Bedeutung verlor. Mit der Ausdehnung des Bürgerrechts und auch unabhängig davon verbreitete sich der Gebrauch der lateinischen Sprache und vieler römischer Kulturtechniken. Das ist jedoch nicht mit einer vollständigen Romanisierung der Gesellschaft gleichzusetzen. Keinesfalls wurde die Bevölkerung zwangsweise romanisiert. Die einheimischen Kulturen und Sprachen blieben in vielen Provinzen nicht nur des Ostens lebendig, oft entstanden wie etwa im gallischen Raum Mischkulturen mit erkennbaren Besonderheiten. Doch als Fremdherrschaft wurde die römische Herrschaft immer weniger empfunden.

Religiöse Entwicklungen

Neue Kulte

Die Unterschiede zwischen den Reichsteilen treten bei den religiösen Entwicklungen deutlich hervor. Im ganzen Reich praktiziert wurde der Kult für den Kaiser als Gott, wenn auch in unterschiedlichen Formen; im Osten, der an den Kult hellenistischer Könige gewöhnt war, wurde er leichter akzeptiert als im Westen. Natürlich förderte ihn die Reichsspitze nachdrücklich, aber die Forschung sieht ihn nicht mehr als eine Zwangsmaßnahme an; er kam vielmehr dem Bedürfnis vieler Menschen entgegen, denjenigen besonders zu ehren, der Wohltaten verteilte oder zumindest verteilen konnte. Die römischen Götter fanden ebenfalls weite Verehrung, wurden aber oft mit einheimischen Gottheiten identifiziert, so dass auch darin die Regionen ihre Eigenständigkeit bewahren konnten. Noch stärker sichtbar wurde dies, wenn der Kult indigener Götter weiterbestand. Allgemein verbreitet war die Tendenz, individuellere Formen der Religiosität zu suchen, etwa im Kult von Erlösungsgottheiten wie dem persischen Mithras oder der ägyptischen Isis, doch daneben und oft von denselben Personen praktiziert lebte die Polisreligion fort.

Juden

Eine Sonderstellung nahmen die Juden ein, die nicht nur in Palästina, sondern auch in vielen Städten zumal des Ostens lebten und in den Synagogen ihre Religion pflegten, aber auch Mission betrieben. Die Eigenart ihres Glaubens, die ihnen den Kaiserkult verbot, wurde vom Staat anerkannt. Dennoch war die Lage vieler Juden so bedrängt, dass sie mehrere Aufstände unternahmen: 66 erhoben sie sich in Palästina; Jerusalem wurde daraufhin 70 von Titus erobert und mit dem Tempel zerstört, viele Kultgegenstände geraubt. An einem zweiten Aufstand 115–117 waren auch Diasporajuden beteiligt, er konnte nur mit erheblichen militärischen Mitteln niedergeworfen werden. Palästina bildete wieder das Zentrum des Bar-Kochba-Aufstands (132–135). Nach dessen Niederschlagung wurde Jerusalem in eine griechisch-römische Stadt umgewandelt und den Juden der Zutritt verboten. Daraufhin verließen viele Bewohner Palästina; die jüdische Diaspora vergrößerte sich. Statt des Tempels wurden bestimmte religiöse Schulen der Rabbinen zu Zentren des Judentums.

Christentum

Aus dem Judentum erwuchs das Christentum. Zunächst war es die Bewegung um den Wanderprediger Jesus aus Nazareth. Dessen Anspruch, als Messias zu gelten, veranlasste Angehörige der jüdischen Elite zur Klage beim ritterlichen Präfekten Pontius Pilatus, die zu einer damals gebräuchlichen Form der Hinrichtung, der Kreuzigung, führte. Dennoch vergrößerte sich die Gemeinde, die an Jesu Auferstehung und künftige Wiederkehr glaubte, merklich, zumal nachdem man sich unter dem Einfluss des Paulus entschlossen hatte, auch Heiden gleichberechtigt in die Gemeinde aufzunehmen. Zwischen den Gemeinden bestand eine intensive Kommunikation durch Briefe, Besuche und größere Treffen. Nachdem die Erwartung, das Ende der Welt werde bald eintreten, angesichts der Verzögerung dieses Ereignisses an Brisanz verloren hatte, entstanden festere Strukturen, die in den monarchischen Episkopat mündeten: Ein Bischof, der von Priestern beraten wurde, war Oberhaupt und Lehrautorität der Gemeinde. Mit dem Neuen Testament entwickelte sich während des 2. Jh. ein im Kern verbindlicher Kanon, den man mit den Heiligen Schriften der Juden, dem Alten Testament verband. Immer wieder kam es zu Abspaltungen, die die übrige Kirche zwangen, ihre Positionen klarer zu fassen.

Verfolgung

Die Konzentration auf die eigene Gemeinde und die Ablehnung der Beteiligung am kaiserlichen Kult trug dem Christentum, das anders als das Judentum nicht das Ansehen einer alten Religion besaß, Misstrauen ein. Zunächst hatten Christen indes lediglich lokale Verfolgungen erdulden müssen. Doch während der Reichskrise des 3. Jh., als einige Kaiser von einer religiösen Stabilisierung eine Festigung des Reiches erhofften, ereigneten sich reichsweite Verfolgungen. Decius (249–251) verfügte einen allgemeinen Opferzwang, von dem die Christen besonders hart betroffen waren, Valerian (257–260) griff die Christen, zumal den Klerus, direkt an. Doch vermochten die Maßnahmen den Gemeinden keinen dauerhaften Schaden zuzufügen, sondern stärkten mit ihrem Scheitern eher Selbstbewusstsein und Ansehen der Christen, deren Kult ab 260 ausdrücklich geduldet wurde.

Nachbarn Roms

Germanen

Bis zum 3. Jh. wandelte sich der äußere Rahmen des Römerreiches. Der größte Teil der Germanen lebte jenseits des Limes, ohne damit der römischen Kontrolle völlig entzogen zu sein. Die Erfahrung der römischen Organisation und die Notwendigkeit zusammenzuarbeiten, dürften dazu beigetragen haben, dass sich die Stämme im 3. Jh. neu formierten; es entstanden vor allem zwei Stammesgruppen mit einem Heereskönigtum, die Franken und die Alamannen, die zu ernsthaften, relativ gut organisierten Gegnern des Reiches wurden und während der Reichskrise die Teile östlich des Rheins unter ihre Kontrolle bringen konnten. Im Hintergrund stehen offenbar Völkerbewegungen bei den Germanen weiter im Norden, die immer mehr Stämme in Unruhe versetzten.

Partherreich

Ein dauerhafter Frieden mit den Parthern trat nicht ein. Die Grenzen zwischen den Reichen verschoben sich bisweilen, der jeweilige Einfluss auf Armenien wuchs oder nahm ab, doch keine der beiden Seiten konnte sich als eindeutige Siegerin fühlen. Allerdings gelang es Septimius Severus, das Partherreich zu schwächen, zumal dort Aristokraten immer mehr an Einfluss gewannen und die Macht des Königs einschränkten. Einer von ihnen, der Sassanide Ardaschir, vermochte sich seit 224 gegen die regierende Partherdynastie durchzusetzen und das Königtum zu erlangen. Er begründete ein straffer geführtes Reich, das für Jahrhunderte ein schlagkräftiger Gegner Roms bleiben sollte und nicht nur während der Reichskrise für die Römer eine Herausforderung darstellte.

Einführende Werke

Eine gute Einführung mit Problemüberblick vermittelt W. Dahlheim, Geschichte der römischen Kaiserzeit (OGG 3), München 2003[3], eine eindringliche narrative Darstellung bietet K. Christ, Geschichte der römischen Kaiserzeit. Von Augustus bis Konstantin, München 2005[5]; ferner D. S. Potter (Hg.), A Companion to the Roman Empire, Oxford 2006; M. Sommer, Römische Geschichte II. Rom und sein Imperium in der Kaiserzeit, Stuttgart 2009; G. Woolf, Rome. An Empire's Story, Oxford 2012. Das Akzeptanzmodell des Römischen Kaiserreiches hat E. Flaig in seinem Werk Den Kaiser herausfordern. Die Usurpation im Römischen Reich (Historische Studien 7), Frankfurt a. M. 1992, dargelegt. A. Winterling, Caligula. Eine Biographie, München 2004[3], analysiert exemplarisch den angeblichen Wahnsinn eines Kaisers und verdeutlicht damit das Spannungsverhältnis zwischen Senat und Kaiser zumal in der frühen Kaiserzeit. Von wesentlicher Bedeutung für die Deutung des kaiserlichen Handelns war die von F. Millar, The Emperor in the Roman World, London 1992[2], vorgetragene These, der Kaiser habe in den meisten Politikfeldern mehr reagiert als initiiert; sie hat inzwischen weite Anerkennung gefunden, wenn auch in nuancierter Form. Die Epoche der Soldatenkaiser ist in der letzten Zeit viel diskutiert worden, wobei deutlich wurde, dass nicht von einer das ganze Reich gleichermaßen erfassenden Krise die Rede sein kann, s. dazu K.-P. Johne / Th. Gerhardt / U. Hartmann (Hg.), Die Zeit der Soldatenkaiser. Krise und Transformation des Römischen Reiches im 3. Jahrhundert n. Chr., 2 Bde., Berlin 2008.

Christentum

Zum Christentum in seiner religiösen Umwelt plastisch: R. Lane Fox, Pagans and Christians in the Mediterranean World from the Second Century A. D. to the Conversion of Constantine, New York 1987[4]. C. Markschies, Zwischen den Welten wandern. Strukturen des antiken Christentums, Frankfurt a. M. 2001[2], wirft Licht auf die Alltagsbewältigung der frühen Christen.

Methodische Anregungen

Den Übergangscharakter der augusteischen Herrschaft betont zu Recht W. Eder, Augustus and the Power of Tradition. The Augustan Principate as Binding Link between Republic and Empire, in: K. Raaflaub / M. Toher (Hg.), Between Republic and Empire. Interpretations of Augustus and His Principate, Berkeley 1990, 71–122. J. B. Rives, The Decree of Decius and the Religion of Empire, JRS 89 (1999), 135–154, verdeutlicht, was es heißt, von Christenverfolgungen zu reden. Zu Waldgirmes A. Becker, Lahnau-Waldgirmes. Eine augusteische Stadtgründung in Hessen, Historia 52 (2003), 337–350.

3. Spätantike

Begriff

Der Begriff der Spätantike kam im 19. Jh. auf, um die Epoche des Übergangs von der römischen Kaiserzeit zum Mittelalter zu benennen. Diese Jahrhunderte wurden zunächst als Niedergangsepoche oder als Bruch mit der Vergangenheit begriffen, eine Vorstellung, die sich im 20. Jh. grundlegend gewandelt hat. Zum einen wurde darauf verzichtet, ein klassizistisches Ideal an die Leistungen der Spätantike anzulegen, vielmehr war man bestrebt, sie aus ihrem eigenen Wollen zu verstehen; zum anderen beobachtete man zahlreiche Kontinuitäten zum Prinzipat einerseits, zum Mittelalter andererseits. Daher spricht man heute häufig von einer Transformation der Mittelmeerwelt.

Epochengrenzen

Während weitgehender Konsens darüber besteht, die Spätantike mit Diocletian (allenfalls Constantin dem Großen) beginnen zu lassen, ist es schwierig, über das Ende Einigkeit zu erlangen, zumal die Wandlungsprozesse in den verschiedenen Regionen sehr unterschiedlich verliefen. Konventionell lässt man die Epoche im deutschsprachigen Raum mit der Herrschaft Justinians (527–565) enden; vieles spricht dafür, sie bis ins 7. Jh. reichen zu lassen, als das Oströmische Reich sich grundlegend wandelte und mit dem Islam ein neuer Gegner erwuchs.

Quellen Geschichtsschreibung

Die klassische Geschichtsschreibung wird auf Latein von Ammianus Marcellinus (2. Hälfte des 4. Jh.), einem einstigen Offizier, bis ca. 378 fortgeführt, im griechischen Bereich durch eine Reihe fragmentarisch erhaltener Autoren, vor allem aber durch Prokop, dessen zahlreiche Werke für die Zeit Justinians die meistbenutzte Quelle darstellen (ca. 500 – ca. 560 n. Chr.). Von den zahlreichen weiteren Gattungen, die auszuwerten sind, besitzt die Panegyrik, die die kaiserliche Selbstdarstellung und die Reaktion der Elite darauf vermittelt, einen besonderen Rang. Spröde, aber zahlreiche und oft genau datierte Informationen bieten Breviarien und Chroniken, die in großer Zahl entstanden. Die Kirchengeschichtsschreibung bietet wieder mit Euseb, ferner Socrates von Konstantinopel, Sozomenus, Theodoret (alle drei 2. Viertel des 5. Jh.) und Evagrius Scholasticus (ca. 536–593/4) eine fortlaufende Erzählung, die zunehmend auch weltliche Ereignisse berücksichtigt. Die heidnische Perspektive vermittelt Zosimus (2. Hälfte des 5. Jh.).

Christliche Literatur

Nicht hinreichend ausgeschöpft sind die zahlreichen Werke der christlichen Literatur, unter denen die Heiligenviten und Predigten eine herausragende Bedeutung für die Alltagsverhältnisse haben. Doch selbst theologische Traktate können wichtige Hinweise zu einzelnen Ereignissen, aber auch zu mentalen Entwicklungen enthalten.

Reden

Einen Einblick in die Welt des westlichen Senats bietet vor allem das Œuvre des Symmachus (2. Hälfte des 4. Jh.); für die Verhältnisse einer provinzialen Stadt ist der überaus produktive Antiochener Redner und Briefschreiber Libanius (4. Jh.) ein wertvoller Zeuge.

Gesetzessammlungen

Eine herausragende Bedeutung besitzen die spätantiken Gesetzessammlungen (vor allem *Codex Theodosianus* [438] und der *Codex Iustinianus* [534]), da sie die Reste zahlreicher kaiserlicher Erlasse bewahren. Allerdings hatten diese sich ursprünglich auf bestimmte Ereignisse bezogen und wurden erst in den Rechtssammlungen systematisiert, damit aber auch ihrem

Zusammenhang entrissen. Hinzu kommen mit den Novellen jene vollständig erhaltenen Gesetze, die nach der Verkündigung der jeweiligen Codices ergingen.

Inschriften / Münzen / Archäologie

Seit dem ausgehenden 3. Jh. steigt wieder die Zahl der Inschriften, unter denen der Anteil der christlichen wächst. Die Münzprägung, die vom Staat verwaltet wurde, bietet nach wie vor zu bestimmten Anlässen spezielle Motive, erscheint aber insgesamt weniger variabel. Auch die spätantiken Kaiser betrieben eine intensive Baupolitik, die sich auf den kirchlichen Bereich ausdehnte. Die Verbindung von Christentum und Herrschaftsordnung wird hier in einem besonderen Maße manifest, ebenso wie in vielen Werken der bildenden Kunst.

Alle Daten n. Chr.

284	Herrschaftsantritt Diocletians
294	Vollendung der Tetrarchie
306–363	Constantinische Dynastie
306	Ausrufung Constantins zum Kaiser: Bruch mit der Tetrarchie
312	Sieg Constantins an der Milvischen Brücke «im Zeichen des Kreuzes»
324	Constantin Alleinherrscher
325	(1. Ökumenisches) Konzil von Nizäa
364–450/455	Valentinianisch-theodosianische Dynastie
364	Teilung der Verwaltung zwischen Ost und West
378	Niederlage der Römer bei Adrianopel
381	(2. Ökumenisches) Konzil von Konstantinopel
406/7	Germanische Gruppen überschreiten den Rhein
410	Eroberung Roms durch die Westgoten
418	Ansiedlung der Westgoten in Aquitanien
ab 429	Vandalen dringen nach *Africa* vor
431	(3. Ökumenisches) Konzil von Ephesos
451	(4. Ökumenisches) Konzil von Chalkedon; die Gegner entwickeln sich in den folgenden Jahrzehnten zur «Miaphysitischen» Kirche.
476	Ende des Weströmischen Kaisertums
493–526	Theoderich der Große Herrscher in Italien
527–565	Justinian
533/4	Gewinnung von *Africa*
535–553	Gewinnung Italiens
seit 540	Pestepidemie im Mittelmeerraum mit schweren Bevölkerungsverlusten
553	(5. Ökumenisches) Konzil von Konstantinopel
632	Tod Mohammeds; kurz darauf Beginn der islamischen Expansion

Diocletian und Constantin der Große

Diocletian

Diocletian gilt als erster spätantiker Herrscher. Er reagierte auf die häufigen Usurpationen des 3. Jh., indem er ein Regierungssystem entwickelte, das schließlich vier Herrscher umfasste: Zwei Oberkaiser als *Augusti* sowie zwei designierte Nachfolger und Unterherrscher als *Caesares*, die sogenannte Tetrarchie (Viererherrschaft). Man achtete darauf, dass die *Caesares* nicht die leiblichen Söhne der Herrscher waren, vielmehr wurden die jeweils ausgewählten Kandidaten adoptiert. Damit standen bei einer eventuellen Usurpation immer drei weitere, regierungstaugliche Herrscher bereit, so dass Umsturzversuche aussichtslos scheinen mussten. Zudem war bei einer Krise jederzeit ein vergleichsweise rasches Eingreifen möglich, da sich stets ein Kaiser in der Nähe aufhielt.

Tetrarchie

Krisenbewältigung

Tatsächlich gelang es den Tetrarchen, der inneren Unruhen Herr zu werden. Der Versuch, durch ein Höchstpreisedikt die wirtschaftlichen Verhältnisse unter Kontrolle zu bringen, schlug zwar fehl, doch zeitigte die Ruhe im Reich eine gewisse Prosperität. Auch äußere Erfolge wurden erzielt, den Persern 298 sogar ein Siegfrieden auferlegt. Da die Krise als eine sittlich-religiöse betrachtet wurde, bemühte Diocletian sich, das zu erneuern, was er als römische Tradition betrachtete. Zugleich ließ er sich und seine Mitkaiser als Herrscher, die nicht Götter, aber durch die Gnade der Götter eingesetzt seien, präsentieren, wich also von den hergebrachten Formen des Kaiserkultes ab. Im Rahmen der sittlichen Erneuerung ist auch die Christenverfolgung zu sehen, die 303 einsetzte und scheiterte, da Zahl und Macht der Christen zu groß geworden waren, zumal nur ein Teil der staatlichen Würdenträger bereit war, die Maßnahmen energisch durchzuführen. Diocletians Nachfolger Galerius blieb nichts übrig, als die Verfolgung 311 zu beenden.

Constantin der Große

Schon zuvor war das System der Tetrarchie zusammengebrochen. Zwar hatte Diocletian mit seinem geplanten und freiwilligen Rücktritt 305 sowie der Einsetzung einer neuen Tetrarchie scheinbar für einen sicheren Übergang in die nächste Phase gesorgt, doch war bereits 306 mit Constantin der Sohn eines verstorbenen Tetrarchen von Soldaten ohne Einverständnis der übrigen Regenten zum *Augustus* ausgerufen worden. Nur kurzfristig konnten noch Tetrarchien vereinbart werden, die teils auch Constantin einbanden, faktisch jedoch begann eine Epoche der Bürgerkriege.

Abb. 10: Tetrarchengruppe
Obwohl es innerhalb der Tetrarchie eine ausgefeilte Hierarchie gab, legte man Wert darauf, deutlich zu machen, dass es sich um eine kompakte Gruppe von vier Herrschern handele, hier auch dadurch verdeutlicht, dass die vier Herrscher fast gleich dargestellt sind und sich umarmen. Derartige Kunstwerke gab es offenbar an vielen Orten des Reiches.

Alleinherrscher

Äußere Verhältnisse

Constantin setzte sich bis 324 durch und regierte bis 337 unangefochten als Kaiser des Gesamtreiches. Außenpolitisch war seine Regierungszeit ruhig. Kleinere Konflikte an den Grenzen, vor allem an der Donau, bewältigte er rasch. Gegen Ende seiner Regierung stand ein Krieg mit den Persern an; während der Vorbereitungen darauf starb Constantin.

Christentum

Unter seinen Siegen im Bürgerkrieg hatte jener über seinen Konkurrenten im Westen, Maxentius, an der Milvischen Brücke vor Rom 312 eine besondere Wirkung, da es hieß, er sei im Zeichen des Kreuzes errungen. Seither förderte Constantin das Christentum offen, indem er alle Benachteiligungen abschaffte und einige Vergünstigungen (Sonntagsheiligung, Steuererleichterung für Kleriker, Besitzrecht der Kirche und anderes) einführte. Allerdings gelang es ihm nicht, die Christen bei inneren Streitigkeiten in *Africa* (Donatisten) und im Osten (Arianer) zu einer Einigung zu bringen, obwohl er sich persönlich energisch dafür einsetzte. Heiden wurden weiter respektiert, nur besonders anstößige Praktiken unterbunden, blutige Opfer möglicherweise verboten. Auch die Juden konnten nach ihrem alten Recht leben. Über den persönlichen

Glauben Constantins lässt sich nichts aussagen; deutlich ist immerhin, dass sein Verständnis für dogmatische Feinheiten des christlichen Glaubens gering war und dass er andererseits meinte, vom Christengott einen besonderen Schutz zu erfahren.

Dominat?

Constantin setzte das Reformwerk Diocletians fort, so dass man oft nicht unterscheiden kann, auf welchen der beiden eine bestimmte Maßnahme zurückging. Auffällig ist die verbreitete Inszenierung des Herrschers als überlegene Gestalt, als *dominus* (Herr), den seine Untertanen nur aus einer Distanz wahrnehmen. Dies hat dazu geführt, dass für das spätantike Kaisertum zur Unterscheidung vom Prinzipat der Begriff Dominat in Gebrauch kam. Eine solche Begrifflichkeit ist jedoch missverständlich, da der spätantike Kaiser sich durchaus auch als erster unter Gleichen zu präsentieren wusste; die Selbstdarstellung wandelte sich je nach Situation erheblich. Zur Regel wurde in der Spätantike das Mehrkaisertum mit dem Vorrang des *senior Augustus* (des am frühesten eingesetzten Herrschers). Die Anerkennung durch ihn war für die anderen Herrscher entscheidend; Gesetze wurden gemeinsam erlassen, galten aber faktisch oft allein in dem Reichsteil, für den sie ursprünglich ergangen waren. Der Senat hatte in diesen Dingen allenfalls noch symbolische Zustimmungsrechte.

Residenzen

Eine Reihe von Städten, die einen raschen Zug an die Grenze erlaubten, diente den Kaisern als Residenzen (etwa Trier, Mailand, Sirmium, Antiochia). Constantin hatte 330 mit Konstantinopel, dem vormaligen Byzantion, eine Stadt seines Namens gegründet, die einige Einrichtungen Roms (so einen Senat) übernahm. Sie sollte sich im Laufe des 4. Jh. zur festen Residenz des Kaisers und des Hofes im Osten entwickeln. Dank eines großzügigen Ausbaus der Befestigungsanlagen bildete sie zudem ein uneinnehmbares Bollwerk.

Spätantikes Kaisertum

Christliches Kaisertum

Eine grundlegende Veränderung bewirkte die christliche Interpretation der kaiserlichen Rolle, die vom Herrscher Milde und Demut forderte, es ferner Klerikern oder gar Mönchen erlaubte, über das kaiserliche Verhalten Urteile zu fällen. Zwar erwartete man auch vom paganen Kaiser, dass er Milde walten lasse, doch wird dies nun zur Grundhaltung des Kaisers. Unter Berufung auf die Milde und seine persönliche Reue konnte der Kaiser sogar Richtungswechsel vornehmen, ohne sein Gesicht zu verlieren; so tat Theodosius der Große 389/90 für ein Massaker an der Bevölkerung Thessalonikis in Mailand öffentlich Buße.

Ämterordnung

Hohe Würdenträger bildeten das kaiserliche *consistorium*, das den Kaiser regelmäßig beriet, aber nicht entscheidungsbefugt war. Zu ihm gehörten gewöhnlich auch die maßgeblichen Hofbeamten, deren Position unter Diocletian und Constantin etabliert wurde. Gegen Ende des 4. Jh. hatte sich folgende Struktur herausgebildet, die indes stets einem gewissen Wandel unterlag:

Prätoriumspräfekt

Die Prätoriumspräfekten, von denen mindestens drei in verschiedenen Reichsteilen (Präfekturen) wirkten, bildeten das Haupt der zivilen Verwaltung, zugleich waren sie für die Versorgung der Truppen zuständig. Ihnen unterstanden *vicarii* als Zwischeninstanz, dann folgten die verschiedenen Statthalter der Provinzen, deren Zahl sich erheblich vermehrt hatte. Im Unterschied zu früheren Epochen hatten die Statthalter keine militärische Funktion. Die Armee besaß eine eigene Gliederung:

magister militum

An deren Spitze standen die *magistri militum*, die für verschiedene regionale Sprengel verantwortlich waren und bisweilen auch nach der Zuständigkeit für die Fußsoldaten oder die Reiterei unterschieden wurden. Das Heer gliederte sich in Grenztruppen, die, gewöhnlich fest stationiert, ihre Heimat verteidigten, und andererseits in mobile Einsatzkräfte in der Umgebung von Feldherren und Kaisern, die rasch an Krisenherde geführt werden konnten. Kam es zur Schlacht, waren die Römer meistens siegreich, doch bestand ein empfindlicher Mangel an Rekruten, der die Römer nachhaltig schwächte und große Kämpfe vermeiden ließ.

magister officiorum

praepositus sacri cubiculi

quaestor sacri palatii

Die Hofverwaltung lenkte der *magister officiorum*, dem auch Palasttruppen unterstanden. Mächtig war ferner der *praepositus sacri cubiculi*, ein Eunuch, der dem Kaiser persönlich aufwartete und seine Nähe zum Herrscher nutzen konnte, um auf ihn Einfluss auszuüben. Schließlich ist der *quaestor sacri palatii* zu nennen, der die kaiserlichen Gesetze redigierte und dabei auch in einem gewissen Umfang mitgestaltete.

Gesellschaftliche Verhältnisse

Zwangsstaat?

Diese Ämter, die jeweils einen für antike Verhältnisse großen Verwaltungsstab unter sich hatten, erwecken den Eindruck einer bürokratisierten Gesellschaft – wobei der Staat faktisch weniger regulieren konnte, als er beanspruchte. Zahlreiche Gesetze etwa, die darauf zielten, die Angehörigen bestimmter Stände und Berufe an diese zu binden, vermitteln das Gefühl, es hätte ein Zwangsstaat bestanden: So hafteten die Dekurionen, die städtischen Ratsherren, gegebenenfalls mit dem eigenen Vermögen dafür, dass die Städte ihre Steuern zahlten, was vielerorts als drückende Last empfunden wurde; ihre Söhne sollten in die Stellung ihres Vaters nachrücken. Vergleichbare Regelungen bestanden für Berufe, die mit der Getreideversorgung zumal Konstantinopels befasst waren, etwa für die Reeder und die Müllerbäcker, aber auch für Kolonen, die als schollengebundene Kleinbauern die Grundlage für den Wohlstand des Reiches erwirtschafteten, sich jedoch ihrer harten Arbeit und der drückenden Abhängigkeit vom Grundherrn gerne entzogen. Indes zeigt die Vielzahl von Gesetzeswiederholungen zwar das nachhaltige staatliche Interesse, aber eben gerade auch die Unfähigkeit, dies durchzusetzen.

Patrozinienbewegung

Zumal in manchen ländlichen Regionen wurden die Grundherren immer unabhängiger. Viele verselbständigten sich, indem sie danach strebten, den Forderungen des Staates auszuweichen und durch die Übernahme richterlicher und militärischer Funktionen auch ihre Abhängigen gänzlich unter die eigene Kontrolle zu bringen. Angehörige niederer Schichten traten oft von sich aus unter den Schutz solcher Patrone, denen sie Geld zahlten oder Land übertrugen, und entzogen sich damit dem staatlichen Druck. Diese sogenannte Patrozinienbewegung bereitete mancherorts eine Grundherrschaft vor und trug zur Auflösung der Reichsstrukturen bei.

Mobilität

Umgekehrt war die spätantike Gesellschaft zumal im Osten des Reiches unter vielerlei Aspekten außerordentlich mobil: Der Senat Konstantinopels wurde neu konstituiert und rechnete nur wenige alte Geschlechter zu seinen Mitgliedern. Statt dessen traten viele Männer in den Senat ein, die über ihre Ämter emporgestiegen waren. Ebenso galt ein meritokratisches, an persönlichen Verdiensten orientiertes Prinzip in den unteren Rängen der Verwaltung, in denen Rechtsspezialisten (*notarii*) gute Aufstiegschancen besaßen. Als Militärs durchliefen angesichts des Rekrutenmangels sogar Nicht-Römer bemerkenswerte Karrieren. Im Westen bestand eine homogenere Senatorenschaft, die sich auf republikanische Traditionen zurückführte und dank ihres großen Besitzes weiterhin regionale Macht besaß, auch wenn sie des unmittelbaren Kontaktes zum Kaiser oft entbehrte. Ebenso boten die christlichen Gemeinschaften Menschen sogar niedrigsten Ranges enorme Möglichkeiten, zu Ansehen und Einfluss zu gelangen. Hinzu kam, dass die christliche Lehre es auch akzeptierte, wenn jemand, der sich einst sündig verhalten hatte, ein neues Leben begann. So konnte beispielsweise die vormalige Schauspielerin und Prostituierte Theodora gar zur Gattin des damaligen *Caesar* Justinian werden.

Christianisierung

Rolle des Kaisers

Die wichtigste Entwicklung der Spätantike bildeten die vielfältigen Formen von Christianisierung im Reich. Sie erfolgten nicht unwesentlich von unten, durch die aktive Mission vieler Kleriker und Mönche, wurden aber durch die kaiserliche Förderung des Christentums erheblich begünstigt. Die kaiserlichen Gesetze erlaubten den Kirchen eine vergleichsweise hohe Autonomie in inneren Angelegenheiten und auch die Ansammlung von Vermögen, ferner erlangten Kleriker eine Vielzahl von Vergünstigungen. Heidnische Praktiken wurden zunehmend aus der Öffentlichkeit verdrängt. Eine Staatskirche im strengen Sinne entwickelte sich nie, die Hierarchie blieb vom Kaiser unabhängig. Viele Bischöfe und Mönche erwiesen sich als eigensinnig und konnten damit Krisen heraufbeschwören. Auch wenn in Konstantinopel der Herrscher faktisch das Recht hatte, den Patriarchen abzusetzen, musste er in seiner Politik die religiösen Strömungen stets berücksichtigen. Bis zum Ende des 4. Jh. bekannte sich der überwiegende Teil der Eliten zum Christentum. Dies bedeutete keine gänzliche Aufgabe der heidnischen Tradition. Sie blieb vielmehr ein anerkannter Teil der Bildung. Erst im 6. Jh. wurden Heiden allein wegen ihres Glaubens verfolgt und die christliche Prägung der Gesellschaft allenthalben sichtbar. Die sogenannte Liturgisierung des Alltags band die Bevölkerung und den Kaiser als Mitfeiernden in die christlichen Rituale und einen christlichen Festrhythmus ein.

Kirchliche Hierarchie

Im Laufe der Spätantike verfestigte sich die kirchliche Hierarchie. An der Spitze standen die vier Patriarchate von Rom, Konstantinopel, Alexandria und Antiochia, zu denen Jerusalem als fünftes treten konnte. Die einzigartige Position des Bischofs von Rom im Westen bildete die Grundlage der Entwicklung zum Papsttum, die in der Spätantike noch nicht vollendet war. Jede Stadt hatte einen Bischof, die Metropoliten residierten zumeist in den Provinzhauptstädten. Auf lokaler Ebene konnten Bischöfe, sofern sie die Kleriker und die Klöster zu kontrollieren vermochten,

Bischof

oft mehr Macht ausüben als Statthalter, da sie dauerhaft vor Ort waren und eine nicht vom Staat abgeleitete Macht besaßen. Zunehmend traten sie an die Stelle der lokalen Eliten, indem sie Schwierigkeiten vor Ort regelten und die Vertretung der Stadt gegenüber staatlichen Instanzen übernahmen. In bedrohten Regionen traten sie bisweilen sogar als Militärführer auf. Mit Ambrosius von Mailand wurde 374 zum ersten Mal ein Senator Bischof. Er sollte beweisen, dass ein Bischof an seinem Sitz sich selbst gegenüber einem Kaiser durchsetzen konnte.

Konzilien

Als Forum der Kirche im Reich dienten regionale Konzilien; seit Constantin wurden von den Kaisern zudem wiederholt reichsweite Konzilien einberufen. Sie zielten auf eine Konsenssuche über Glaubensbekenntnisse, ohne damit besonders erfolgreich zu sein. Zugleich belegten sie, deren Logistik der Herrscher bereitstellte, das kaiserliche Engagement für die Einheit der Kirche. Im Nachhinein wurden die Konzilien von Nizäa (325), von Konstantinopel (381), Ephesos (431), Chalkedon (451) und wieder Konstantinopel (553) als Ökumenische und damit für die Rechtgläubigen verbindliche Konzilien gezählt; doch unter ihren Zeitgenossen waren die Beschlüsse dieser Versammlungen höchst strittig, teils sind sie es bis heute.

Mönchtum

Schon im 3. Jh. hatten sich im Osten Formen der Askese herausgebildet, indem einzelne sich aus der Welt zurückzogen. Diese Bewegung zum individuellen Eremitentum verstärkte sich im 4. Jh., in dem andererseits koinobitische (gemeinschaftliche) Formen der Askese in Klöstern entstanden. Während der zweiten Hälfte des 4. Jh. breitete das Mönchtum sich auch im Westen aus, wo es im allgemeinen genauer durch Bischöfe kontrolliert wurde als im Osten. Denn dort behielten einzelne Heilige Männer einen bemerkenswerten Handlungsspielraum selbst gegenüber höchsten Beamten und Kaisern.

Heilige Männer

So eindrucksvoll die institutionelle Macht der Kirche war, so konnten auch einzelne Christen, zumal Mönche, eben als Heilige Männer eine besondere Macht erringen; Heilige Frauen wurden erheblich seltener anerkannt. Die Vorstellung eines wundermächtigen, auch durch Höchststehende besonders zu ehrenden Heiligen Mannes mit einer Nahbeziehung zu einem Gott war nicht spezifisch christlich, erlangte aber in der christianisierten Gesellschaft besondere Bedeutung. In der direkten Kommunikation mit Hochstehenden waren diese Personen fähig, konkrete Anliegen ihrer Anhänger, etwa die Gewährung bestimmter Gnadenakte wie den Verzicht auf Strafe, durchzusetzen.

Der Machtzuwachs des Christentums ging mit inneren Streitigkeiten einher, die bei ernsthaften dogmatischen Problemen begannen, sich aber rasch mit Machtrivalitäten von Kirchenleuten verknüpften. Den Kern des Streits bildete die Lehre vom Verhältnis des Göttlichen und Menschlichen in Christus, war also christologischer Natur. Die Position der üblicherweise als «orthodox» oder «katholisch» bezeichneten Großkirche, wie sie in Nizäa formuliert wurde, betrachtete Gott und Jesus Christus als wesensgleich (*homooúsios*), in Chalkedon führte man den Gedanken fort, indem man Christus als wahren Menschen und wahren Gott zugleich definierte. Diese Position setzte sich polemisch ab von den «Arianern», denen vorgeworfen wurde, in Christus das Menschliche zu sehr zu betonen, sowie von den «Miaphysiten» (konventionell: «Monophysiten»), denen umgekehrt nachgesagt wurde, sie betonten das «Göttliche» zu sehr. Die meistens benutzten Bezeichnungen für die Gegner der Großkirche, die in sich wiederum in vielfacher Weise differenziert waren, sind polemischer Natur und daher fragwürdig. Eine neue Begrifflichkeit hat sich noch nicht durchgesetzt. Die inneren Streitigkeiten der Christen banden viele Kräfte, so dass sie das spätantike Reich erheblich schwächten.

Spaltung der Christenheit

Nizäner

Das Christentum lehrte keine Emanzipation der Frau, vermittelte ihr aber neue Handlungsspielräume, denn ihre Stellung definierte sich nicht allein über ihre Rolle als Gattin, sondern sie konnte auch als Jungfrau und Witwe Ansehen genießen. Die kirchliche Hierarchie wurde den Frauen indes nicht geöffnet. Frauen im Umfeld des Kaisers konnten eine gewisse Macht genießen, nicht allein wie zuvor durch ihre Beziehung zum Kaiser, sondern auch aufgrund ihrer Kontakte zu religiösen Instanzen oder ihrer eigenen religiösen Identität; mehrere kaiserliche Frauen bevorzugten andere christliche Gruppen als der jeweilige Herrscher und konnten dadurch dessen Kirchenpolitik beeinflussen. Wie allerdings in früheren Jahrhunderten auch neigten zeitnahe Autoren dazu, die Macht kaiserlicher Frauen überzubetonen und in ein schlechtes Licht zu rücken.

Geschlechterverhältnisse

Kaisergeschichte

Constantin war es gelungen, eine Dynastie zu begründen. Seine drei Söhne setzten sich rasch gegen potentielle Rivalen durch. Sie übernahmen ein religiös gespaltenes Reich, das vor einer schweren militärischen Herausforderung seitens der Perser stand. Nachdem

Constantinische Dynastie

sie sich zunächst auf eine Reichsteilung geeinigt hatten (Constantin II. im Westen, Constans in der Mitte, Constantius II. im Osten), entbrannten bald Bürgerkriege zwischen ihnen, die von Usurpationen begleitet waren. Diese verlustreichen Auseinandersetzungen schwächten das Reich nachhaltig. Alleinherrscher wurde schließlich 353 Constantius II.

Constantius II.

Constantius hoffte, die Christen durch die auf mehreren Konzilien verhandelte Kompromissformel, Gott und Christus seien gleich (*hómoios*, daher homöisch), zu einen, stieß aber auf einen erbitterten Widerstand, an dessen Spitze der mehrfach exilierte alexandrinische Bischof Athanasius stand. Dieser erhob das Konzil von Nizäa und den dort entwickelten Begriff der Wesensgleichheit zur Richtschnur des rechten Glaubens. Eine Befriedung gelang nicht.

Äußere Herausforderungen

An Donau und Rhein versuchten verschiedene Völkerschaften, in das geschwächte Reich vorzudringen. Insgesamt gelang es, sie abzuwehren bzw. durch Ansiedlungsmaßnahmen im Inneren des Reiches zu integrieren. Ansehnliche Erfolge verzeichnete seit 355 der *Caesar* Julian am Rhein gegen die Alamannen und Franken, von denen ebenfalls ein Teil ins Reich übernommen wurde.

Julian

Die Perserkriege hingegen zogen sich ohne klares Ergebnis hin und banden viele Ressourcen. Als Constantius Truppen aus dem Westen anforderte, riefen diese Julian 360 im Protest zum neuen Kaiser aus. Durch den plötzlichen Tod des legitimen Herrschers Constantius noch 361 wurde immerhin ein Bürgerkrieg vermieden. Julian war christlich erzogen, aber schon als Jugendlicher zum Heidentum übergetreten, das er zu erneuern suchte, indem er es in vielem an die christlichen Kirchen anglich und die alten Kulte teils exzessiv weiterpflegte. Damit stieß er auch manche Heiden ab und vergiftete das religiöse Klima im Reich. Energisch betrieb er auch die Außenpolitik: Mit einem Vorstoß ins Zweistromland versuchte er den Perserkrieg zu beenden, fiel jedoch 363.

Jovian

Jovian, der vom Heer im Feindesland zu Julians Nachfolger ausgerufen wurde, musste in einem Frieden 364 das Territorium um Nisibis östlich des Euphrat an die Perser abtreten. Er starb auf dem Weg nach Konstantinopel eines natürlichen Todes, woraufhin Valentinian 364 zum Kaiser ausgerufen wurde, der seinerseits alsbald seinen Bruder Valens zum Mitkaiser erhob. Beide waren Christen, doch setzten sie unterschiedliche Akzente, zumal sie den Regierungsapparat 364 auch formell zwischen Osten und Westen

Valentinian und Valens

geteilt hatten. Valentinian, der sich zu keiner christlichen Gruppe klar bekannte, vermochte im Westen die Konflikte zu dämpfen. Den Senatoren begegnete er offenbar mit Misstrauen; viele wurden hingerichtet. Andererseits gelangten Männer niedrigerer Herkunft aus dem persönlichen Umfeld des Kaisers zu hohen Ämtern. Am Rhein baute Valentinian eine Grenzsicherung auf, die sich für mehrere Jahrzehnte bewähren sollte. Nach seinem Tod 375 konnte sein Sohn Gratian die Geschäfte übernehmen, allerdings wurde auch dessen Bruder Valentinian II., obwohl ein Kleinkind, zum Kaiser erhoben und erhielt die Zuständigkeit für Italien.

Valens versuchte, die bereits von Constantius gestützte homöische Glaubensformel durchzusetzen, scheiterte aber trotz vieler Zugeständnisse gegenüber den Anhängern des Athanasius. Entscheidend wurde für ihn eine äußere Entwicklung: Die Westgoten, deren er in einem früheren Krieg (367–369) nicht Herr geworden war, wurden von den Hunnen abgedrängt; ein Teil bat 376, in das Römische Reich aufgenommen zu werden. Dem Ersuchen wurde stattgegeben; doch misslang die Versorgung dieser Goten, so dass sie sich feindselig verhielten. Die Konflikte eskalierten in der Schlacht von Adrianopel, die die Römer 378 unter gewaltigen Verlusten – auch Valens kam ums Leben – verloren; damit setzten sich die Westgoten südlich der Donau fest. In diesem Ereignis verdichtet sich der Beginn der sogenannten Völkerwanderung.

Theodosius der Große

In der Krise wurde Theodosius der Große 379 zum Kaiser des Ostreichs erhoben. Bei seiner Außenpolitik war er zu erheblichen Zugeständnissen bereit: Er gestattete den Westgoten 382, sich bei weitgehender Autonomie im Reich anzusiedeln; mit den Persern schloss er einen Frieden, durch den er Teile Armeniens aufgab. Die Usurpatoren Maximus – er hatte 383 Gratian beseitigt – und Eugenius – er wurde nach dem Tode Valentinians II. 392 zum Kaiser erhoben – schlug er dagegen (388 und 394), so dass er von 394 bis zu seinem Tode 395 das Reich als Ganzes regierte.

Religionspolitik

Innenpolitisch setzte er sich im Osten rasch durch, dazu trug auch seine energische Unterstützung der Nizäner bei, deren Bekenntnis er in einem Edikt aufnahm und mit Hilfe von Konzilien in den frühen achtziger Jahren bestätigen ließ. Heiden wurden lange geduldet, aber weiter aus der Öffentlichkeit verdrängt, bis seit 391 Gesetze ergingen, die auf eine Unterbindung heidnischer Praktiken abzielten. Bemerkenswert ist, wie Theodosius sich als christlicher Kaiser inszenierte, der wiederholt harte Strafen zurücknahm oder bereute und der auf den Rat von Bischöfen und Heiligen Männern viel gab. Aufs Ganze gesehen gelang Theodosius noch einmal eine Integration des Reiches und eine Stabilisierung der Grenzen.

Nachfolge des Theodosius im Osten

Trotz seines frühen Todes hatte Theodosius seine Söhne bereits als Nachfolger designiert, so dass sie ohne Widerstände anerkannt wurden. Im Osten war Arcadius (395–408) verschiedenen Einflüssen am Hofe ausgesetzt und konnte keine klare Linie verfolgen. Ähnlich war die Lage unter seinem Sohn Theodosius II. (408–450), der eine demonstrative Frömmigkeit zeigte und von einer Reihe Beratern bestimmt wurde. Die Erfolge in einem Perserkrieg, an dem er persönlich nicht beteiligt war, schrieb man seinem Glauben zu. Im Donauraum verschärften sich die Auseinandersetzungen mit den Hunnen, die wiederholt mit diplomatischen Mitteln und Geschenken begütigt wurden.

Die christologischen Streitigkeiten entbrannten unter der Regierung Theodosius' II. neu, wobei sie jetzt den «Miaphysitismus» betrafen. Weder Hof noch Kirche gelangten zu einer einheitlichen Position. Besonders gravierend waren die Auseinandersetzungen deswegen, weil der «Miaphysitismus» unter der einheimischen Bevölkerung Ägyptens und Syriens ausgesprochen verbreitet war, die «Orthodoxie» aber in Konstantinopel und Kleinasien, so dass vorhandene ethnische und religiöse Spannungen sich durch die Konflikte verschärften.

2. Hälfte des 5. Jh.

Nach dem Tode Theodosius' II. bildete sich keine Dynastie heraus, doch wurden die Krisen bei Herrscherwechseln fast immer rasch überwunden. Die außenpolitischen Probleme waren kontrollierbar, forderten allerdings eine dauernde Aufmerksamkeit. Die christologischen Streitigkeiten beruhigten sich nicht, zumal die jeweiligen Kaiser unterschiedliche Positionen und Strategien wählten, so dass die Untertanen sich einem fortwährenden Wechsel der Religionspolitik gegenübersahen. Hervorzuheben ist unter den Herrschern Anastasius (491–518), dem durch eine verbesserte Steuerpolitik eine Sanierung der Finanzen gelang.

Stabilisierung im Osten

Dass schwierige Herrschaftsübergänge, schwache Kaiser und heftige religiöse Streitigkeiten im Osten keine existentielle Krise auslösten, belegt die Funktionsfähigkeit des Verwaltungsapparats, der von zivilen Beamten dominiert wurde, die in Konstantinopel in der Nähe des Kaisers wirkten. Die *magistri militum* hingegen, zwischen denen es keine klare Rangordnung gab, standen in der Regel an den Grenzen. Manche Versuche von Heermeistern, sich in der Hauptstadt durchzusetzen (so Gainas 399/400), schlugen fehl, auch diejenigen, die wie Aspar um die Mitte des 5. Jh. für eine gewisse Zeit eine größere Macht in der Hauptstadt genossen, blieben auf zivile Beamte und die Akzeptanz seitens der städtischen Bevölkerung angewiesen. Kaiser wurden nunmehr stets in Konstantinopel, dessen Festungsanlagen vorzüglich ausgebaut waren, gemacht und genossen damit den Vorteil, dass sie von vornherein an einem uneinnehmbaren Ort wirkten. Dagegen konnte das Volk von Konstantinopel, das sich vor allem in dem oft vom Kaiser besuchten Hippodrom (der Wagenrennbahn) artikulierte, etwa in Fragen der Religions- oder Personalpolitik mancher Forderung Geltung verschaffen. Begünstigt wurde die Stabilisierung auch dadurch, dass die ökonomischen Ressourcen des Ostens nach wie vor reich und nur wenigen Störungen durch eindringende Feinde ausgesetzt waren. In den Städten setzte sich allerdings der Bedeutungsverlust der Dekurionen fort. Immer deutlicher bildete sich ein enger Kreis von Honoratioren heraus, der gemeinsam mit dem Bischof die Geschäfte der Stadt führte und deren Überleben sicherte.

Äußere Politik

In der äußeren Politik waren die meisten Herrscher darauf bedacht, ihre Truppen zu schonen und militärische Konfrontationen zu vermeiden. Dafür nahm man die Zahlung teils hoher Tribute («Geschenke») in Kauf. Die schwächste Stelle bildete die Donaugrenze, die sich immer weniger halten ließ; im Unterschied zum übrigen Reich wurde der Balkan fortwährend von Plünderungen und anderen Kriegsfolgen heimgesucht. Trotz aller Widrigkeiten blieb das Reich im Osten in seiner Substanz bewahrt.

Nachfolge des Theodosius im Westen

Das gelang im Westen nicht. Die Nachkommen des Theodosius, Honorius (395–423) und Valentinian III. (425–455), weisen zwar lange Regierungszeiten auf, doch war dies nicht Ausdruck von Stärke. Der Westen blieb existentiell bedroht; die Zentralgewalt zerfiel. Die von Theodosius auf dem Balkan angesiedelten Westgoten konnten sich zeitweise in Italien festsetzen und 410 Rom erobern, ein Sieg von symbolischer, nicht aber strategischer Bedeutung. 418 mussten sie als weitgehend selbständiges Königtum in Aquitanien angesiedelt werden. Um dieselbe Zeit überschritten Angehörige anderer Völkerschaften die Grenzen. Am schwerwiegendsten war die Überschreitung des Rheins 406/7 durch germanische Stämme, die sich nicht mehr zurückdrängen ließen und ihrerseits Herrschaftseinheiten bildeten.

Niedergang Westroms

Honorius wählte 402 das schwer einnehmbare Ravenna als Residenz. Zugleich verfestigte sich im Westen eine Hierarchie zwischen den *magistri militum*, an deren Spitze jetzt ein sogenannter *magister militum praesentalis* stand. Mehreren dieser *magistri* (Stilicho, Aëtius, Rikimer) gelang es, die Macht an sich zu reißen; sie waren zumeist den Kaisern deutlich überlegen. Zwar erzielten sie mehrfach spektakuläre Abwehrerfolge (wie die Abdrängung der Hunnen aus Gallien nach der Schlacht auf den Katalaunischen Feldern 451 durch Aëtius), doch waren sie nicht in der Lage, der vordringenden Feinde Herr zu werden. 476 wurde mit Romulus Augustulus der letzte weströmische Kaiser in unspektakulärer Weise abgesetzt. Seither betrachteten die Ostkaiser, deren Interventionen im Westen keine dauerhaften Wirkungen erzielt hatten, Italien als Teil ihres Reichs, faktisch herrschten hier jedoch germanische Heerführer und Könige.

Justin

Justinian

Im Osten setzte sich nach dem Tode des Anastasius Justin (518–527) durch, der seinen Neffen Justinian als Nachfolger aufbaute. Dieser (527–565) betrieb eine sehr energische Verwaltungspolitik, durch die er die Rechtspflege und Provinzialadministration straffte, aber auch den Steuerdruck intensivierte. Bis 534 schuf er seine Rechtsbücher, bestehend aus dem *Codex Iustinianus*, einer Sammlung von Auszügen aus kaiserlichen Konstitutionen seit Hadrian, den *Digesten*, Ausschnitten aus den Rechtskommentaren römischer Juristen vor allem des 2./3. Jh., die für rechtsverbindlich erklärt wurden, und den *Institutionen*, einem juristischen Lehrbuch. Ergänzt wurde das Werk durch seine *Novellen*. Diese Texte sind herausragende Dokumente des römischen Rechtes; sie entfalteten eine beträchtliche Nachwirkung.

Förderung des Christentums

Die christlichen Akzente von Justinians Politik sind überdeutlich: Heiden wurden systematisch verfolgt, ihre Institutionen (darunter die Platonische Akademie in Athen) faktisch aufgelöst, Juden massiv bedrängt, christliche Werte in den neuen Gesetzen stärker betont und das Alltagsleben zunehmend durch christliche Feiern rhythmisiert. Imponierende Kirchenbauten (darunter die Hagia Sophia in Konstantinopel) entstanden. Justinians Streben, eine dezidiert christliche Politik zu verfolgen und selbst christliche Werte zu verkörpern, verstärkte sich unter dem Eindruck einer dichten Folge von Katastrophen seit 540 (äußere Niederlagen, Erdbeben, Pest), die seine innenpolitische Tatkraft ansonsten erlahmen ließen. Die Versuche, die Christen unter einem gemeinsa-

Die Selbstdarstellung eines Kaisers

Imperator Caesar Flavius Iustinianus, der Fromme, Erfolgreiche, Ruhmreiche, der Sieger und Triumphator, immer Augustus, grüßt seinen Quästor Tribonian

Aus Gottes Vollmacht regieren wir das Reich, das uns von der himmlischen Majestät übergeben ist, und wir bringen Kriege erfolgreich zu ihrem Ende, verleihen dem Frieden Glanz, wahren den Bestand der res publica*: Und so richten wir unseren Sinn auf die Hilfe des allmächtigen Gottes, so dass wir weder den Waffen vertrauen noch unseren Soldaten noch den Anführern des Krieges noch unserer Fähigkeit. Vielmehr setzen wir unsere Hoffnung allein auf die Fürsorge der höchsten Dreieinigkeit. Von daher sind auch die Elemente der ganzen Welt gekommen und wurde ihre Ordnung zum Weltkreis eingerichtet.* (Konstitution *Deo auctore* – Durch Gottes Willen –, *praefatio*, Übers. nach O. Behrends)

Wie üblich bei römischen Gesetzen der Spätantike, erscheint der Kaiser, Justinian, als Autor, der sich an einen hohen Beamten wendet, in dessen Zuständigkeitsbereich das Gesetz fällt. In diesem Falle handelt es sich um den *quaestor sacri palatii* Tribonian, da der Text den Beginn des Einführungsgesetzes zu den Digesten bildet.

Die kaiserliche Titulatur mit ihren zahlreichen schmückenden Beinamen fällt eher knapp aus. Unverkennbar ist, dass Justinian die Lehre eines Gottesgnadentums vertritt, wobei er hervorhebt, dass sein Gottesbegriff der «Orthodoxie» entspricht. Seine Macht und Erfolge leitet er ganz von Gottes Willen ab; vom Willen des Volkes oder vom Senat ist nicht die Rede. Diese Vorstellung war keineswegs neu – schon im Zeitalter der Tetrarchie hatte die Idee eines Gottesgnadentums große Bedeutung gewonnen, sie wird aber von kaum einem Kaiser so prononciert vertreten wie von Justinian.

Dabei unterscheidet er, ganz traditionell, zwei Sphären der Politik, die des Krieges und die des Friedens; und für den Frieden besitzen, wie die hier nicht übersetzten Abschnitte lehren, die Gesetze, die im übrigen auch die Kontinuität zu den Anfängen Roms verkörpern, eine herausragende Bedeutung. So ordnet der Kaiser seine Herrschaft mit wenigen Worten in die Weltordnung und die Geschichte ein.

men Bekenntnis zusammenzuführen, scheiterten, auch das Konzil von Konstantinopel 553 vermochte die Christenheit nicht zu einen; vielmehr entfremdete der Kaiser sich durch seine Politik, die vielen «Orthodoxen» als zu nachgiebig gegenüber den «Miaphysiten» erschien, den Westen, ohne in Ägypten und Syrien viel zu gewinnen.

Restauratio imperii?

Auffällig ist die Erweiterung des römischen Herrschaftsraumes: 533/4 wurde das nordafrikanische Vandalenreich unterworfen, in langwierigen, mehrfach unterbrochenen Kriegen, die 535 begannen und sich bis 553 hinzogen, das Ostgotenreich, selbst Teile der

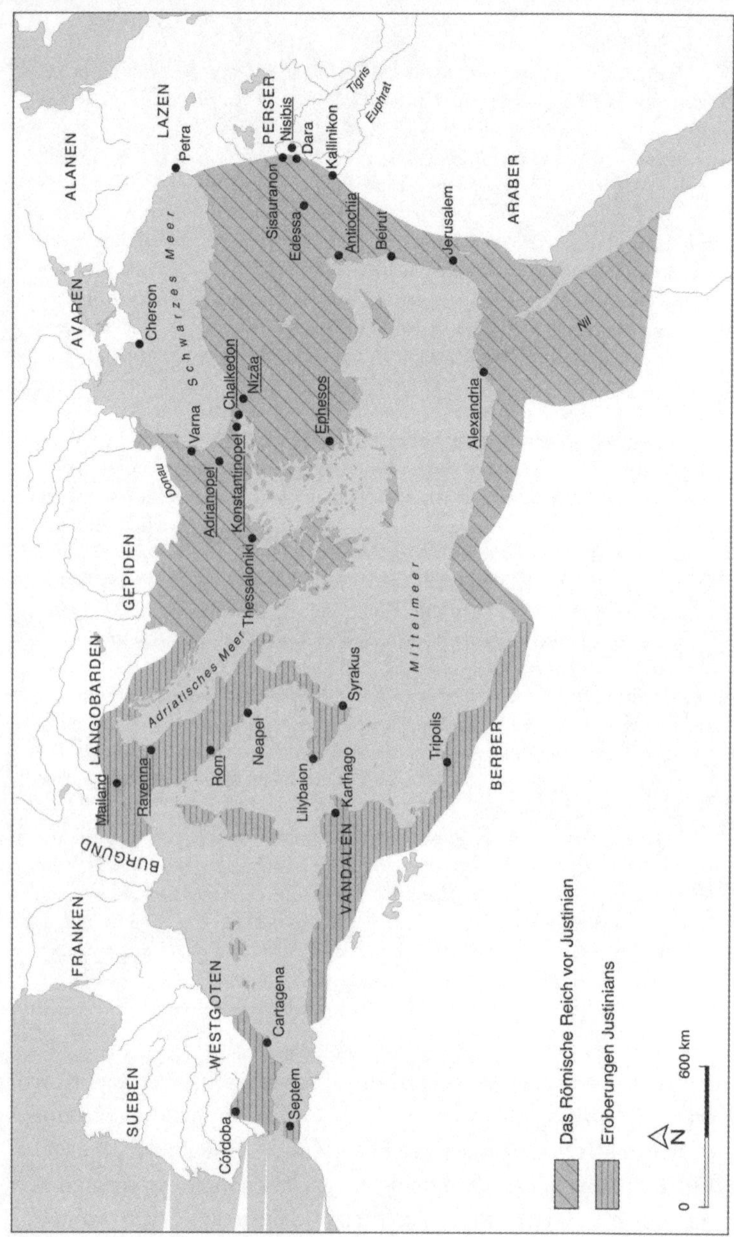

Karte 5: Das Römische Reich unter Justinian

Iberischen Halbinsel gelangten wieder unter römische Kontrolle. Diese Erfolge erscheinen auf den ersten Blick wie das Ergebnis einer bewussten Restaurationspolitik des Reiches (*restauratio imperii*), waren aber wohl eher Folgen günstiger Gelegenheiten, die natürlich deswegen genutzt wurden, weil Konstantinopel grundsätzlich den Anspruch auf das ganze Römische Reich aufrechterhielt. Gegen Persien, mit dem er fast während seiner ganzen Regierungszeit Krieg führte, erzielte Justinian keinen durchschlagenden Erfolg, 561 wurde immerhin ein auf Dauer angelegter Kompromissfrieden geschlossen. So eindrucksvoll die äußeren Erfolge Justinians sind – sie überdehnten die Kräfte des Reiches, das durch die verheerende Pest seit 540, die gewaltige Bevölkerungsverluste mit sich brachte, ohnehin geschwächt wurde.

Nachfolger Justinians

Die Nachfolger Justinians verloren nach und nach einen Großteil des unter Justinian Erworbenen, konnten aber das Kernland im Osten halten. Die Kämpfe mit den Persern brachen 572 wieder aus. Kurz nachdem sie unter Kaiser Herakleios (610–641) 627/8 zugunsten Ostroms entschieden schienen, drangen (seit 634) die Araber, die im Windschatten des Konflikts an Einfluss gewonnen hatten und durch die integrierende Religion des Islam zu Schlagkraft gelangt waren, gegen das Römische Reich vor, das Syrien (636) und Ägypten (641) verlor, aber Konstantinopel gegen wiederholte Angriffe sichern konnte. In den folgenden Jahrzehnten erneuerte sich das Imperium auf begrenztem Raum und hielt sich noch Jahrhunderte gegen Bedrohungen aus Ost und West; erst 1453 fiel Konstantinopel an die Osmanen.

Nachbarn und «Mitbewohner»

Germanen

An Rhein und Donau waren die Germanen Hauptgegner der Römer; sie standen ihrerseits unter dem Druck der Hunnen. Deren Macht zerfiel seit 453, allerdings drangen immer neue Steppenvölker nach, unter ihnen auch die Proto-Bulgaren, die sich dauerhaft auf dem Balkan ansiedelten und eine slawische Sprache annahmen. Die Einfälle der Germanen entsprangen keiner prinzipiellen Feindseligkeit gegenüber Rom; in der Regel strebten die Eindringlinge danach, am Wohlstand des Reiches teilzuhaben. Oft waren sie willens, sich auf römischem Territorium anzusiedeln und dem Kaiser zu dienen. Auch viele einzelne Germanen stiegen (wie andere Nicht-Römer) zumal im Militär empor, ohne aufgrund ihrer ethnischen Herkunft untreu zu werden. Nicht selten wurden Germanenkönige über römische Titel wie Patrizier und Consul symbolisch in die römische Ordnung eingebunden: Das Reich behielt auch in der Ohnmacht seine Rolle als Quelle der Legitimation von Herrschern.

Ethnogenese

Völkernamen wie Ostgoten, Westgoten oder Vandalen sind römischen Quellen entnommen. Tatsächlich waren die in das Römische Reich vordringenden Gruppen ethnisch inhomogen und identifizierten sich vor allem über gemeinsame aktuelle Ziele und Heerführer. Erst allmählich verfestigten sich die Dynastien und die ethnischen Identitäten, wobei oft im Nachhinein eine gemeinsame Geschichte eines Volkes, das geschlossen gewandert sei, konstruiert wurde – und zwar so gut, dass die neuzeitliche Forschung dieser Sicht lange gefolgt war.

Germanische Reichsbildungen

Zur Stabilisierung der ethnischen Identität trug die Entwicklung germanischer Königreiche auf römischem Boden bei. Seit 418 herrschten die Westgoten in Aquitanien und konnten ihren Einfluss auf weite Teile Galliens und der Iberischen Halbinsel ausdehnen, bis sie aufgrund ihrer Niederlage gegen die Franken 507 weitgehend nach Spanien abgedrängt wurden. Die Vandalen, die 406/7 den Rhein überschritten hatten, setzten nach langen, ziellos anmutenden Zügen 429 über die Straße von Gibraltar und unterwarfen das römische *Africa*. Sie entwickelten sich für einige Jahrzehnte zur führenden Seemacht des Westens, bis sie 533/4 von Ostrom besiegt wurden. Die Ostgoten waren im Donauraum an die Stelle der Hunnen getreten und hatten in dauernden Auseinandersetzungen mit Ostrom gelegen, bis sie (formal im Auftrag Kaiser Zenons, 474–491) es unternahmen, Italien zu unterwerfen, was ihnen 493 endlich gelang. Ihr König Theoderich der Große (493–526) stabilisierte Italien für mehrere Jahrzehnte und ermöglichte ein einigermaßen friedliches Nebeneinander von Römern und Goten. Die ostgotische Herrschaft ging nach langen Kämpfen bis 553 unter dem Druck Ostroms zugrunde.

Innere Verhältnisse

Die Germanen bildeten in der Regel eine dünne Oberschicht, die in vielerlei Beziehung auf die Kompetenzen der romanischen Elite angewiesen blieb. Auch wenn die germanische Elite sich teilweise akkulturierte, verschwanden die Grenzen zwischen den ethnischen Gruppen nicht, zumal die Germanen aufgrund ihres arianischen Bekenntnisses von den katholischen Romanen getrennt waren. Einen Sonderfall bildeten die Franken, deren König Chlodwig sich um 500 katholisch taufen ließ und damit die Grundlage für eine bessere

Integration von Franken und Römern in Gallien schuf. Auch die Westgoten wandten sich schließlich dem Katholizismus zu (589 unter Rekkared) und errichteten auf der Iberischen Halbinsel eine erstaunlich stabile Herrschaft. Erst 711 erlagen sie arabischen Eroberern.

Perser

Das Perserreich war ebenso von inneren Krisen heimgesucht wie das Oströmische Reich, zudem sah es sich im Norden und Osten äußeren Bedrohungen ausgesetzt. Daher konnte es die Schwäche Roms nicht nutzen und nur vereinzelt Erfolge erzielen. Durch die Auseinandersetzungen mit Ostrom entscheidend geschwächt, erlag es bis 651 endgültig den Arabern. Die Expansion des Islams hatte die Ordnung des Mittelmeerraums grundlegend geändert.

Einführende Werke

A. Demandt, Die Spätantike. Römische Geschichte von Diocletian bis Justinian, 284–565 (HdA 3,6), München 2007[2], bildet das Standardhandbuch im deutschsprachigen Raum; noch breiter und weniger persönlich pointiert informiert A. H. M. Jones, The Later Roman Empire 284–602. A Social, Economic, and Administrative Survey, 3 Bde., Oxford 1964. S. F. Johnson (Hg.), The Oxford Handbook of Late Antiquity, Oxford 2012 gibt einen systematischen, methodisch reflektierten Überblick; eine geraffte Synthese vermittelt St. Mitchell, A History of the Later Roman Empire AD 284 – 641. The Transformation of the Ancient World, London 2007. Durch die Verbindung von Darstellung und Quelleninterpretation zeichnet sich aus: H. Brandt, Geschichte der römischen Kaiserzeit. Von Diokletian und Konstantin bis zum Ende der konstantinischen Dynastie (284–363), Berlin 1998.

Spezialabhandlungen

In einigen Spezialabhandlungen werden allgemeinere Probleme behandelt: F. Kolb, Diocletian und die Erste Tetrarchie. Improvisation oder Experiment in der Organisation monarchischer Herrschaft? (UaLG 27), Berlin / New York 1987, erörtert, wie schon der Titel zeigt, die Grundfrage der Entwicklung der Tetrarchie. H. Leppin, Theodosius der Große. Auf dem Weg zu einem christlichen Imperium, Darmstadt 2003 und Justinian. Das christliche Experiment, Stuttgart 2011, versucht die Beeinflussung der kaiserlichen Rolle durch das Christentum zu fassen. M. Meier, Das andere Zeitalter Justinians. Kontingenzerfahrung und Kontingenzbewältigung im 6. Jahrhundert n. Chr. (Hypomnemata 147), Göttingen 2003[2], arbeitet heraus, wie wenig kohärent und krisenhaft die Herrschaftszeit Justinians war, indem er darauf verzichtet, sich zu sehr von Prokop leiten zu lassen. H. Wolfram, Die Goten. Von den Anfängen bis zur Mitte des sechsten Jahrhunderts. Entwurf einer historischen Ethnographie, München 1990[3], beleuchtet exemplarisch die Geschichte germanischer Völkerschaften.

Methodische Anregungen

Den Rang eines Klassikers hat P. Browns Aufsatz, The Rise and Function of the Holy Man in Late Antiquity, JRS 61 (1971), 80–101, der die Rolle der Heiligen Männer herausgearbeitet und die Bedeutung von Heiligenviten als Geschichtsquellen verdeutlicht hat. R. M. Errington, Church and State in the First Years of Theodosius I, Chiron 27 (1997), 21–72, arbeitet heraus, mit welcher Vorsicht Rechtstexte aus der Spätantike zu verwenden sind.

VI. Praxis

1. Ausbildung

Voraussetzungen

Die Studierenden der Alten Geschichte bilden eine inhomogene Klientel: Auf der einen Seite steht eine relativ kleine Zahl von Studierenden, die ihren Schwerpunkt in Alter Geschichte oder einer anderen Altertumswissenschaft haben, auf der anderen eine große Menge von Geschichtsstudenten, deren Vorkenntnisse und Interesse an dieser Epoche wegen anderer Schwerpunktbildungen deutlich geringer sind. Ein Großteil der althistorischen Lehrveranstaltungen richtet sich an diese Klientel und sollte das auch tun, da die Kenntnis der Antike über spezialistische Interessen hinaus für Historiker von Belang ist. Eine breitere Auswahl an Lehrveranstaltungen, die sich speziell an Althistoriker wenden, besteht lediglich an größeren Instituten mit mehreren Professuren.

Studienmöglichkeiten

Es gibt verschiedene Möglichkeiten, Alte Geschichte im Schwerpunkt zu studieren. Die Studienangebote der verschiedenen Universitäten unterscheiden sich erheblich und unterliegen häufigen Änderungen. Die Nutzung der Angebote zur Studienberatung ist dringend anzuraten, da die Studienordnungen wenig übersichtlich sind. (Es sei betont, dass dies nicht allein die Schuld der Universitäten, sondern auch die der Politik ist, die zu weltfremden Vorgaben neigt und so die Universitäten in ein bürokratisches Korsett zwingt.)

Modularisierung

Gewöhnlich sind die Studienfächer modularisiert und werden in gestuften Studiengängen angeboten. Die Modularisierung beinhaltet, dass mehrere miteinander inhaltlich verbundene Lehrveranstaltungen zu einem Modul zusammengefasst werden, das in einer bestimmten Zeit studiert und mit einer Note abgeschlossen wird. Aus den Noten der Module setzt sich die Abschlussnote zusammen. Der Aufwand für ein Modul wird nach sogenannten Credit Points bemessen, wobei ein Credit Point 25–30 Arbeitsstunden entsprechen soll; 60 Credit Points sollen die Arbeitsleistung eines akademischen Jahres abbilden. Dass Studierende unterschiedlich mit Arbeit umgehen, ist hierbei nicht vorgesehen.

Gestufte Studiengänge

Das Studium teilt sich in zwei Phasen, die meist drei-, bisweilen vierjährige Bachelor-Phase (B. A.) und die zwei- oder einjährige Masterphase (M. A.). Am Ende der Bachelor-Phase und der Master-Phase steht jeweils eine Hausarbeit unterschiedlicher Länge. Der Bachelor-Abschluss gilt offiziell als berufsqualifizierend, doch gibt es bislang nur wenige angemessene Arbeitsplätze. Der Übergang zum Masterstudium kann sehr sinnvoll für einen Studienortswechsel genutzt werden.

Alte Geschichte im Rahmen des Geschichtsstudiums

Alte Geschichte wird, unabhängig davon, wie der angestrebte Abschluss lautet, von den meisten Studierenden im Rahmen eines Geschichtsstudiums absolviert. Wer seinen Schwerpunkt auf die Alte Geschichte legen will, wird einen erheblichen, wenn nicht gar den größeren Teil seiner Leistungsnachweise in Veranstaltungen zu anderen Epochen erwerben müssen. Dies ist ein durchaus heilsamer Zwang, da viele Fragestellungen epochenübergreifend sind; ferner nehmen verschiedene Bereiche der Geschichtswissenschaft die Anregungen der systematischen Wissenschaften in unterschiedlicher Weise auf, so dass Studierende auch methodische Anregungen gewinnen und besser Vergleiche vornehmen können. Die Alte Geschichte ergänzt ihrerseits die Beschäftigung mit den übrigen historischen Epochen sinnvoll, da die Antike in der gesamten europäischen Geschichte einen intellektuellen Bezugspunkt darstellte, ohne den bestimmte Entwicklungen und Konflikte – etwa um die Legitimation von Herrschaft oder die wahre Religion – nicht zu verstehen wären. Zum anderen erlaubt das überschaubare und zugleich inhomogene Quellenmaterial der Alten Geschichte eine gute Übung in der genauen und methodisch differenzierten Detailinterpretation von Quellen.

Alte Geschichte als Hauptfach

An wenigen Universitäten wird Alte Geschichte im Rahmen eines Bachelor- und Master-Studienganges als Hauptfach angeboten. Dieses Studium hat den Vorzug, dass hier kleinere Lerngruppen entstehen und eine sehr intensive Ausbildung möglich ist, die etwa die ganze Vielfalt der Grundwissenschaften integriert. Dabei gilt es aber auch, sich der Gefahr einer verfrühten Spezialisierung bewusst zu sein, der man durch eine breite Orientierung in anderen Disziplinen vorbeugen kann.

Kombinationsmöglichkeiten

Wer ein Fach wie Geschichte belegt, muss normalerweise auch andere Fächer studieren: Im Bachelor- und Master-Studiengang wird das Hauptfach mit einem zweiten Haupt- oder Nebenfach kombiniert, im Lehramtsstudiengang belegen die Studierenden gewöhnlich zwei (bisweilen drei) Studienfächer. Angesichts der Methodenvielfalt der Alten Geschichte ist die Zahl sinnvoller Kombinationsmöglichkeiten groß. Sachlich besonders geeignet ist die Kombination mit anderen Altertumswissenschaften, etwa Latein, Griechisch oder Klassische Archäologie. In Hinblick auf die Berufschancen kann es indes für diejenigen, die nicht im Lehramt eingeschrieben sind, sinnvoll sein, breit ausgerichtete praxisbezogene Fächer hinzuzunehmen, etwa Politologie, Jura, Wirtschaftswissenschaften, moderne Fremdsprachen oder Informatik, die indes nicht an jeder Universität für alle Abschlüsse angeboten werden.

Alte Geschichte im Rahmen von *Classics*

Eine sinnvolle Neuentwicklung ist es, wenn Alte Geschichte im Rahmen von Studiengängen belegt wird, die am angelsächsischen Modell der *Classics* orientiert sind und daher eine Einführung in verschiedene Altertumswissenschaften bieten. Sie firmieren auch unter Namen wie «Kulturwissenschaft der Antike» o. ä. Es gilt hier das gleiche wie für den Studiengang Alte Geschichte: Spezialisierung ist sinnvoll, aber riskant; die Entscheidung muss jeder für sich fällen.

Studiengestaltung

Die Veranstaltungstypen der herkömmlichen und der modularisierten Studiengänge sind überwiegend gleich. Im Proseminar werden die Studierenden vornehmlich in die Arbeitstechniken der Wissenschaft eingeführt, im Hauptseminar, das stärker thematisch orientiert ist, werden diese vertieft und Arbeiten, die eine höhere Eigenständigkeit zeigen, verlangt. Übungen bieten die Möglichkeit, spezielle Kenntnisse etwa in den Grundwissenschaften zu erwerben. Vorlesungen und Kurse vermitteln einen breiteren Überblick. Die jeweiligen konkreten Anforderungen für den Scheinerwerb sind von Universität zu Universität und von Lehrendem zu Lehrendem unterschiedlich. Besonderes Gewicht haben Hausarbeiten, die gewöhnlich im Zusammenhang mit Seminaren entstehen, da hier die Fähigkeit, eine wissenschaftliche Abhandlung zu erarbeiten, nachgewiesen wird.

Selbststudium

Oft unterschätzt wird die Bedeutung des Selbststudiums. Da kein Studienangebot ein Fach vollständig abdecken kann, sollte jeder Studierende eine extensive persönliche Lektüre betreiben. Die vorlesungsfreie Zeit kann dafür sinnvoll genutzt werden. Wenn man dies konsequent betreibt, kann man die Studienzeit erheblich verkürzen.

Fremdsprachen

Die Sprachanforderungen der Alten Geschichte sind hoch: Wer ernsthaft seinen Schwerpunkt auf die Alte Geschichte legen möchte, sollte möglichst rasch die Alten Sprachen Latein und Griechisch erlernen, selbst wenn sie in den Studienordnungen nicht verlangt sein sollten. Eine Lesefähigkeit mindestens in Englisch sollte ebenfalls möglichst rasch aufgebaut sein. Ferner sollten Althistoriker darauf achten, dass die Grundwissenschaften der Lateinischen und Griechischen Epigraphik, der Numismatik und der Papyrologie intensiv betrieben werden. Da an fast keinem Institut derartige Übungen in jedem Semester angeboten werden können, sollte hier jede Gelegenheit genutzt werden.

Grundwissenschaften

Während die Spezialausbildung der meisten Studierenden gut ist, bleibt angesichts der geringen Beliebtheit von Vorlesungen das Orientierungswissen oft lückenhaft; das bringt zumal die künftigen Lehrer in Schwierigkeiten, die sich während des Referendariats viel Stoff neu erarbeiten müssen. Um Lücken zu schließen, sind die Teilnahme eben an Überblicksvorlesungen und das Selbststudium unerlässlich.

Orientierungswissen

Unverzichtbar ist auch der Besuch einschlägiger Museen und Ausgrabungsstätten. An vielen Instituten werden entsprechende Exkursionen angeboten. Aber auch das Angenehme einer individuellen Urlaubsreise lässt sich gut mit dem Nützlichen von Besichtigungen verbinden.

Museen und Ausgrabungsstätten

Im Lehramt sind Schulpraktika vorgeschrieben, doch sollten alle Studierenden in fortgeschritteneren Semestern ein oder zwei Praktika absolvieren. Hier sammelt man wichtige Erfahrungen, kann auch Verbindungen aufbauen, die den späteren Einstieg ins Berufsleben erleichtern. Einen Zugang zur Forschungspraxis erhält, wer als studentische Hilfskraft tätig wird; man sollte sich dann aktiv bemühen, auch anspruchsvolle Aufgaben zu übernehmen.

Praktika

An fast siebzig deutschsprachigen Universitäten kann Alte Geschichte in der einen oder anderen Form studiert werden. Die Wahl des Studienortes wird durch die Unübersichtlichkeit des Universitätswesens erschwert. Für Althistoriker ist es sinnvoll, Universitäten zu wählen, an denen die Altertumswissenschaften breit aufgestellt sind; Klassische Philologie und Archäologie sollten vertreten sein, möglichst auch die eine oder andere Disziplin zur Geschichte des Alten Orients. Einige Universitäten haben klare Schwerpunkte bei den Grundwissenschaften: Heidelberg und Köln bei der Lateinischen und Griechischen Epigraphik, Frankfurt / Main bei der Numismatik, die Humboldt-Universität Berlin bei der Griechischen Epigraphik, Heidelberg, Trier und Köln bei der Papyrologie. Insgesamt gilt, dass die universitäre Lehre an den einzelnen Hoch-

Studienorte

schulen stark von den persönlichen Schwerpunkten der dort Lehrenden geprägt ist. Darüber kann der Studierende sich über die Internetseiten der jeweiligen Institute informieren. Viele Universitäten haben nur noch eine Professur für Alte Geschichte; das erschwert die Arbeit erheblich, weil niemand mehr in der Lage ist, das Fach als Ganzes wirklich zu überblicken. Auf jeden Fall sollten die Studierenden bemüht sein, möglichst viele Lehrende im Laufe des Studiums kennenzulernen, um so einen Eindruck von der Breite des Faches zu gewinnen. Dazu kann es hilfreich sein, die Tagungen des Historikerverbands und der Mommsen-Gesellschaft zu besuchen, aber auch die Gastvorträge, die an den meisten Instituten regelmäßig angeboten werden.

Auslandsstudium

Ein Studium im Ausland empfiehlt sich immer; der persönliche und fachliche Gewinn ist immens, sofern es gut vorbereitet ist, da die vielen praktischen Probleme, die dabei anfallen, eine gute Schule für das Berufsleben bilden. Immerhin kann man sich den Weg ins Ausland auf verschiedene Weise erleichtern: Es bestehen staatliche Stipendienprogramme, die eine finanzielle, teils auch organisatorische Unterstützung gewähren. Zahlreiche Universitäten unterhalten Austauschprogramme mit anderen Ländern; es kann auch sinnvoll sein, die persönlichen Kontakte der eigenen akademischen Lehrer zu nutzen. Die Modularisierung wurde mit dem Ziel eingeführt, den internationalen Austausch zu erleichtern, da sie Studienleistungen und Abschlüsse vergleichbar machen soll. Ob dieses Ziel erreicht wird, steht dahin. Gute Zeitpunkte für ein Auslandsstudium sind das Ende der Bachelor- und der Beginn der Masterphase, da man die Zeit im Ausland durch die Arbeit in den dortigen Bibliotheken für die Vorbereitung der Abschlussarbeit nutzen kann.

Schlüsselqualifikationen

Im Rahmen des Studiums werden neben den fachspezifischen Kompetenzen eine Reihe von Schlüsselqualifikationen erworben, die im späteren Berufsleben hilfreich sind, auch wenn man nicht fachnah arbeitet: Es handelt sich etwa um die Fähigkeit, Informationen zu recherchieren und auszuwerten, Argumente schlüssig zu entwickeln, ferner die Ergebnisse in schriftlicher und mündlicher Form ansprechend zu präsentieren; überdies lernen die Studierenden angesichts der offenen Forschungslage, mit ungelösten Problemen umzugehen und Lösungsvorschläge zu beurteilen. Darüber hinaus zwingt das geisteswissenschaftliche Studium mit seinen weiter bestehenden Freiheiten zur Selbstorganisation.

Nicht zuletzt gewinnt man Kenntnisse von Fremdsprachen und Computerprogrammen. Die Möglichkeit, Schlüsselqualifikationen zu erwerben, sollte man sich stets bewusst machen und jedes Referat, jede Hausarbeit, jede Schwierigkeit unter diesem Gesichtspunkt betrachten.

Persönliche Bemerkung

Dem Verfasser sei ein abschließendes persönliches Wort zur Studiengestaltung gestattet: Die modularisierten Studiengänge sollen es ermöglichen, dass Studierende ein bestimmtes Gebiet abarbeiten. Das hilft manchem auf die Sprünge, kann aber die Eigeninitiative und das Interesse drosseln, denn der Gedanke der Modularisierung entspringt einem bürokratischen Geist, dem intellektuelle Neugierde, die eigentlich das Studium steuern sollte, fremd ist. Daher sollten Studierende sich Freiräume verschaffen, in denen sie unabhängig von äußeren Anforderungen den Gegenständen ihres Interesses nachgehen. Das ist anspruchsvoller, aber auch weiterführend und für viele befriedigender. Ein möglichst leichtes Studium bildet immer eine Fehlinvestition. Wenn man hingegen das Studium als Raum der Eigeninitiative begreift und sich selbst Zukunftsmöglichkeiten erschließt, wird man am besten fahren. Fühlt sich jemand indes diesen Herausforderungen nicht gewachsen, sollte er eher ein Fach wählen, das von vornherein einen stärker berufsvorbereitenden Charakter hat.

Forschungsstätten

Außerhalb der Universitäten bestehen nur wenige althistorische Forschungsstätten. Die archäologische Forschung im Ausland ist über das Deutsche Archäologische Institut (DAI) organisiert, das beim Auswärtigen Amt angesiedelt ist. Seine Institute in den großen Zentren der Mittelmeerländer (Rom, Athen, Madrid, Istanbul, Kairo usw.) bilden wichtige Anlaufstätten auch für Althistoriker. In München ist als Teil des DAI die Kommission für Alte Geschichte und Epigraphik angesiedelt, die vor allem im Bereich der Grundwissenschaften das Potential für eine herausragende Arbeit besitzt.

Langfristprojekte

Ferner sind an verschiedenen Akademien der Wissenschaften altertumswissenschaftliche Forschungsprojekte angesiedelt, die etwa das CIL, die IG oder *Kleine und fragmentarische Historiker der Spätantike* herausgeben. Man spricht, da sie auf eine teils jahrzehntelange Dauer angelegt sind, von Langfristprojekten. Viele von ihnen gelten international als herausragende Forschungseinrichtungen, doch sind sie gefährdet, da ihr unmittelbarer Nutzen für die politischen Akteure nicht erkennbar ist. Leider wird dabei oft kurzsichtig gehandelt: Dem Vorhandensein solcher Langfristprojekte hat die deutsche Forschung entscheidende Impulse und eine weltweit führende Stellung auf diesem Felde zu verdanken; durch ihre Streichung würde sie weit zurückfallen.

Praktische Hinweise

Das deutsche Studienangebot wechselt derzeit mindestens im Semesterrhythmus. Ein Verzeichnis der aktuellen Studiengänge an deutschen Universitäten stellt die Hochschulrektorenkonferenz zur Verfügung (*http://www.hochschulkompass.de/studium.html*); jede Universität bietet inzwischen ein umfängliches Netzangebot. Ein Verzeichnis der deutschen althistorischen Institute mit Angaben zu Telefonnummern, E-Mail-Adressen und Homepages findet sich unter *http://www.dainst.org/de/node/28801?ft=all.* Dort werden auch entsprechende Informationen über die althistorischen Akademieprojekte geboten.

Hilfen für die Organisation des Auslandsstudiums gewähren der Deutsche Akademische Austauschdienst (DAAD; *http://www.daad.de/*) sowie die Akademischen Auslandsämter der einzelnen Universitäten. Vom DAAD werden auch Stipendien vergeben. Ferner ist ein Austausch innerhalb des Erasmus-Programmes der EU möglich, wobei die beteiligten Universitäten Kooperationsverträge abgeschlossen haben müssen. Die finanzielle Förderung ist deutlich niedriger als beim DAAD, dafür sind viele Fragen der Anerkennung von Studienleistungen, bisweilen auch der Unterbringung bereits geregelt. Allgemein unterrichtet darüber *http://ec.europa.eu/education/lifelong-learning-programme/erasmus_en.htm*, für die einzelnen Universitäten sind wieder die Auslandsämter federführend. Die Adressen althistorischer bzw. altertumswissenschaftlicher Institute des Auslands, auch Österreichs und der Schweiz, kann man am leichtesten unter *http://www.kirke.hu-berlin.de/ressourc/ressourc.html* eruieren.

Nachbemerkung

Die Persönlichkeitsstruktur der gelehrten Professoren ist gerade für den Studierenden oft irritierend und erschwert den Einstieg; die Lektüre von E. Canettis *Die Blendung* mit dem Privatgelehrten Peter Kien als Protagonisten kann vielleicht das Verständnis erleichtern – auch wenn nicht jedes Gelehrtenleben so desaströs wie seines endet.

2. Berufsfelder für Althistoriker

Wege in den Beruf: Modellfälle

Einige anonymisierte Karrieren von Althistorikern mögen einen Eindruck davon vermitteln, welche Wege von Studierenden gegangen wurden, und damit das im folgenden Gesagte illustrieren:

a) Lehramt
Studienbeginn (Latein, Mathematik) mit 19 Jahren – Studienfachwechsel (Latein, Geschichte) mit 21 Jahren – während des Studiums mehrere, teils freiwillige Schulpraktika – 1. Staatsexamen mit 26 Jahren (Staats-

examensarbeit in Alter Geschichte) – zweijähriges Referendariat – 2. Staatsexamen mit 28 Jahren – Feste Einstellung in den Schuldienst mit 28 Jahren.

b) Akademische Laufbahn
Studienbeginn (Geschichte, Kath. Theologie, Griechisch) mit 19 Jahren – Staatsexamen mit 26 Jahren – Doktorandenförderung durch eine kirchliche Stiftung – Promotion mit 30 Jahren – acht Jahre Mitarbeiter und Wissenschaftlicher Assistent an zwei verschiedenen Universitäten – mit 37 Jahren Habilitation – vier Jahre Lehrstuhlvertreter und Oberassistent – mit 41 Jahren Berufung auf die erste Professur; erste unbefristete Stelle – mit 42 Jahren Ruf auf die zweite Professur.

c) Verlagswesen
Studienbeginn (Geschichte, Germanistik) mit 21 Jahren – Magister mit 26 Jahren – Doktorandenförderung durch ein Bundesland – Promotion mit 29 Jahren – drei Jahre lang verschiedene, vornehmlich redaktionelle Tätigkeiten für Forschungseinrichtungen auf der Basis freier Mitarbeit – mit 32 Jahren Ausbildung zum Verlagskaufmann (dabei auch Besuch der Berufsschule!), mit 33 Abschluss – im selben Jahr Redakteur bei einem Verlag; erste unbefristete Stelle – mit 36 Jahren Wechsel zu einem anderen Verlag, seither mehrere verlagsinterne Positionswechsel und ein Umzug aufgrund einer Fusion.

d) Firmengründung
Studienbeginn (Geschichte, Archäologie) mit 21 Jahren – während des Studiums mehrere Praktika bei einer Zeitung und bei kulturellen Einrichtungen – Magister mit 27 Jahren – Doktorand in einem Graduiertenkolleg – daneben Studium der Betriebswirtschaftslehre und Mitarbeit an althistorischem Forschungsprojekt – Promotion mit 31 Jahren – von 32 bis 36 Mitarbeiter an einer Akademie – daneben Weiterbildung im kaufmännischen Bereich – mit 37 Jahren Gründung einer bis heute florierenden Firma im Bereich des Kunsthandels.

Studium und Praxis

Der Verfasser ist altmodisch genug, das Studium zuallererst als ein geistiges, aus sich heraus befriedigendes Erlebnis zu betrachten. Die Idee der Universität beruht darauf, dass die Studierenden durch die Erweiterung ihres Horizontes und gerade auch durch die zeitweilige Ablösung von praktischen Fragen eine besondere Reflexionskompetenz gewinnen. Diese Idee ist heute schwer zu vermitteln, besitzt aber nach wie vor auch unter praktischen Gesichtspunkten Gültigkeit, denn die Kulturwissenschaftler erhalten ihren Arbeitsplatz außerhalb der Forschung gewöhnlich nicht aufgrund einer Spezialkompetenz, sondern aufgrund der im Studium erworbenen Schlüsselkompetenzen und Persönlichkeitseigenschaften.

»Praxisbezogene« Studiengänge

Die gegenwärtig in großer Zahl entstehenden Studiengänge in den Geisteswissenschaften, die eine Praxisorientierung versprechen, werden oft nicht aus innerer Überzeugung, sondern auf politischen Druck hin eingerichtet; bisweilen steht der Wunsch, sich als modern zu präsentieren, höher als der Wille, im Interesse der Studierenden zu handeln. Doch werden durch neue Studiengänge keine neuen Arbeitsplätze herbeigezaubert; zudem ist die Berufswelt sehr wandelbar, so dass der flexible Generalist nach Meinung des Verfassers auch in Zukunft bessere Chancen haben wird als der in seiner Ausbildung enggeführte Spezialist. Die Einbeziehung bestimmter praktischer Elemente in das herkömmliche Studium erscheint zukunftsweisender; darum sollten die Studierenden sich auch in Eigeninitiative bemühen.

Lehramt

Alte Geschichte kann innerhalb des Lehramtsstudiums belegt werden, wobei das Fachgebiet meistens in der 5. und 6. Klasse der verschiedenen Schulformen unterrichtet wird; nur gelegentlich tauchen althistorische Gegenstände in den höheren Klassen auf. Das Lehramtsstudium ist gewöhnlich modularisiert. Es wird teils im gestuften System (mit einem Master of Education) studiert, teils und immer seltener mit dem Ziel eines Staatsexamens.

Die künftigen Lehrer müssen nach dem Studium einen Vorbereitungsdienst (Referendariat) absolvieren, der gewöhnlich zwei Jahre dauert. Er wird in Studienseminaren organisiert; dabei verbinden sich Phasen der Praxis mit solchen der Reflexion. Den Abschluss bildet das 2. Staatsexamen. Die Chancen, als Lehrer übernommen zu werden, sind je nach Fach und Bundesland sehr unterschiedlich. Wenn ein Bewerber gute Noten mitbringt und räumlich flexibel ist, sind die Einstellungschancen auf absehbare Zeit befriedigend. Allerdings wird jeder Lehrer sich darauf einstellen müssen, dass er immer weniger als Experte für ein Fach betrachtet wird, sondern vielmehr allgemein pädagogische Aufgaben wahrzunehmen hat. Ratsam ist es für Historiker, als zweites Fach ein schulisches Hauptfach zu wählen, da dies die Position an den Schulen stärkt.

Bibliotheks- und Archivdienst

Auch für die Tätigkeit als Bibliothekar oder Archivar ist ein Vorbereitungsdienst vorgeschrieben; erwartet wird gewöhnlich die zuvor abgeschlossene Promotion. Die Zahl der zu vergebenden Plätze ist äußerst gering; beim Archivdienst haben Mediävisten und Neuzeithistoriker deutlich bessere Chancen als Althistoriker. Wer sich im Vorbereitungsdienst leidlich bewährt, hat sehr gute Chancen, auf eine feste Stelle übernommen zu werden.

Hochschule

Langwierig ist der Weg zur Professur. Man benötigt, um seine wissenschaftliche Qualifikation in der Alten Geschichte nachzuweisen, gewöhnlich zwei Bücher, sogenannte Qualifikationsschriften.

Dissertation

Erforderlich ist zunächst eine ausgezeichnete Dissertation, d. h. eine wissenschaftlich eigenständige Abhandlung im Umfang einer Monographie, für deren Abfassung mehrere Jahre benötigt werden. Deren Bewertung ist Hauptbestandteil des Promotionsverfahrens, zu dem noch eine mündliche Prüfung (Rigorosum) oder eine wissenschaftliche Aussprache (Disputation) gehören. Die Zeit für die Abfassung einer Dissertation kann man durch eine Wissenschaftliche Mitarbeiterstelle, deren Zahl allerdings schrumpft, oder ein Stipendium finanzieren, das ebenfalls immer schwerer zu erlangen ist; besonders begehrt sind Stipendien der Graduiertenkollegs, in denen mehrere Doktoranden, die verwandte Themen behandeln, zusammenarbeiten, um so der Gefahr der intellektuellen und persönlichen Vereinsamung vorzubeugen. Aber auch nebenberuflich entstehen bisweilen Dissertationen.

Habilitation

Die nächste Stufe der wissenschaftlichen Karriere bildet die Habilitation. Gewöhnlich verschafft dem Nachwuchsforscher eine Assistentenstelle oder ein Stipendium die Möglichkeit, ein zweites Buch, die Habilitationsschrift, zu verfassen; doch die Verminderung der öffentlichen Mittel, die für diese Aufgaben zur Verfügung stehen, gefährdet auch diesen Teil der Nachwuchsarbeit. Die Habilitationsschrift ist Kern des Habilitationsverfahrens, zu dem überdies ein Vortrag mit Kolloquium, zumeist auch eine Probevorlesung gehören. Der Habilitierte erhält die Lehrbefugnis (*Venia legendi*) und wird in der Regel als Privatdozent tätig, bis er einen Ruf auf eine Professur erhält – oder aufgibt. Denn die Zahl der Bewerber übersteigt auf absehbare Zeit bei weitem die Zahl der frei werdenden Professuren.

Juniorprofessur

Juniorprofessuren sind in der Alten Geschichte in geringer Zahl eingerichtet worden; auch von deren Inhabern wird voraussichtlich ein zweites Buch erwartet, wenn sie auf Dauer an der Universität tätig bleiben wollen. Neben den Professuren gibt es eine sehr geringe Zahl von Dauerstellen an althistorischen Instituten.

Sonstige Forschungsstellen

In relativ großer, stets veränderlicher Zahl stehen sogenannte Drittmittelstellen zur Verfügung, die von Geldgebern außerhalb der Universitäten finanziert werden und auf denen bestimmte Forschungsthemen zu behandeln sind. Für den Stelleninhaber ist es sinnvoll, dieses Forschungsthema mit seiner eigenen wissenschaftlichen Qualifikationsschrift zu verbinden, sonst besteht die Gefahr, dass er auf solchen Stellen intensiv forschend, aber ohne zusätzliche Qualifikation alt wird und weder innerhalb noch außerhalb der Universität eine Chance hat, sich beruflich zu etablieren. Dauerstellen mit Forschungsaufgaben sind sehr selten.

Museen

Museen haben wesentliche Funktionen in der Vermittlung und der Forschung, die sie je nach Profil unterschiedlich gewichten; die Bedeutung des Museums als Lernort nimmt derzeit zu. Typischerweise kommen Archäologen bei der Vergabe von Volontariatsplätzen eher zum Zuge als Althistoriker; doch verbessern sich die Chancen der Althistoriker, zumal die Museen nicht mehr vornehmlich auf die Präsentation einzelner Kunstobjekte, sondern auf die Vermittlung kulturgeschichtlicher Zusammenhänge ausgerichtet sind. Ein anderer, wenn auch holpriger Weg führt über die befristete Mitarbeit an einzelnen Ausstellungsprojekten; seine Bedeutung wird wohl zunehmen.

Sonstiger Arbeitsmarkt

Es gibt nur sehr wenige fachnahe Berufe für Althistoriker, auch wenn das öffentliche Interesse an der Antike und ihren Vermittlern groß ist und womöglich noch steigt. Allerdings hat sich ein vielfältiger Arbeitsmarkt für Geisteswissenschaftler herausgebildet, auf dem Althistoriker durchaus Chancen haben, sofern sie fähig sind, sich auf neue Situationen einzustellen und dies im Studium etwa durch Praktika oder Auslandsaufenthalte demonstriert haben. Um fachnahe Tätigkeiten handelt es sich oft nicht, aber der Althistoriker kann hier seine Schlüsselqualifikationen einsetzen.

Freie Wirtschaft

In Verlagen und im Journalismus, aber sogar in Unternehmungsberatungen, finden zahlreiche Geisteswissenschaftler ihr Auskommen. Die entsprechenden Stellen sind sehr begehrt; sie verlangen neben einer Fachkompetenz die Bereitschaft, sich rasch neue Zusammenhänge zu erschließen, und ausgezeichnete kommunikative Fähigkeiten; gewöhnlich werden die berufsspezifischen Kompetenzen durch einen eigenen Vorbereitungsdienst (Volontariat, Trainee-Programm) eingeübt, aber die Arbeitgeber haben hier vielfältige Gestaltungsmöglichkeiten. Durch Praktika kann ein Interessent seine eigenen Chancen deutlich verbessern. Ganz offen gestaltet ist der Arbeitsmarkt im Bereich der Tourismus-Industrie, wo Althistoriker als Reiseführer arbeiten können. Viele Geisteswissenschaftler sind selbständig tätig; ihre Zahl wird wahrscheinlich zunehmen. Das wirtschaftliche Risiko einer solchen Tätigkeit ist hoch, doch ist sie oft auch mit einer besonderen Befriedigung und einem ausgeprägten Freiheitsgefühl verbunden.

Doch darf niemand die Augen davor verschließen, dass es ein erhebliches persönliches Wagnis darstellt, den Abschluss als Magister oder Bachelor / Master in Alter Geschichte anzustreben. Der Königsweg vom Studium auf eine feste Stelle eröffnet sich äußerst selten. Häufig liegen dazwischen lange Phasen freiberuflicher Tätigkeit, freier Mitarbeit oder Arbeitslosigkeit, und auch bei tüchtigen Absolventen ist der Übergang ins Berufsleben nicht immer erfolgreich. Daher sollte man ein solches Fach nur studieren, wenn die Leidenschaft dafür groß ist und man Freude an geistiger Tätigkeit besitzt; dann wird man auch am ehesten mit den Unsicherheiten zurechtkommen. Denn es ist ein Privileg, sich in Studium und Beruf einer intellektuellen Arbeit hinzugeben.

Warnung

Es gibt mehrere Berufsvereinigungen, die Althistoriker in fachspezifischer Hinsicht ansprechen. Der Verband der Historiker und Historikerinnen Deutschlands (*http://www.historikerverband.de/*) ist epochenübergreifend ausgerichtet; er veranstaltet alle zwei Jahre (in den geraden Jahren) den Deutschen Historikertag, der vor allem für den Nachwuchs ein wichtiges Forum darstellt, um sich der breiteren Fachöffentlichkeit zu präsentieren, und der in glücklichen Momenten auch wichtige Debatten anregen kann, die die Welt außerhalb der Zunft erreichen. Die Mommsen-Gesellschaft (*www.mommsen-gesellschaft.de/*), die ebenfalls im Zweijahresrhythmus, aber in den ungeraden Jahren ihre Tagung abhält, vereinigt deutschsprachige Altertumsforscher. Hier besteht die Gelegenheit zu einem interdisziplinären Dialog mit Klassischen Philologen, die hier besonders stark vertreten sind, und Klassischen Archäologen. Beide großen Tagungen vermitteln gerade denjenigen, die eine wissenschaftliche Karriere in Erwägung ziehen, Einblicke in die Welt der Forschung (einschließlich der menschlichen Schwächen ihrer Repräsentanten). In AGE (Alte Geschichte und Europa: *http://www.alte-geschichte-europa.de/*) wird versucht, die Brücke von der Universität zur Schule zu schlagen. Die Geschichtslehrer sind im Verband der Geschichtslehrer Deutschlands (*http://www.geschichtslehrerverband.de*) organisiert.

Berufsvereinigungen

Prognosen über die Berufsaussichten sind äußerst heikel. Wichtige Aspekte vermittelt unter dem Stichwort *Statistik* die Homepage des Hessischen Kultusministeriums (*http://www.hessisches-kultusministerium.de/*), dessen Angaben auch über das Bundesland hinaus Bedeutung haben. Die Bundesagentur für Arbeit versucht auf ihre Art über Studien- und Berufsmöglichkeiten zu informieren (*http://www.arbeitsagentur.de/*).

Praktische Hinweise

Viele Stellenausschreibungen werden in der Mailing-List H-Soz-u-Kult (*hsozkult. geschichte. hu-berlin.de*) bekanntgegeben, solche im wissenschaftlichen Bereich unter *http://mommsen-gesellschaft.de/index.php?option=com_content&view=category&layout=blog&id=21&Ite*. Sehr sinnvoll ist die regelmäßige Lektüre der überregionalen Tages- und Wochenzeitungen, da so ein Eindruck vom Wandel der Berufswelt entsteht.

Register (mit Glossar)*

* Plurale sind angegeben, soweit sie vom deutschen Sprachgebrauch abweichen und sachangemessen sind. Bei der Entscheidung zwischen der originalsprachlichen (kursiv geschriebenen) und der germanisierten Form eines Wortes bin ich dem gefolgt, was mir als der übliche Sprachgebrauch erscheint; damit ist ein gehöriges Maß an Subjektivität gegeben. Namen von Römern und von antiken Autoren werden in der lateinischen Form gegeben.

Bildnachweis

Abb. 1 Landesmuseum Mainz, Inv. Nr. S 607

Abb. 2 Hirmer Verlag, München

Abb. 3 Aus Roger S. Bagnall, Reading Papyri, Writing Ancient History, 1996, S. 52. Rare Book and Manuscript Library, Columbia University Libraries, P. Col. Zen. 52

Abb. 4 Aus August Baumeister, Denkmäler des klassischen Altertums zur Erläuterung des Lebens der Griechen und Römer in Religion, Kunst und Sitte, Bd. 3, 1888, S. 2024, Nr. 2191

Abb. 5 Michael Tieke, Münster

Abb. 6 Agora-Museum, Athen, Inv. P. 5958

Abb. 7 bpk Berlin/Antikensammlung, Staatliche Museen zu Berlin, Photo: Christa Begall

Abb. 8 Vatikanische Museen, Museo Gregoriano Egizio, Inv. 22 682

Abb. 9 Géza Alföldy, Römische Sozialgeschichte, ^{4}2011, hier S. 196 (mit freundlicher Genehmigung des Franz Steiner Verlags, Stuttgart)

Abb. 10 Deutsches Archäologisches Institut Rom, D-DAI-Rom-5694 u. D-DAI-Rom-5695, Photos: C. Faraglia

Karte 1, 3 und 5 cartomedia, Karlsruhe

Karte 2 Nach Klaus Bringmann, Römische Geschichte, ^{10}2008, S. 38.

Karte 4 Nach Jochen Bleicken, Verfassungs- und Sozialgeschichte des Römischen Kaiserreiches, Band I, 1995.

Aus dem Verlagsprogramm

Die Antike bei C.H.Beck – eine Auswahl

Luciano Canfora
Caesar
Der demokratische Diktator. Eine Biographie
Aus dem Italienischen von Rita Seuß
2004. 491 Seiten mit 3 Karten. Pappband

Manfred Clauss (Hrsg.)
Die römischen Kaiser
55 historische Portraits von Caesar bis Iustinian
4. Auflage. 2011. 501 Seiten mit 55 Zeichnungen,
2 Karten und einer Zeittafel. Broschiert

Karl Christ
Pompeius
Der Feldherr Roms. Eine Biographie
2004. 246 Seiten mit 6 Abbildungen und 4 Karten. Leinen

Karl Christ
Sulla
Eine römische Karriere
4. Auflage. 2011. 236 Seiten mit 12 Abbildungen
und 4 Karten. Leinen

Hans Rupprecht Goette/Jürgen Hammerstaedt
Das antike Athen
Ein literarischer Stadtführer
2. Auflage. 2012. 325 Seiten mit 57 Abbildungen und Karten und
2 farbigen Abbildungen auf vorderem und hinterem Vorsatz. Leinen

Karl-Joachim Hölkeskamp/Elke Stein-Hölkeskamp (Hrsg.)
Von Romulus zu Augustus
Große Gestalten der römischen Republik
2. Auflage. 2010. 394 Seiten mit 4 Karten. Leinen

Verlag C.H.Beck München